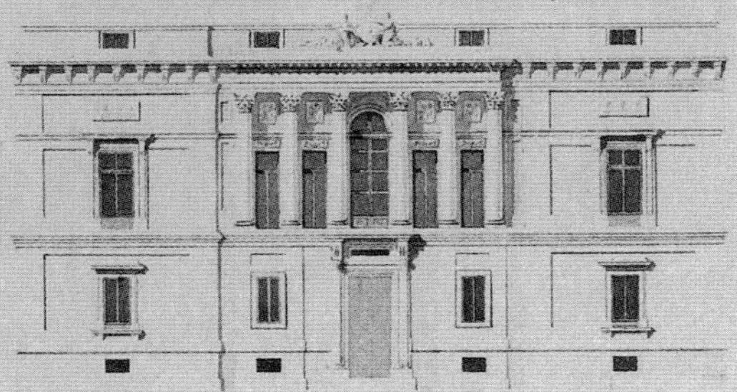

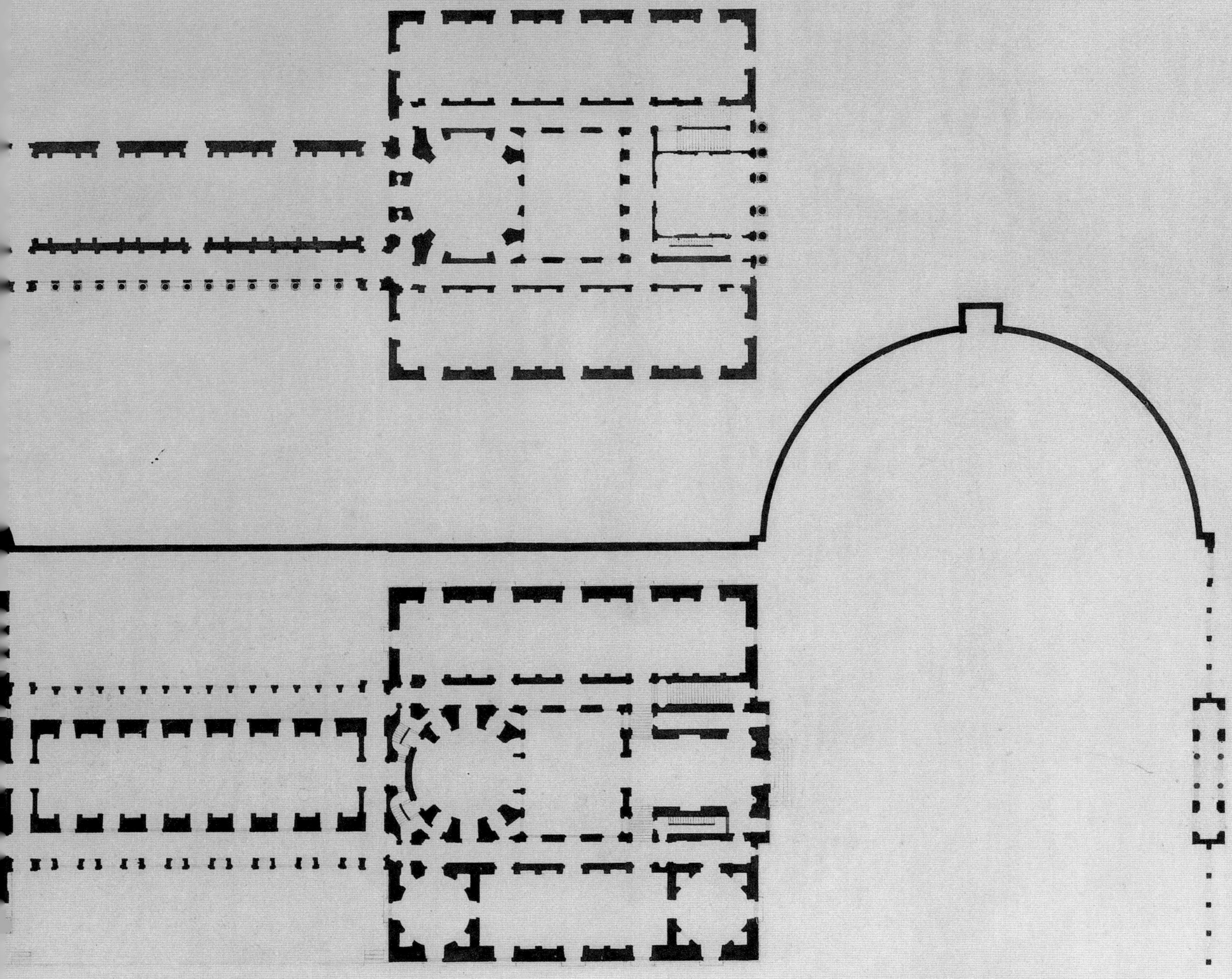

THE **PRADO** MASTERPIECES

普拉多博物馆的杰作

世界级艺术圣地的
历史与典藏

华中科技大学出版社
http://www.hustp.com
中国·武汉

有书至美
BOOK & BEAUTY

MUSEO NACIONAL
DEL **PRADO**

普拉多博物馆（Museo Nacional del Prado） 编著
周博 沈莹 代亭 译

目录

图1

贝尔纳多·洛佩斯·皮克尔（1799—1874年），玛利亚·伊莎贝拉·德·布拉甘萨，西班牙皇后，普拉多博物馆 创始人（*María Isabel de Braganza,Queen of Spain, as Founder of the Museo del Prado*），1829年

馆长致辞

将普拉多博物馆的众多杰作汇于一册，对出版业而言是一项艰巨的挑战，但对拥有它的每个人来说却是一件令人惊艳的赏心乐事。普拉多是全世界极为重要的博物馆之一，这本皇皇巨著以远胜以往之开本呈现了其令人惊叹的艺术宝藏。这提供了一个良好的机会，既可让人观赏其丰富收藏中的精彩之作和西方艺术大师的精湛技艺，又能让人细读他们笔下那些举世闻名的诸神和人类的传说。

1819年，普拉多博物馆在胡安·德·比亚努埃瓦（Juan de Villanueva，1739—1811年）设计的一座美丽的新古典主义建筑中开馆，博物馆位于马德里郊区，那里是在启蒙运动时期发展起来的。它的画廊成为艺术珍宝的特许接受者，这些珍宝源于近代早期西班牙国王的艺术收藏和赞助传统，普拉多也成为全世界极其著名的艺术品收藏地之一。后来，特立尼达博物馆（Museo de la Trinidad）和现代艺术博物馆（Museo de Arte Moderno）因停止运营，收藏尽归普拉多，加之画廊在两百年的历史中接受的重要私人遗赠及收购的作品，普拉多的藏品日益丰富。就西班牙艺术而言，从中世纪到现代主义，普拉多所展示的其主要历史轴线是最完整的，与之相交叉的还有意大利的艺术实验和欧洲北部各画派大家的作品，它们一起形成了一个独特而又和谐的整体。

即便如此，与其他由现代艺术史学科塑造的国家美术馆不同的是，普拉多博物馆并不是一个百科全书式的博物馆。相反，它是一个国家的历史自然进程留下的丰厚积淀，这个国家昔日的霸权地位对于了解近代早期世界政治和文化发展，尤其是欧洲的历史认同至关重要。从这一独特视角来看，西班牙和欧洲最严谨的艺术家们所讲述的那些平凡的人和神圣不朽的故事，使今天的普拉多博物馆不但构成了一段非凡的艺术史，亦成为西班牙和欧洲从古代到当下不可多得的形象集锦。

谈到这座博物馆中非凡艺术的历史，必须强调的是，我们发现西方艺术中那些最杰出人物的杰作在这里能够以一种独特的方式济济一堂，这在全世界只有少数美术馆能够做到。耶罗尼米斯·博斯（Hieronymus Bosch，约1450/1460—1516年）、阿尔布雷特·丢勒（Albrecht Dürer，1471—1528年）、拉斐尔（Raphael，1483—1520年）、提香（Titian，1490—1576年）、埃尔·格列柯（El Greco，1541—1614年）、彼得·保罗·鲁本斯（Peter Paul Rubens，1577—1640年）、迭戈·委拉斯贵支（Diego Velázquez，1599—1660年）和弗朗西斯科·德·戈雅（Francisco de Goya，1746—1828年），这些大名汇聚于此，普拉多成了他们的家，而他们则使这里成为一个卓越的艺术家博物馆。自19世纪初美术馆对公众开放以来，艺术家们之间建立的丰富对话经历了几个世纪的发展，这对当代艺术创作也产生了决定性的影响。

普拉多博物馆是往昔的一面镜子，也是一个旨在为当下社会以及子孙后代履行保护传承和教育使命的机构。为了实现这一目标，画廊继续扩大其收藏，这得益于像何塞·路易斯·瓦雷斯·菲萨（José Luis Várez Fisa）和普拉西多·阿兰戈（Plácido Arango）这样著名收藏家的慷慨遗赠，同时博物馆也进行了一系列收购，包括最近购买的弗拉·安吉利科（Fra Angelico，约1395—1455年）的《石榴圣母》(*Virgin with the Pomegranate*)。博物馆原有安吉利科的另一杰作《圣母领报》(*Annunciation*)，现在两者已被放在一起陈列。

此外，普拉多博物馆最近为其有史以来最重要的扩建举行了落成典礼，我们在原有建筑的基础上增加了一座由西班牙建筑师拉斐尔·莫内欧（Rafael Moneo，1937年生）设计的新翼楼，并在邻近的圣赫罗尼莫（Los Jerónimos）教堂的回廊上建成。这一新的扩建使我们能够更好地顺应公众的呼声，也增加了我们与每天从世界各地来参观我们画廊的艺术爱好者联系的机会。但无论我们接待多少游客，无论他们来自何处，我们都意识到，这里展出的那些奇妙的绘画、雕塑和美丽的物品，会让每一位游客产生一种独特的艺术体验，我们希望这种体验既激动人心又令人难忘。

正是本着向社会开放的精神，我们现在为大家呈现这部《普拉多博物馆的杰作：世界级艺术圣地的历史与典藏》。我们希望每位读者都能成为普拉多独一无二的访客，我们也希望每一帧精心制作的书页都能在您眼前变成了解我们机构的一扇窗。当然，最重要的是其中每一幅受人尊敬的杰作所蕴含的美和智慧。无论如何，这部书提供了一种不同于参观美术馆的体验，它出人意料地打破了年代学的常规，暗示出不同学派和大师之间的密切关联。此时此刻，图像和文本构成了一种迷人的新叙事，关于伟大的艺术及历史，而这两者都蕴含于普拉多博物馆。

米格尔·法洛米尔·福斯（Miguel Falomir Faus）
普拉多博物馆 馆长

图2

弗拉·安吉利科

《石榴圣母》，约1426年

VERBVM·CARO·FACTVM·EST

第一章 普拉多博物馆

我们现在所知的普拉多博物馆于1819年11月19日首次向公众开放。最初的名字是皇家绘画博物馆（Real Museo de Pinturas），由国王费尔南多七世（Ferdinand VII，1784—1833年）和他的第二任妻子玛利亚·伊莎贝拉·德·布拉甘萨王后（1797—1818年）下诏并斥资创建。其功能正如1818年3月3日《马德里公报》(*Gaceta de Madrid*）上宣布的那样，具有以下两点：一、保存几个世纪以来西班牙历任统治者的收藏；二、将这些藏品公开展示，“用于学术研究和公众的休闲娱乐”。久而久之，画廊便因其所在地圣赫罗尼莫教堂前的草坪（Prado of San Jerónimo）而得名——“普拉多”为“草坪”之音译。

早在1793年落成的巴黎卢浮宫既是第一座公共艺术博物馆，也是日后所有此类国家画廊的原型。普拉多和卢浮宫有着共同的目的，即展示那些此前只有少数皇室、贵族和教会成员才能知晓和享有的艺术珍宝。这种信念源于启蒙运动时期产生的进步观和平等观，并且像同时代的许多其他思想一样，伴随着拿破仑入侵、印刷媒体的快速发展和期刊发行量的递增等诸如此类的事件在欧洲传播开来。19世纪初，人们已经认识到有必要建立一家博物馆，把散落在全国各地、保存欠佳的重要艺术品集中在一起，但在拿破仑入侵后被率先提上日程的是建立一座绘画展览馆。1808—1813年间，拿破仑的哥哥约瑟夫·波拿巴（Joseph Bonaparte，1768—1844年）成为国王约瑟夫一世，统治着西班牙。1809年，他颁布法令称将在马德里开创一家名为“约瑟夫的博物馆”(Museo Josefino）的绘画

博物馆。博物馆最初的选址位于今天西贝莱斯广场（Plaza de Cibeles，又名“大地女神广场”）附近的布埃纳维斯塔宫（Buenavista Palace），但由于场地的现状难以适应其新用途，1811年又提出了新的建议，占用了圣赫罗尼莫教堂前草坪上的一栋建筑。该建筑由胡安·德·比亚努埃瓦（1739—1811年）设计，1785年，在卡洛斯三世（Charles III，1716—1788年）的第一任国务卿、开明的政治家弗洛里达布兰卡伯爵（the Count of Floridablanca，1728—1808年）的主持下开始兴建。最初计划用于自然历史陈列馆和科学院，但由于一直未能物尽其用而成就了皇家绘画博物馆。

随着西班牙对法独立战争的结束，以及1814年5月费尔南多七世抵达马德里，建造一座艺术博物馆的计划非但没有像人们想象的那样受到阻挠，反而得到了积极的支持。在费尔南多七世登基后的几个月里（1808年法军入侵西班牙时，逼其父退位，暂时立他为王。不久，拿破仑立他的长兄约瑟夫·波拿巴为王，把费尔南多扣留在法国，直到1813年西班牙人民反抗法国入侵者取得胜利后，费尔南多重获王位），他全面筹备画廊的各项工作，皇家绘画博物馆最终在他的赞助下建立起来。从这点来看，普拉多并非有意要与卢浮宫有所差异，因为法国的这座博物馆是在革命热情高涨时建立的，其艺术品或者是把皇室财产收归国有，或者是从教会和贵族那里没收来的；而西班牙这座画廊的展品则来自皇室收藏，这决定了其藏品的特色和特殊性。普拉多并不是一个保存和展示世界艺术范围内各个时期、各个区域、各个画派、各个思潮的百科全书式博物馆。普拉多与卢浮宫的不同还在于，它没有笼罩在一场革命或一个帝国的阴影之下，比如把意大利、希腊、埃及和美索不达米亚的艺术品带回法国的拿破仑帝国。相反，普拉多彰显了收藏家的热情和15世纪以来西班牙君主的个人趣味。虽然普拉多的藏品算不上应有尽有，却也胜在广博。就其性质和结构而言，或许是条理最清晰的。因此，普拉多即使不是最宏伟、最全面的大型博物馆，也是世界上极重要的美术馆之一。

尽管普拉多实际上建成于19世纪初期，但其藏品的历史却可以追溯到四个世纪以前，即15世纪以来的西班牙皇室收藏史。从那时起，“天主教双王”——阿拉贡的费尔南多二世（Ferdinand II of Aragon，1452—1516年）和卡斯蒂利亚的伊莎贝拉一世（Isabella I of Castile，1451—1504

图3（第12页）
佩德罗·孔茨（Pedro Kuntz，1795—1863年）《皇家博物馆圆形大厅》（*View of the Rotunda in the Real Museo*），1833年

图4
费尔南多·布兰比拉（Fernando Brambilla，1763—1834年）《皇家博物馆圣赫罗尼莫入口》（*View of the San Jerónimo Entrance to the Real Museo*），1833年，马德里王宫

年）——对佛兰德斯画家的偏爱就确立了皇室收藏的某些特征。他们的孙子、神圣罗马帝国皇帝查理五世（Emperor Charles V，1500—1558年，1516—1556年为西班牙国王卡洛斯一世）继续收集罗吉尔·凡·德尔·维登（Rogier van der Weyden，1399—1464年）、扬·凡·艾克（Jan van Eyck，约1385/1390—1426年）与胡伯特·凡·艾克兄弟（Hubert van Eyck，约1390—1441年），以及安东尼斯·莫尔（Anthonis Mor，1519—1576年）等最重要的佛兰德斯艺术家的作品，但是他也将目光投向了像提香这样的意大利艺术家。提香是查理五世及其子腓力二世（Philip II，1527—1598年）的肖像画师。在他们统治期间，皇室的绘画收藏首次大幅增加。感谢这两位君主和查理五世的妹妹、尼德兰统治者匈牙利的玛丽（Mary of Hungary，1505—1558年），普拉多拥有一套提香的杰作。提香对皇室收藏的取向和西班牙绘画的整体发展产生了巨大的影响。腓力二世继承了祖上对佛兰德斯艺术的喜爱，购买了凡·德尔·维登、德尔克·波茨（Dirk Bouts，约1420—约1475年）、约阿希姆·帕提尼尔（Joachim Patinir，约1480—1524年）、罗伯特·康宾（Robert Campin，约1375—1444年）、扬·戈塞特（Jan Gossaert，约1478—1532年 ）、杰拉尔德·大卫（Gérard David，约1450/1460—1523年），以及更重要的耶罗尼米斯·博斯的作品，普拉多收藏的博斯的作品可以说是无与伦比的。此外，我们还必须提及腓力二世的宫廷肖像画家莫尔和阿隆索·桑切斯·科埃略（Alonso Sánchez Coello，1531/1532—1588年）的作品，他们创造的官方肖像范式后来传遍了欧洲，其影响一直持续到18世纪。还有许多艺术家，主要是意大利艺术家，他们致力于装饰那个时代最重要的艺术工程——埃尔埃斯科里亚尔（El Escorial）修道院。

1621—1665年，腓力四世（Philip IV，1605—1665年）执政期间迎来了皇室收藏史上的另一个重要里程碑，这也恰好是西班牙绘画的巅峰期之一。腓力四世不仅是迭戈·委拉斯贵支最主要的赞助人，也是一位饱含热情的收藏家。他订制了大量作品来装饰皇家宫殿，马德里近郊的托雷德拉帕拉达狩猎行宫（Torre de la Parada）和马德里的新布恩丽池宫（Buen Retiro Palace）的巨型装饰组画都经由其委托，前者主要由彼得·保罗·鲁本斯和委拉斯贵支创作完成。他的收藏热情可以从购买英王查理一世（Charles I of England，1600—1649年）遗产中的画作窥见一斑。查理一世也是历史上非常重要的收藏家，在他的财产中有为数众多的艺术品，当他于1649年被处决后，这些艺术品在伦敦被拍卖。腓力四世在那次拍卖中购得的重要作品有安德烈亚·曼特尼亚（Andrea Mantegna，1430/1431—1506年）的《圣母之死》(*Death of the Virgin*)，丁托列托（Tintoretto，1518/1519—1594年）的《基督为门徒洗脚》(*Washing of the Feet*)，阿尔布雷特·丢勒的《自画像》(*Self-portrait*)，拉斐尔的《圣家族》(*Holy Family*)［又名《珍珠》(*The Pearl*)，因腓力四世的珍视而得此名］，以及委罗内塞（Veronese，1528—1588年）的《发现摩西》(*Finding of Moses*)。

随着西班牙哈布斯堡王朝最后一任统治者卡洛斯二世（Charles II，1661—1700年）的去世和新王朝的到来，艺术趣味也发生了变化。自1700年开始，统治西班牙的波旁王朝不仅带来了许多法国艺术家，同时还开始收购更具古典主义表达方式的意大利画家的作品。腓力五世（Philip V，1683—1746年）购入了艺术家卡罗·马拉塔（Carlo Maratta，1625—1713年）最重要的藏品，包括卡拉奇兄弟（the Carracci）、安德烈亚·萨基（Andrea Sacchi，1599—1661年）和尼古拉斯·普桑（Nicolas Poussin，1594—1665年）的画作。他的第二任妻子伊莎贝拉·法尔内塞王后（Queen Isabella Farnese，1692—1766年）继续扩大西班牙皇室收藏，购买了17世纪佛兰德斯和荷兰画家的作品，以及至今也没有被视为意大利艺术家之代表的多美尼基诺（Domenichino，1581—1641年）、圭尔奇诺（Guercino，1591—1666年）和圭多·雷尼（Guido Reni，1575—1642年）等人的作品。然而，她最重要的贡献或许是在1729—1733年间宗教审判所设在塞维利亚时购买了大量巴托洛梅·埃斯特万·穆立罗（Bartolomé Esteban Murillo，1617—1682年）的作品。后来，卡洛斯四世（Charles IV，1748—1819年）也购买了穆立罗的一些作品。在这两次收购之前，西班牙皇室收藏几乎没有任何该画家的作品，从此以后穆立罗的艺术将得到充分展示。1724年，腓力五世和他的妻子购买了一批瑞典女王克里斯蒂娜（Queen Christina of Sweden，1626—1689年）于17世纪下半叶在罗马收集的雕塑。加上1649年和1651年腓力四世委托委拉斯贵支在罗马购买的雕塑，共同构成了普拉多博物馆雕塑收藏的基础。科拉多·吉安昆托（Corrado Giaquinto，1703—1766年）和詹巴蒂斯塔·提埃波罗（Giambattista Tiepolo，1696—1770年）两位大师也与波旁家族一同来到西班牙，负责皇室宫殿的装饰工程。提埃波罗在西班牙时恰逢另一位伟大的艺术家安东·拉斐尔·门斯（Anton Raphael Mengs，1728—1779年）将古典主义学院风格引入西班牙。就国王卡洛斯四世而言，除了赞助弗朗西斯科·德·戈雅和路易斯·帕雷特（Luis Paret，1746—1799年），他还以费德里科·巴罗奇（Federico Barocci，1535—1612年）、安德烈·德尔·萨托（Andrea del Sarto，1468—1530年）和拉斐尔的作品，以及西班牙艺术家胡塞佩·德·里贝拉（Jusepe de Ribera，1591—1652年）、弗朗西斯科·里瓦尔塔（Francisco Ribalta，1565—1628年）和胡安·德·华内斯（Juan de Juanes，约1510—1579年）的作品，进一步丰富了皇家收藏。他的继任者，其子费尔南多七世，即普拉多博物馆的创始人。

博物馆开放当天展出了来自西班牙艺术家的三百一十一件作品。之后，皇宫和皇室宅邸的作品也集中到这里，馆藏数量激增，为此国王恩准建立了一座新的博物馆。截至1827年清点时，普拉多已经拥有四千多件作品。费尔南多七世支付了博物馆的开支，因为尽管是对公众开放，但展品是他的财产。鉴于博物馆的皇室背景，第一届负责人都来自与皇室有关的上层贵族。第一个被任命的是皇室管家、圣费尔南多皇家美术学院（San Fernando royal Academy of Fine Arts）委员圣克鲁斯侯爵何塞·加夫列尔·德·席尔瓦·巴桑-瓦尔德斯坦恩（José Gabriel de Silva-Bazán y Waldstein，Marquis of Santa Cruz，1772—1839年）。他任职时广泛听取身边皇室成员的建议，其中包括礼仪部长路易斯·尤塞比（Luis Eusebi，1773—1829年），此人为博物馆副馆长，编撰了画廊的第一本展品目录。

1833年9月29日，费尔南多七世去世，引发了博物馆的第一次重大危机，因为国王在遗嘱中声明可以自由处置所有他的个人财产，这意味着普拉多的艺术品可以分给他的多个继承人。然而遗嘱一直没有被执行，直到1843年，伊莎贝拉二世（Isabella II，1830—1904年）年满十三岁，达到法定成年人的年龄。女王成立了一个委员会来评估她父亲的遗嘱，委员们建议她买下原本由其妹妹公主玛利亚·路易莎·费尔南达（Infanta María Luisa Fernanda，1832—1897年）继承的皇室器物和皇宫装饰品，从而避免将艺术类遗产进行分割。这其中也包括普拉多博物馆中的艺术品。委员会还建议将普拉多并入皇室，使其不再是君主的个人财产，以此彻底规避继承的问题。然而，这些举措直到1865年才真正被实施。

费尔南多七世去世四年后遗嘱仍未被执行，此时一件对普拉多博物馆的未来具有重大意义的事件发生了——1837年12月31日，国家绘画和雕塑博物馆（National Museum of Painting and Sculpture）成立。位于马德里阿托查街（Calle de Atocha）的圣三一博物馆（又译特立尼达博物馆）因起初为圣三一修道院而得名，创建这座博物馆的目的是保存和展示从马德里、托莱多、阿维拉和塞戈维亚

诸省修道院中没收来的、已不再是教会世袭财产的艺术品。该博物馆还用于收藏国家购买的当代艺术作品，这些作品大多是自1856年开始举办的全国美展上的历届获奖作品。国家绘画和雕塑博物馆与皇家绘画博物馆截然不同，一是它归属于国家财产，二是其领导者不再是贵族，而是一个由专家组成的委员会。1838年，当画家何塞·德·马德拉索（José de Madrazo，1781—1859年）被任命为国家绘画和雕塑博物馆馆长后，这一新方法被推广到皇家绘画博物馆，开启了长期由艺术家担任馆长的模式，一直持续到1960年。

19世纪下半叶，博物馆发生了巨大的变化。首先是1865年普拉多明确成为皇室财产。博物馆不再为君主个人所有，从而避免了展品因继承而被分割的情况。三年后的西班牙第五次革命不仅导致伊莎贝拉二世被罢黜和流放，也改变了普拉多的地位——1872年普拉多成为国家财产。鉴于一个国家拥有两座国立绘画和雕塑博物馆是不符合逻辑的，加之特立尼达博物馆于同年关闭，于是两馆合并重组为普拉多国家博物馆。特立尼达藏品的到来加剧了自博物馆成立之初就一直存在着的空间不足的问题。为了解决该问题，人们考虑新的方案来扩大画廊建筑，并出台了相应的资金政策，因此作品被纳入许多不同的国有财产体系之中。这反过来导致了一系列编目和保护问题，直到20世纪末才彻底解决。19世纪末，博物馆又发生了两个重大转变：一个是1876年通过了新的管理条例，规定普拉多的馆长必须是圣费尔南多皇家美术学院的画家，且在全国美展上获过奖；另一个是1894年现代艺术博物馆的成立，使得原来保存在普拉多的19世纪画作被悉数搬到了那里。

1902年，普拉多举办了第一次临时展览，展出了埃尔·格列柯的画作。1912年，皇家理事会成立，旨在使机构的管理更具科学性，并与社会的联系更加密切。在理事会最初的倡议中，有一项是成立委员会对馆藏进行全面清点，核实每一件藏品的保存状态和确切的下落。另一项任务是监理比亚努埃瓦大楼的第一次扩建，此项工程于1914—1923年间完成。

图5

载有普拉多艺术品的车队从日内瓦回马德里时穿过西贝莱斯广场，背景是通讯宫（Palacio de Comunicaciones，如今是市议会的一部分）。克里斯蒂娜·阿尔瓦雷斯·德·索托马约尔（Cristina Alvarez de Sotomayor）收藏，马德里，1939年

1936年，西班牙内战引发了普拉多迄今面临的最严重的危机，同年8月30日博物馆被迫关闭。就在博物馆关闭前不久，政府成立了一个特别委员会来保护画廊的藏品，并采取措施使建筑免受可能的破坏。1936年9月20日，共和党政府象征性地任命巴勃罗·毕加索（Pablo Picasso，1881—1973年）为馆长。此后不久，博物馆决定将最重要的作品从马德里搬到瓦伦西亚，后来随着战争的推进，又搬到了加泰罗尼亚。1939年，由各国专家组成的西班牙艺术珍品保护国际委员会成立，其目的是在国际联盟的保护下将藏品运送到日内瓦。同年2月，普拉多馆藏作品展在日内瓦举行。经新政府协商，一旦战争结束，作品即返回西班牙。第一批于1939年5月返抵，7月7日普拉多重新开放，最后一批于同年9月回到普拉多。

战争一结束，藏品就回到了普拉多，而此时博物馆面临的主要问题除了国家整体上的经济衰败外，还有一个长期的问题，即缺乏适当的空间来保存和展示这些收藏品。为了缓解这种状况，1954年至1956年、1964年至1968年，先后两次在原有建筑的基础上进行了扩建。然而，随着时间的推移，人们越发意识到普拉多需要的不仅是扩大其展览空间，更需要适应对博物馆提出的新要求，包括因旅游业的繁荣和对艺术与日俱增的兴趣而导致的游客数量的增加。因此，博物馆意识到有必要从物质层面上进行调整，比如改善环境氛围、扩充空间，从而为参观者提供更优质的服务。此外，画廊迫切需要彻底整修和新的管理方法。于是1971年成立了一个技术委员会，其任务是制定关于普拉多现代化的报告，以及建立关于收藏管理、建筑修缮、作品保护等方面的新标准。从那时起，普拉多逐渐跟上了时代的步伐。临时展览越来越多，保护和修复工作得以改善，研究力度有所加强，游客服务逐步优化。为了实现这一切，还需要找到额外的空间。比亚努埃瓦大楼已经不可能再扩建了，只能取而代之以新的场馆。当布恩丽池宫昔日的舞厅布恩丽池之家（Casón del Buen Retiro）被分配给普拉

图6

巴勃罗·毕加索的《格尔尼卡》(*Guernica*)
在布恩丽池之家展出，1981年

图7

弗朗切斯科·约迪切（Francesco Jodice，生于1967年）
从北面看普拉多博物馆，2011年

多时，该计划得以具体化。经过整修，博物馆的19世纪藏品被搬到这里，于1981年向公众开放。

同年，毕加索的《格尔尼卡》从纽约现代艺术博物馆（Museum of Modern Art）返回西班牙，亦收藏于此。十一年后，《格尔尼卡》连同毕加索的其他遗产一同转移到索菲亚王后艺术博物馆（Museo Nacional Centro de Arte Reina Sofía），这是一座当代艺术博物馆，其创建的目的是重新分置国家的艺术收藏。根据1995年达成的协议，19世纪和20世纪的作品在普拉多和索菲亚王后博物馆之间进行重新分配。进入20世纪90年代，普拉多效仿其他大型博物馆，加速了现代化的进程，并于2007年达到高潮。新的行政地位赋予普拉多更大的自主权，博物馆的员工有所增加，布恩丽池之家得以整修，更重要的是开启了一项雄心勃勃的工程——采纳了建筑师拉斐尔·莫内欧的方案，整合了圣赫罗尼莫修道院回廊所在的区域，从而扩大了现有建筑群。

第二章 始于形式

普拉多博物馆不仅收藏绘画，还拥有九百多件珍贵的雕塑，这些雕塑曾不只一次与绘画共处一室，共历沧桑，补充和丰富了对博物馆绘画作品的观赏、品鉴和研究。与绘画的情况相似，许多雕塑的产生得益于皇室收藏，曾装点着西班牙君主的宫殿、花园、教堂和私家礼拜堂，后来汇聚于普拉多。最初的主体形成于16世纪上半叶皇帝查理五世统治期间。查理五世赞助了其中最杰出的部分：他委托米兰雕塑家里昂·莱昂尼（Leone Leoni，1509—1590年）和彭佩奥·莱昂尼（Pompeo Leoni，1533—1608年）制作的家庭肖像是雕塑史上最精美绝伦的作品。16世纪下半叶查理五世之子腓力二世也收到了一些非常有价值的外交礼物，特别是几件罗马皇帝胸像和来自作家、外交家迭戈·乌尔塔多·德·门多萨（Diego Hurtado de Mendoza，1503—1575年）的收藏品。在17世纪腓力四世统治期间，一些作品的到来进一步扩大了皇室收藏，比如1665年红衣主教吉罗拉莫·科隆纳（Cardinal Girolamo Colonna，1604—1666年）赠予的重要雕塑《罗马皇帝克劳狄乌斯的神化》(*Apotheosis of Claudius*)(图16)。也正是在这一时期，皇帝通过著名的大使、画家迭戈·委拉斯贵支的代理，用青铜翻铸了罗马最著名的古典塑像以装饰马德里阿尔卡萨宫（Alcázar Palace）画廊。

18世纪，波旁王朝开始了在西班牙的统治，腓力五世和伊莎贝拉·法尔内塞王后购置了两批曾在巴洛克时期被收集在罗马的精美雕塑，标志着雕塑收藏历程的一个转折点。一批是先为瑞典女王克里斯蒂娜、后为奥代斯卡尔基（Odescalchi）家族所有的收藏，普拉多最精美的雕塑大多来自这

47

组收藏，比如《束发带的青年》(*Diadoumenos*)(图12）的一个复制品、蒂沃利的《哈德良别墅的缪斯》(*the Muses from Hadrian's Villa*)(图14)、《带小山羊的牧神》(*Faun with Young Goat*)(图10)、《圣伊尔德丰索组雕》(*San Ildefonso Group*)(图15）和原属画家鲁本斯的《酒神的祭坛》(*Bacchic Altar*)。另一批是来自卡皮奥侯爵加斯帕尔·德·门德斯-古斯曼（the Marquis of Carpio, Gaspar de Méndez de Haro y Guzmán，1598—1661年），后为阿尔巴公爵（the Duke of Alba）所有的收藏。卡洛斯四世统治时期，何塞·尼古拉斯·德·阿萨拉（José Nicolás de Azara，1730—1804年）的收藏被并入普拉多，这位开明的外交官对希腊名人肖像雕塑情有独钟，这使得普拉多古典雕塑的数量进一步增加。进入20世纪，除了个别礼物，还应提及两位专门从事古代雕塑收藏的私人收藏家的捐赠：一次是1994年墨西哥艺术家、收藏家马吕斯·德·扎亚斯（Marius de Zayas，1880—1961年）的捐赠；另一次是1999年智利画家克劳迪奥·布拉沃（Claudio Bravo，1936—2011年）的捐赠。

馆藏古代雕塑包括肖像、神话人物、浮雕、骨灰盒和动物塑像等，共计二百五十余件，大多是16—19世纪从意大利带回来的。其中许多是16世纪和17世纪在意大利收集的重要藏品，当时在罗马及其周边的重大考古发现丰富了这些收藏，并赋予其一定的统一性。然而，16世纪和17世纪的趣味忽略了希腊古风时期和伟大近东文明更为强大的吸引力，这部分藏品在博物馆的收藏中显得非常单薄。直到20世纪，新的品评之风开始关注早期艺术，像公元前6世纪的《青年男子像》(*Kouros*）和《马头》(图9）这样的作品才得以被纳入收藏主体。实际上，这两件作品都来自与欧美前卫艺术圈过从甚密的墨西哥人马吕斯·德·扎亚斯的收藏。《马头》的年代可以追溯至希腊古风时期，在风

图8
罗马工作室
《帕特农神庙的雅典娜》(*Athena Parthenos*)，约130—150年

图9
希腊工作室
《马头》(*Horse Head*)，约公元前515年

格上与雅典卫城用作还愿祭品的骏马一脉相承。从细节上看，马的脖子上有一条水平的勒痕，表明这里最初应该有金属缰绳，类似于著名的《德尔斐驭手》(*Charioteer of Delphi*) 牵着的那种缰绳。此外，从正面看，马的脖子细长，暗示出这匹马与几匹同样的马一同拉着战车，并驾齐驱，可能是用来装饰神庙山墙的。

相比之下，从16世纪到19世纪末的美学理念完全受希腊和罗马古典主义范式的影响。这就可以解释为什么在普拉多能够看到大量经由罗马复制的、公元前5世纪的希腊艺术，有些非常精美，比如波利克里托斯（Polyclitus，约公元前460—前420年）的《束发带的青年》和菲狄亚斯（Phidias，约公元前480—前430年）的《帕特农神庙的雅典娜》(图8)。后者是菲狄亚斯为雅典卫城帕特农神庙制作的传奇塑像的微缩版，是卡洛斯三世为普拉多增添的精美雕塑瑰宝之一。根据古代文献和留存下来的复制品可知，这件雅典的保护神、智慧女神雅典娜像缺少了一些最引人瞩目的特征，比如头盔上华丽的冠饰曾经装饰有许多神话动物，如今只有现代人添上去的司芬克斯。还有盾牌、长矛、手中的胜利女神，以及装饰着宙斯盾的群蛇都不见了。即使如此，和谐的比例、修长

图10
罗马工作室
《带小山羊的牧神》，约130—150年

图11
罗马工作室
《维纳斯与海豚》(*Venus with Dolphin*)，约140—150年

31.

的人体，以及卷发、衣褶等细节中展现出的精致风格都透露出原作的华美。原作为十二米高的黄金象牙巨型塑像，虽然没有留存下来，却是古代极为杰出的作品之一。*Diadoumenos*的意思是“将发带系在头上的人”，这件雕塑也是复制品，原作是雕塑家波利克里托斯制作的青铜塑像，亦未能幸存于世。尽管17世纪的修复改变了右臂原初的位置，但这身塑像仍然被视为留存至今的文物复制品中极为精美的一件。这件作品作于波利克里托斯创作生涯的末期，此时艺术家专注于再现比例完美的男性身体，改变了以《持矛者》(*Doryphoros*) 为代表的准则。《束发带的青年》躯干向左倾，但本应承重的左腿却微微弯曲，脚跟离开地面。为了保持两侧重量的均衡，右肩和右臂低于左侧，从而平衡了形式，创造出一种符合数之完美标准的新的节奏和优雅的和谐。此外，与早期作品相比，波利克里托斯把头发处理得更加自然，更具运动感。

普拉多还收藏了公元前4世纪的一些作品，比如《休息的萨提尔》(*Resting Satyr*)、《尼达斯的阿佛洛狄忒头像》(*Head of Aphrodite of Cnidus*)、普拉克西特列斯（Praxiteles，公元前390—前320年）几件作品的复制品和提摩修斯（Timotheos，活跃于公元前370—前350年）的《丽达》(*Leda*)

图12
罗马工作室
《束发带的青年》，约140—150年

图13
罗马工作室
《修普诺斯》(*Hypnos*)，约120—130年

的复制品。收藏品中还有一些小型但却精美的希腊化时期作品的罗马复制品，比如《带小山羊的牧神》、《修普诺斯》(图13)、《维纳斯与海豚》(图11)，以及一批重要的罗马帝国时期的肖像，这批肖像从数量和质量上来说都具有非凡意义。

大约1675年，在对罗马的一条街道进行规划时偶然间发现了这件被称为《带小山羊的牧神》的雕塑，同时出土的还有罗马时期一间工作室生产的几件塑像和一些器皿。人物的尖耳朵、小角和尾巴都是林地动物的特征，因此作品可能再现的是牧神或潘神（Pan）。主人公扛着一只将要献给狄俄尼索斯（Dionysius）的小山羊，正惊愕地望向天空，仿佛被神的出现深深吸引着。塑像呈金字塔状——希腊化时期帕加马学派的典型手法——有助于突出姿势的戏剧化张力，从而为人物平添一丝优雅和性感。从树上悬挂着的几根只有粗略轮廓的管状物可以看出，罗马雕塑家并没有完成这件作品，后来吉安·洛伦佐·贝尼尼（Gian Lorenzo Bernini，1598—1680年）的一个追随者对其进行修复，但仍未完成。

从另一方面看，在雕塑《修普诺斯》中，对肉体的呈现尤其明显，尽管太阳穴处的两只翅膀已经损毁，两臂也断裂了——本该有一只伸出的手拿着含有催眠物质的小角。人物身体前倾，旁边空无一物，观者只能通过脑补，想象那个被神俯身注视着的沉睡的身影。公元前8世纪希腊诗人赫西俄德（Hesiod）把沉睡——夜之子、死亡的兄弟——描述成“对人类友善的”，“他在大地和海洋宽广的背上平静地游荡着”。在普拉多的这件希腊化雕塑的复制品中，艺术家成功地传递出介于飞与走之间的轻盈动态。树干是罗马时期加上去的，破坏了希腊原作的意图。

《维纳斯与海豚》属于公元前4世纪由普拉克西特列斯开创的、再现阿佛洛狄忒的悠久传统，普拉克西特列斯彻底改变了塑造全裸爱神的传统观念。女神身体微微前倾，虽然没有衣物和饰物遮掩她美丽的身姿，但双手所在的位置却暗示出她的端庄与矜持。很多维纳斯的原型都来自罗马的《卡皮托利尼的维纳斯》(*Capitoline Venus*)，普拉多版的《维纳斯与海豚》也是其中之一。维纳斯靠着暗示其海洋起源的海豚休息，保留了一些最初的元素，比如肩头柔软的卷发，使人联想起她是从海浪中浮现出来的。作品于17世纪在罗马的一座别墅中被发现，后由瑞典的克里斯蒂娜女王收购并命人修复。《哈德良别墅的缪斯》也来自女王的收藏。组雕是1500年前后在罗马南部蒂沃利的哈德良皇帝别墅发现的第一批艺术品，应该是用来装饰奥登音乐剧场（Odeon）的。女王让贝尼尼的弟子埃尔科莱·费拉塔（Ercole Ferrata，1610—1686年）对其进行修复并将雕像陈列在她罗马宫殿的一个大厅里。这组作品是希腊文物的罗马复制品，可能由两家不同的工作室完成，一个比较传统，一个更加创新。组雕中还有一件当时创作的阿波罗像和女王肖像，用以说明女王作为艺术和科学赞助人的作用。身为宙斯和记忆女神谟涅摩叙涅（Mnemosyne）的女儿，缪斯们以才华娱乐众神，同时也是艺术家们的灵感来源。在普拉多的这些缪斯像都穿着相似的服装，端坐在岩石之上。但只有两身塑像的头部是古代的，其他塑像的头部连同部分附属物都是17世纪后添上的，因此很难识别她们的身份。

即使如此，高品质的组雕是普拉多收藏的真正亮点。其中以《圣伊尔德丰索组雕》和《罗马皇帝克劳狄乌斯的神化》尤为突出。前者中的人物被确定为传说中的友谊的典范——俄瑞斯忒斯（Orestes）和皮拉德斯（Pylades），他们将女神阿尔忒弥斯（Artemis）的还愿像从陶里斯（Tauris，今克里米亚）带回希腊，献祭给阿波罗，以此为俄瑞斯忒斯的弑母行为赎罪。因为他的母亲克吕泰

图14（第30—31页）
罗马工作室
《哈德良别墅的缪斯》，约130—150年

图15
罗马工作室
《俄瑞斯忒斯和皮拉德斯》(*Orestes and Pylades*)或《圣伊尔德丰索组雕》，约公元前10年

涅斯特拉（Clytemnestra）设计杀害了自己的丈夫、俄瑞斯忒斯的父亲阿伽门农（Agamemnon）。这件作品是奥古斯都皇帝（公元前63年—公元14年）时期的原作，没有已知的复制品。塑像同时也是一件折中主义杰作，结合了波利克里托斯在火炬手中表现出的更加紧凑的原则和普拉克西特列斯更加弯曲的线条。塑像于1623年在罗马被发现后受到众多收藏家的青睐，几经辗转最终被腓力五世收藏，并将其安放在圣伊尔德丰索宫，雕像也因此而得名。《罗马皇帝克劳狄乌斯的神化》是红衣主教吉罗拉莫·科隆纳送给腓力四世的礼物，在马德里阿尔卡萨宫陈列时备受好评。这是一件由古代和近代元素共同构成的混合之作，位于诸多武器顶部的鹰是一件古代文物残片，17世纪时曾被修复过。18世纪时雕塑家奥尔费奥·博赛利（Orfeo Boselli，约1600—1667年）为之增添了罗马皇帝克劳狄乌斯的胸像，后来胸像佚失，1830年左右又做了另一身胸像取而代之。这座雕塑几乎可以肯定是罗马将军马库斯·瓦勒里乌斯·梅萨拉·科尔维努斯（Marcus Valerius Messalla Corvinus，公元前64年—公元13年）丧葬纪念碑的一部分，雕塑在罗马东南部博维拉（Bovilae）附近其乡间别墅附近被发现，此人曾与奥古斯都出生入死。战利品暗示着对奥古斯都敌人的征战与胜利，用爪子抓着宙斯雷电的鹰象征着罗马的胜利得到了神助。1620年献给意大利王子阿尔贝里科·奇博·马拉斯皮纳（Alberico Cybo Malaspina，1529—1623年）时增加了一个基座，基座由一个方形石块和四角的几只鹰构成，石块上装饰着王子的家族徽章髑。

图16

罗马工作室

《罗马皇帝克劳狄乌斯的神化》，1世纪

第三章 绘画与崇拜

随着20世纪艺术史学家和国际收藏家们对中世纪中后期绘画兴趣的高涨，普拉多迎来了其馆藏作品中年代最久远的一批杰作。西班牙君主们对伊比利亚半岛的中世纪艺术没有表现出特别的兴趣，直到为博物馆成立了一个专门的皇家基金理事会，并在其成员的坚持下开始讨论是否有必要用12—14世纪的西班牙绘画经典来丰富博物馆的收藏。据此，1920年，国立考古博物馆（Museo Arqueológico Nacional）的一组重要的中世纪绘画被转移到普拉多；1946年，塞戈维亚省马德鲁埃洛市（Maderuelo）韦拉克鲁斯教堂（chapel of Vera Cruz）的一组罗马式绘画被收入普拉多。1948年，这批杰出的西班牙罗马式绘画在博物馆首次公开展出。然而，上述事件却引发了些许恐慌：有人认为这些作品的纳入会降低普拉多收藏的品质、破坏其连贯性；还有人认为这些绘画与当代艺术的关系过于密切。时任普拉多博物馆馆长、画家费尔南多·阿尔瓦雷斯·德·索托马约尔（Fernando Alvarez de Sotomayor，1875—1960年）即属于后者，他认为在普拉多展出这些画作无异于把毕加索的作品挂在普拉多的墙上。

马德鲁埃洛市的韦拉克鲁斯教堂湿壁画（图18）是罗马式宗教绘画的伟大典范，年代可以追溯至大约1125年。从技术和图像上看，这组画作都与陶尔（Taüll，属加泰罗尼亚自治区的莱里达）的圣玛利亚教堂和卡西利亚斯·德·贝兰加（Casillas de Berlanga，属卡斯蒂利亚-莱昂自治区的索里亚）的圣保德里奥修道院（San Baudelio）关系密切。这表明流动的艺术家或工作室可能

在结合了西班牙东部加泰罗尼亚地区的罗马式（Catalan Romanesque）之后，将意大利北部伦巴第（Lombard）绘画的影响带到了西班牙中部的卡斯蒂利亚。这些绘画陈列在普拉多的一个展厅中，展厅按原样重建了礼拜堂，平面呈长方形，拱顶为筒状，后殿墙面平直。制作者用精湛的绘图技巧将来自《旧约》和《新约》的场景安排在一个复杂但却高度统一的图像体系中。

1957年，理事会促使西班牙教育部和纽约大都会艺术博物馆达成一项协议：将1926年从卡西利亚斯·德·贝兰加带到美国的六幅莫扎勒布（Mozarabic，9—15世纪摩尔人统治下的西班牙基督教）圣保德里奥修道院湿壁画经由美国慈善机构无限期转让给普拉多（图17）；作为回报，大都会艺术博物馆获得了丰蒂杜埃尼亚（Fuentidueña，近塞戈维亚）圣马丁（San Martín）教堂后殿的监管权。圣保德里奥壁画是一组位于教堂下部、在12世纪前30年完成的湿壁画，因其在神圣空间中对世俗场景的描绘而在欧洲绘画史上占有一席之地。一些专家用非宗教性来解释这种反常的现象，试图在穆斯林细密画（miniature）和卡斯蒂利亚高原地区大量留存的古代马赛克画中找到相似之处。然而，也有一些专家只援引基督教方面的例子，认为这些绘画充满了宗教象征。他们声称在这些狩猎场景和对动物的描绘中显示出的宏大气魄和对自然的观察力在那个时代是极为罕见的，其内容与教堂上部的基督生平密切相关，两部分共同构成了从尘世上升到天国的图像表述。

最精美的卡斯蒂利亚罗马式壁画有三处，虽然普拉多收藏的早期中世纪绘画数量不多，但来自马德鲁埃洛和卡西利亚斯·德·贝兰加的壁画却占据了其中之二，另一处是位于原址的莱昂（León）

图17
匿名
《猎兔》（*Hare Hunt*），圣保德里奥修道院，卡西利亚斯·德·贝兰加，约1125年

圣伊西多罗皇家教堂（Royal Collegiate Church of San Isidoro）壁画。其品质可以与加泰罗尼亚样式相媲美，是欧洲罗马式绘画的焦点。

传统上被称为国际哥特式的风格在14世纪晚期至15世纪早期传遍欧洲。特别是起源于锡耶纳艺术的意大利模式在这里融合了佛兰德斯绘画和其他地方画派，产生了一种相当同质的、优雅精致的潮流，其特点是风格化的形式、华丽的色彩和优雅的曲线。一方面，在当时经济富庶和积极赞助艺术的米兰、第戎、布拉格、巴黎等地的宫廷吸引了许多艺术家；另一方面，素描簿的发展，以及深受人们喜爱的便携式祭坛画、微型书、刺绣、贵金属制品等小型器物刚好契合了该风格复杂精细的特点，这些因素共同促进了欧洲大陆范围内形式和思想的交流。此外，城市和资产阶级，以及宫廷和贵族同时呈现出一派欣欣向荣的景象。

国际哥特式风格在法国结出了最灿烂的果实，在某种程度上这要归功于那些外来艺术家，比如来自奈梅亨（Nijmegen，今荷兰东部）的林堡兄弟（Limbourg）。作为手抄本绘制者，他们为法王查理五世（King Charles V of France，1338—1380年）的弟弟、较早有文化的贵族让·德·贝里（Jean de Berry，1340—1416年）绘制了一件微型艺术中的珍宝，即著名的《贝里公爵的豪华时祷书》(*Très riches heures du Duc de Berry*)，表明了此时这种艺术类型发挥的重要作用。细密画在巴黎宫廷尤为盛行，主要的倡导者是布西科画师（Boucicaut Master，活跃于1400—1430年），他创作的作品反映出意大利绘画的创新之处。木板画也得到了同步发展，但通常都是匿名的，且由于宗教战争和法国大革命对传统的批判而鲜有留存。以上便是让·马卢埃尔（Jean Malouel，约1365—1415年）、让·德·博梅茨（Jean de Beaumetz，约1335—1396年）和亨利·贝勒萧斯（Henri Bellechose，据记载1415—1445年）等为勃艮第大公服务的尼德兰画家来法时的职业环境。科拉尔·德·拉昂（Colart de Laon，据记载1377—1411年）也是一位与巴黎宫廷有关的艺术家，可能是《花园里的苦恼》(*Agony in the Garden*)(图19）的作者，据记载他主要活动于1377—1411年间。科拉尔为让·德·贝里的侄子侄媳、奥尔良的路易一世（Louis I of Orléans，1372—1407年）和瓦伦蒂娜·维斯康蒂（Valentina Visconti，约1366—1408年）服务，他们夫妻俩同时还赞助了当时一些最著名的文学家，包括克里斯蒂娜·德·皮桑（Christine de Pisan，1364—约1430年）和尤斯塔什·德尚（Eustache Deschamps，约1346—约1406年）。2011年，当《花园里的苦恼》来到普拉多时，人们发现在现有画面之下有圣艾格尼丝（Saint Agnes）和捐赠人的形象。通过人物礼服上的荨麻叶可以确定捐赠人正是路易一世，因为荨麻叶是他的象征。1393年，因查理六世（Charles VI，1368—1422年）精神失常，身为法王查理五世之子的路易一世成为摄政王。圣艾格尼丝的在场或许是因为她是路易一世父亲与妻子的主保圣人，而主题“花园里的苦恼”和卷轴上的赞美诗《求主垂怜》(*Miserere mei*）则可能暗示出图画的丧葬功能，作品应该是捐助人妻子和儿子在他1407年遇刺后委托绘制的。这幅画在这一时期的法国绘画中弥足珍贵，因为那个年代的木板画几乎没有留存下来。虽然作品属于国际哥特式风格，但作者特别注意以自然主义的态度表达深度、植物和天空。

西班牙绘画从罗马式到哥特式的转变是一个渐进的过程。西班牙哥特式绘画融合了早期罗马式和法国、意大利的影响，同时结合了穆斯林和基督教风格的穆德哈尔式（Mudejar）装饰元素。尽管古老的特征依然存在，但因渴望认知现实世界而带来的对自然的密切观察、对表达情感的兴趣，以及更加人性化的呈现方式都削弱了罗马式艺术中概念化的自然。最初有两种哥特式风格传到西

图18

匿名

《亚当的创造与原罪》(*Creation of Adam and Original Sin*)，壁画

韦拉克鲁斯教堂，马德鲁埃洛市，12世纪

图19
科拉尔·德·拉昂（?）
《花园里的苦恼》，1405—1408年

图20
匿名
《圣克里斯托弗祭坛画》，13世纪晚期

班牙：一种源自法国，以西方绘画传统为基础；另一种源自意大利，与拜占庭模式有关。在法国影响下产生的哥特式被称之为“法式哥特式”，以13世纪的蛋彩木板画《圣克里斯托弗祭坛画》（*Altarpiece of Saint Christopher*）（图20）为代表。从这幅杰出的卡斯蒂利亚法式哥特式画作中精致的线条可以看到此种风格与细密画之间的密切关系。圣克里斯托弗正背着以小孩模样显现的基督过河，为了区别膝部以下的河水，画师绘制了许多鱼。圣徒被塑造得十分巨大，彰显出对纪念性的趣味。主体两侧还有源自圣彼得（Peter）、圣布莱斯（Blaise）和圣米兰（Millán）生平的场景，最终在顶部以基督在各各他（Calvary）受难结束。圣米兰是拉里奥哈（La Rioja）地区的一位圣人，对他的崇拜在拉里奥哈以外并不普遍，这说明作品可能来自该地区的教堂或修道院。边框处的城堡和狮子图案进一步提升了作品出自王室捐赠的可能性。

巴涅萨（La Bañeza，属莱昂）的《圣母和圣方济各生平祭坛画》（*Altarpiece of the Life of the*

Virgin and of Saint Francis)(图21) 保存得相当完好，由尼克拉斯·弗朗塞斯（Nicolás Francés，据记载早于1434—1468年）于1445—1460年间完成。其精致细腻和众多极具图像学价值的场景使其成为卡斯蒂利亚地区国际哥特式风格的杰作之一。祭坛中间的面板描绘了天使簇拥下的圣母子，圣母端坐于宝座之上，怀中的圣婴正拿着一只被绳子拴着的鸟玩；圣母子两侧的画面取材自圣母和圣方济各生平，之上为圣母升天；祭坛的最顶端是基督在各各他受难，底座为诸使徒和先知画像。画师具有高超的叙事技巧，通过轶闻细节的使用弥补了某些人物的风格化表达，为场景注入了生命力。

2013年，普拉多收到了来自收藏家何塞·路易斯·瓦雷斯·菲萨及其家族遗赠的十二件13—16世纪间西班牙的绘画和雕塑作品，与《圣克里斯托弗祭坛画》构成一组。瓦雷斯·菲萨是位工程师、企业家、金融家，早在20世纪60年代初期便开始着手收藏，几十年来一直向博物馆进行捐赠。他非常熟

图21
尼克拉斯·弗朗塞斯
《圣母和圣方济各生平祭坛画》，
1445—1460年

图22
托拉尔瓦画师（Master of Torralba，
活跃于15世纪上半叶）
《圣母祭坛画》(*Altarpiece of the Virgin*)，
1435—1440年

图23
豪梅·塞拉（Jaume Serra，据记载1358—1390年）
《抹大拉的玛利亚和施洗约翰生平组画》（*Episodes from the Lives of Mary Magdalene and Saint John the Baptist*），1356—1359年

图24
豪梅·塞拉
《托贝德的圣母》（*Virgin of Tobed*），1359—1362年

悉普拉多的收藏，知道其藏品的历史空白，因此他在选择作品时带有明确的目的性，即弥补这些不足，丰富和补充永久收藏中大量缺失的风格或艺术家。鉴于瓦雷斯·菲萨的慷慨捐赠，普拉多以其命名了一个展厅，该展厅有着一个巨大的、年代可追溯至1400年前后的卡斯蒂利亚风格的木制天花板，与笼罩其下的展品相得益彰，协调地补充了普拉多的展览空间。瓦雷斯·菲萨的遗赠包括三幅13世纪早期的罗马式绘画、来自卡斯蒂利亚和加泰罗尼亚的两幅祭坛正面木板画，以及一幅来自安道尔公国圣埃斯特韦教堂（Sant Esteve）的壁画，从而在马德鲁埃洛的韦拉克鲁斯教堂和卡西利亚斯·德·贝兰加的圣保德里奥修道院两个范例之外增加了比利牛斯罗马式艺术的样本。国际哥特式作品也因瓦雷斯·菲萨捐赠的《圣母祭坛画》(图22）而有所丰富，其作者即所谓的托拉尔瓦画师，很可能是胡安·阿尔纳迪（Juan Arnaldín），一位据文献记载于1433—1459年间活跃在萨拉戈萨的艺术家。丰富而明亮的色彩、曲折有致的织物造型，以及在圣母生平和基督受难场景中体现出的现实主义特征都是国际哥特式的标志。如同另一件被认为出自该艺术家之手的画作，其构图都独具匠心，有时甚至不惜背离《圣经》的表述。这种情况出现在表现走向各各他受难地的场景中，圣母看起来正在帮基督背十字架。

瓦雷斯·菲萨收藏的另一件作品是2014年购得的《基督诞生三联画》(*Triptych of the Birth of Jesus*)(图26)，由萨尔索索三联画画师（Master of the Zarzoso Triptych，活跃于1450年）于1450年前后绘制。该作品来自萨尔索索（El Zarzoso，萨拉曼卡的卡巴科）森林牧场中的波塔塞利圣母院(Nuestra Señora de Portaceli)，此前可能用于私人礼拜堂的装饰。中间木板的主要题材是“基督诞生”，左侧木板表现的是“圣母诞生”和“圣母升天”，右侧木板描绘的是“基督显现在圣殿中”和“博士来朝”。左翼的背面是帕多瓦的圣安东尼和使徒大雅各，右翼背面是圣多明我和施洗约翰。绘制的精致与细微之处，以及对再现由日常生活所激发的主题的兴趣，将画家与佛兰德斯艺术联系在一起，其风格可能是从国际哥特式的训练中产生的。

托莱多的圣胡安皇家修道院（San Juan de los Reyes）高级礼拜堂应该是建筑师胡安·古阿斯(Juan Guas，1430—1496年）在1492年之前设计的，从其壮观的素描稿中可以看到某些哥特式特征(图25)。古阿斯服务于天主教双王费尔南多和伊莎贝拉，任首席建筑师。这座圣胡安皇家方济各修道院正是古阿斯为伊莎贝拉设计的，用以纪念她与侄女胡安娜（Juana）在争夺王位继承权之战的托罗战役（the Battle of Toro，1476年）中对葡萄牙的胜利，建筑融合了穆德哈尔风格和火焰哥特式风格（Flamboyant Gothic）。这幅素描经由特立尼达博物馆移交给普拉多，是西班牙艺术中为数不多的、也是已知较早的建筑设计之一。作品向人们展现了教堂东殿的设计方案，其中的装饰包括祈祷的君主像，与教堂高规格的定位一致。尽管最终的版本在许多方面不同于最初的设计，但它依然显

图25
胡安·古阿斯（Juan Guas，1430—1496年）
托莱多的圣胡安皇家教堂高级礼拜堂（San Juan de los Reyes, Toledo），1485年

图26
萨尔索索三联画画家（Master of the Zarzoso Triptych，活跃于1450年）
《基督诞生三联画》(*Triptych of the Birth of Jesus*)，约1450年

图27（下一页）
胡安·罗德里格斯·德·托莱多（Juan Rodríguez de Toledo，据记载1395—1420年）
《桑乔·德·罗哈斯主教祭坛画》(*Altarpiece of Archbishop Sancho de Rojas*)，1415—1420年

MAESTRO
(Primer cuarto del Siglo XV)
Retablo del Arzobispo Don Sancho de Rojas
Procede de San Roman de la Hornija

示出同样的奢华，这使得学者们相信这座修道院原本是用作皇家先贤祠的。

意大利的影响也出现在14世纪末的伊比利亚半岛，并在接下来的两百年里不断扩大，最终完全取代了法式哥特式风格。意大利样式更关注空间的再现和更准确、细致的解剖学研究，同时服从于更重要的光与体积和色彩的关系。尽管在整体的意大利风格之内包含着多种倾向，但在普拉多最具代表性的是佛罗伦萨样式，其特点是：构图具有可塑性、对人体细节充满兴趣、重视人物形象的纪念性与庄重性。著名的木板画《托贝德的圣母》(图24）和祭坛背部装饰《抹大拉的玛利亚和施洗约翰生平组画》(图23）都属于此种风格，印证了其在加泰罗尼亚地区的发展，而胡安·罗德里格斯·德·托莱多（Juan Rodríguez de Toledo，据记载1395—1420年）的《桑乔·德·罗哈斯主教祭坛画》(*Altarpiece of Archbishop Sancho de Rojas*）则是其在卡斯蒂利亚产生影响的一个例子。《托贝德的圣母》具有极其重要的历史价值，因为其捐赠者是特拉斯塔马拉王朝（Trástamara dynasty）的开创者、国王恩里克二世（King Henry II，1333—1379年）。作品的艺术品质符合其历史重要性。这件作品是哥特-穆德哈尔式教堂托贝德圣母堂（萨拉戈萨）高祭坛的中央木板画，同样也是来自瓦雷斯·菲萨的遗赠。艺术家描绘了怀抱圣子的圣母，捐赠人跪在圣母脚下，四位天使分列两侧，以各不相同的姿势表达对圣母的崇拜之情。画家强调人物体积感和纪念性的方式使人想起豪梅·费雷尔·巴萨（Jaume Ferrer Bassa，活跃于1324—1348年）和阿尔瑙（Arnau）父子的工作室（1324—1348年间有记载）中意大利化的艺术，正是他们从意大利引进了此类圣母像，并将其传到塞拉（Serra）的工作室。而实际上，这幅画的作者被认为是豪梅·塞拉，据记载生活在1358—1390年间。作品是国王阿方索十一世（Alfonso XI，1311—1350年）的私生子特拉斯塔马拉的亨利，即后来的国王恩里克二世和他的妻子胡安娜·曼努埃尔（Juana Manuel，1339—1381年）在流亡阿拉贡期间委托绘制的。在这幅特别的政治宣传画中，夫妇二人头戴他们还没有实际拥有的王冠，因为距亨利同父异母的弟弟、残忍的国王佩德罗一世（King Peter I the Cruel，1334—1369年）离世还有几年时间。在圣母玛利亚和圣子基督面前，捐赠者们宣布了他们登上卡斯蒂利亚王位的坚定意愿。两侧木板（图23）由多个场景构成，自上而下按时间顺序排列，顶部呈三角形，底部有祭坛座画。左侧木板描绘的是抹大拉的事迹：上层是“西门家的晚餐”，中层是“墓前的圣女们”和“不要碰我”(耶稣复活后对抹大拉说的话），下层是“抹大拉之死”，祭坛座上绘有圣彼得、圣多明我和一个身份尚不确定的主教圣人。右侧木板描绘的是施洗约翰的事迹：上层是“莎乐美的舞蹈”，中层是“斩首施洗者”的两个情节，下层是死后的奇迹，祭坛座上绘有圣劳伦斯、圣保罗和一个女圣徒。

《桑乔·德·罗哈斯主教祭坛画》(图27）是1415—1420年间为巴利亚多利德（Valladolid）的圣贝尼托皇家（San Benito el Real）修道院绘制的，由于经常被移动和拆除，已经很难确定组画的原始结构。中央木板表现的是圣母子与圣本笃和圣伯纳德，为了符合本笃会修道院的职能，还绘制了托莱多大主教唐·桑乔·德·罗哈斯（Don Sancho de Rojias，约1381—1422年）和祭坛的委托人费尔南多·德·安特克拉王子（Infante Fernando de Antequera，1380—1416年，即后来的阿拉贡的费尔南多一世）肖像，圣子基督正在为他加冕。这件作品是由杰拉尔多·斯塔尔尼纳（Gerardo Starnina，约1360—1413年）和尼科洛·迪·安东尼奥（Niccolò di Antonio）引入的托斯卡纳范式在卡斯蒂利亚地区产生影响的典型例子。不同于加泰罗尼亚地区所受的锡耶纳绘画的影响，这里接受的是佛罗伦萨样式的影响，形式和体量给人的感受与乔托的画风有几分相似，相对于动态而言，更加偏爱静穆与纪念性。

第四章 创造现实

15世纪，在布鲁日和图尔奈（Tournai）兴起了一种新的绘画风格，这是一场由扬·凡·艾克和胡伯特·凡·艾克兄弟、罗伯特·康宾、罗吉尔·凡·德尔·维登等人领导的新艺术运动。相较于哥特式时期艺术中的象征性和装饰性的抽象表现，这种风格更关注现实，艺术家们喜欢捕捉材料、光线、空间的属性和人类的情感特征，以逼真的方式同时描绘神圣和世俗的主题。这些变化发生在当时欧洲最发达的佛兰德斯富裕社会，日常生活中的琐事成为艺术作品中永恒的背景，乃至主角。新艺术运动的先驱是勃艮第宫廷绘画和14世纪的细密画，这两种艺术很早就热衷于描绘当代形形色色的人与物。准确的制图技巧和油画的发展使高度精细地描绘成为可能，色彩的丰富性也扩展至前所未有的程度。运用这些新技术，艺术家们能够模拟事物的外形与质感，并以强烈的、非真实的光线凸显事物在空间中的体量感。每一个微小的细节都被视为构成完整艺术形象的独立部分加以处理。通过这种方式达到的技术和美学上的品质，展现出一个对自然和情感有着新鉴赏力的现代的、自我满足的世界。因此，尼德兰和意大利共同成为15世纪和16世纪欧洲艺术的驱动力。

尽管普拉多没有凡·艾克兄弟的原作，但却收藏了一件与之密切相关的作品，那就是《恩典之泉与基督教堂对犹太教堂的胜利》（*Fountain of Grace and the Triumph of the Church over the Synagogue*）（图28）。木板画的主题与15世纪卡斯蒂利亚地区犹太教徒和基督教徒之间频繁的神学论争有关。该作品是扬·凡·艾克的一位追随者在布鲁日创作的，当时这位画师正在为根特大教堂绘制多联祭坛画

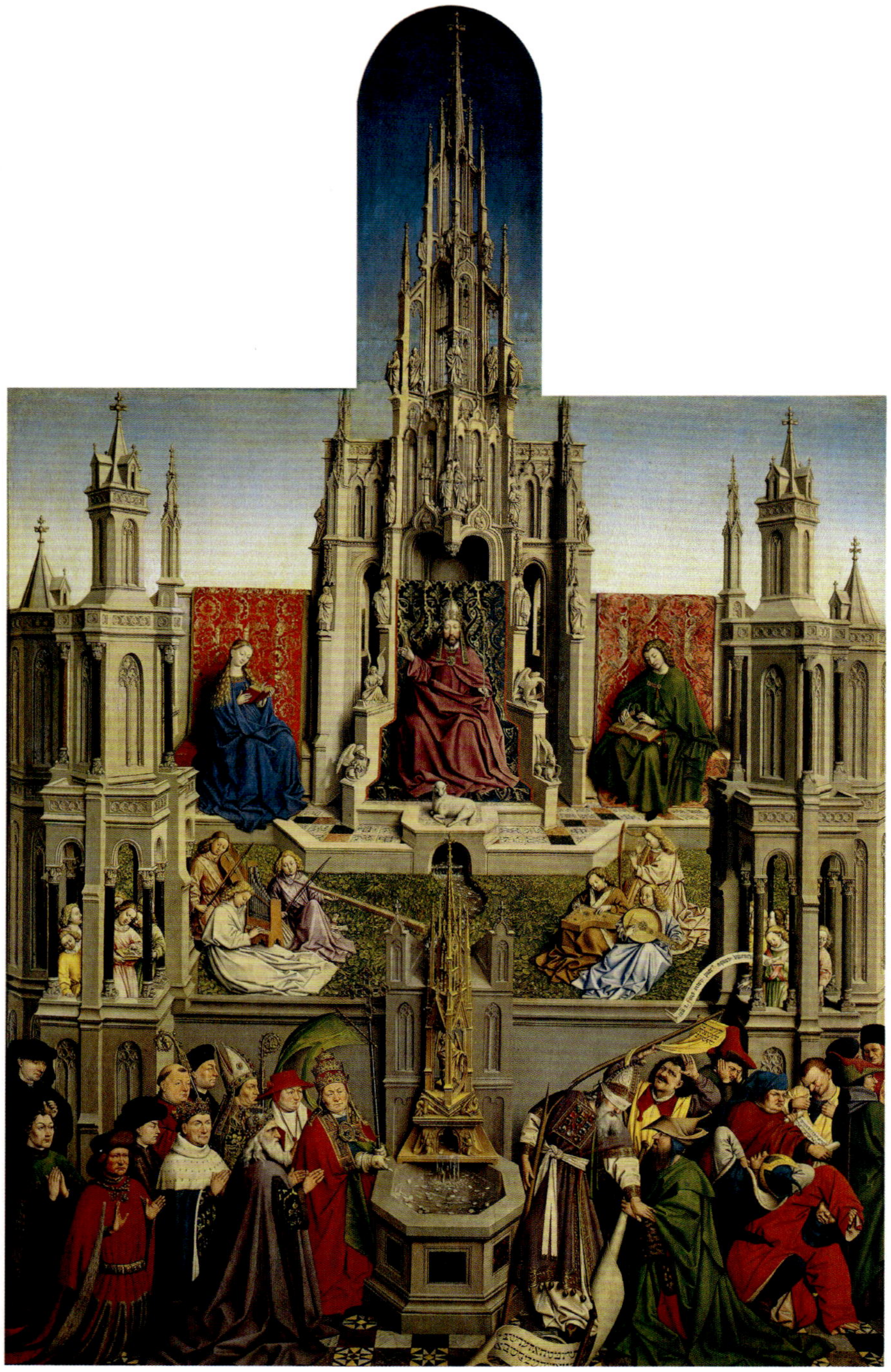

《神秘羔羊的礼赞》(*Altarpiece of the Adoration of the Mystic Lamb*)。完美的垂直对称赋予水平构图的三层画面以等级性的含义。上帝位于中央最高处，端坐于宝座之上，他的两侧是圣母玛利亚和福音书作者约翰，脚下是羔羊，生命之水正从羔羊的身体中流出，这是一个取自《启示录》的观念。第二层是座优美的花园，伎乐天使们生活在其中，生命之水经由这里再从第三层类似于礼拜堂的喷泉中涌出。漂浮在喷泉中的圣饼（hosts）暗示着基督的道成肉身和救赎。左侧是以宗教和世俗等级代表的基督教堂，承认和崇拜基督；右侧用一个蒙着眼睛（意指其迟钝）的大祭司象征犹太教堂，在一场激烈而愤怒的辩论中否定了他。基督教的准则依旧，而犹太教的准则被打破了。

此外，博物馆收藏有几件佛莱玛尔画师（Master of Flémalle）的作品。佛莱玛尔画师被认为就是画家罗伯特·康宾。三联画的中央木板已经佚失，两侧木板描绘的是《施洗约翰和方济各会宗教领袖海因里希·冯·韦尔》(*Saint John the Baptist and the Franciscan Master Heinrich von Werl*)(图29)和《圣芭芭拉》(*Saint Barbara*)(图30)。木板画《施洗约翰》是康宾唯一一件标有日期的作品。方石板上的铭文记录了委托人的身份和创作的时间。尽管捐赠者与圣事之间的关系更加密切，但像

图28
扬·凡·艾克工作室
《恩典之泉与基督教堂对犹太教堂的胜利》，
1430—1440年

图29
罗伯特·康宾
《施洗约翰和方济各会宗教领袖海因里希·冯·韦尔》，1438年

图30
罗伯特·康宾
《圣芭芭拉》，1438年

这样在作品中呈现捐赠人并不是佛兰德斯人的发明。海因里希·冯·韦尔是科隆的神学教授、小兄弟会（the Order of the Friars Minor，因方济各会内修士互称兄弟而得名）的教省主教，与手托羔羊和圣书的施洗约翰共处一室。方济各会修士面朝已经佚失的中央木板祈祷，中央木板上很可能描绘的是圣母，仿佛一幕神秘幻象正在屋里显现。某些细节的现实主义描绘进一步加强了超自然现象的特质化呈现，尤其是后墙上的镜子——效仿扬·凡·艾克的作品，从中可以看到圣约翰、另外两个方济各会修士和不同视角的窗外风景。康宾是第一个尝试直接观察阴影的艺术家，但是这种强化了的真实场景却结合了象征符号的使用。比如，表现圣芭芭拉隐居读书的一幕中用百合花暗指圣徒的纯洁，同时使人联想到圣母玛利亚。

在《圣母的订婚》(*Betrothal of the Virgin*)(图31）中，康宾将两个相关联的故事——“开花手杖的奇迹”和“圣母的婚礼”——以极其相似的、符号化的建筑背景连接在一起。在左侧东方化了的罗马式耶路撒冷圣殿里，约瑟夫试图藏起他那开了花的手杖，因为这意味着他命中注定是上帝为玛利亚选择的丈夫。婚礼在右侧尚未建成的哥特式柱廊中举行。古老的罗马式建筑与新的哥特式风格的对比隐喻了从旧律法向新律法的转变。玛利亚的订婚预示着基督的到来，就像建造中的门廊象征着基督教堂一样，新的圣殿将取代旧的犹太教堂。柱头和彩色玻璃窗上的装饰也选择了《旧约》中预示弥赛亚即将到来的情节。

康宾的学生罗吉尔·凡·德尔·维登是促进新佛兰德斯绘画发展和国际化的关键人物。维登的父亲亨利·德·拉·帕斯托（Henri de la Pasture）是图尔奈的一名剪刀匠。维登于1427年来到当地的康宾工作室开启了学徒生涯，1432年获得画家资格。如果康宾和凡·艾克兄弟是现实主义新艺术运动的先驱，那么凡·德尔·维登则是他们的继承人。维登综合了康宾笔下具有立体感的形式和凡·艾克作品中的优雅、空间感，以及对细节的关注。这些既构成了他个人风格的基础，同时也影响了佛兰德斯绘画的发展，并在国际上取得了巨大成功。凡·德尔·维登将构图和画面元素的线性安排最简化，赋予作品以内省的品质和深刻的精神内涵。他一方面规避了宫廷美学的精细卓绝，另一方面也回避了奇闻轶事，而是以一种更具纪念性、焦点更集中且更具思辨性的方式呈现主题。维登的绘画具有戏剧性的特征，能够赋予作品以新的情感活力，像现代宗教实践一样，以人性化的方式表达神圣的戏剧，激发起观者内心深处的虔诚之情。凡·德尔·维登于1435年定居布鲁塞尔，1436年被任命为城市画家。他是一位富有的、从事社会活动的企业家，代表了一种新型的资产阶级城市艺术家。他接受大大小小来自国内外王公贵族、神职人员、资产阶级的委托，但却不依附于某个宫廷或赞助人。他的工作室很活跃，使他创造的样式和设计在欧洲广为流行，并培养出一批佛兰德斯和外国艺术家，前者如弗兰克·凡·德尔·斯托克特（Vrancke van der Stockt，约1420—1495年）和汉斯·梅姆林（Hans Memling，约1433—1494年），后者如米兰艺术家扎内托·布加托（Zanetto Bugatto，据记载1458—1474年）。1450年罗马禧年大赦时，凡·德尔·维登去了罗马。旅居意大利的经历对维登后来的作品产生了影响，这些创作与艺术家弗拉·安吉利科产生了共鸣。凡·德尔·维登在意大利赢得了很高的声誉：在他即将离开意大利时得到了费拉拉侯爵莱昂内洛·德埃斯特（Lionello d'Este，1407—1450年）的委托金；哲学家库萨的尼古拉（Nicholas of Cusa）把他描述为“最伟大的艺术家”(*maximus pictor*)；人文主义者巴托洛梅奥·法齐奥（Bartolomeo Fazio）把他写入著作《论杰出人物》(*De Virus Illustribus*)。西班牙也承认了他的才能。15世纪和16世纪时，卡斯蒂利亚的胡安

图31
罗伯特·康宾
《圣母的订婚》，1420—1430年

图32
罗吉尔·凡·德尔·维登
《基督下十字架》(*The Descent from the Cross*)
1443年之前

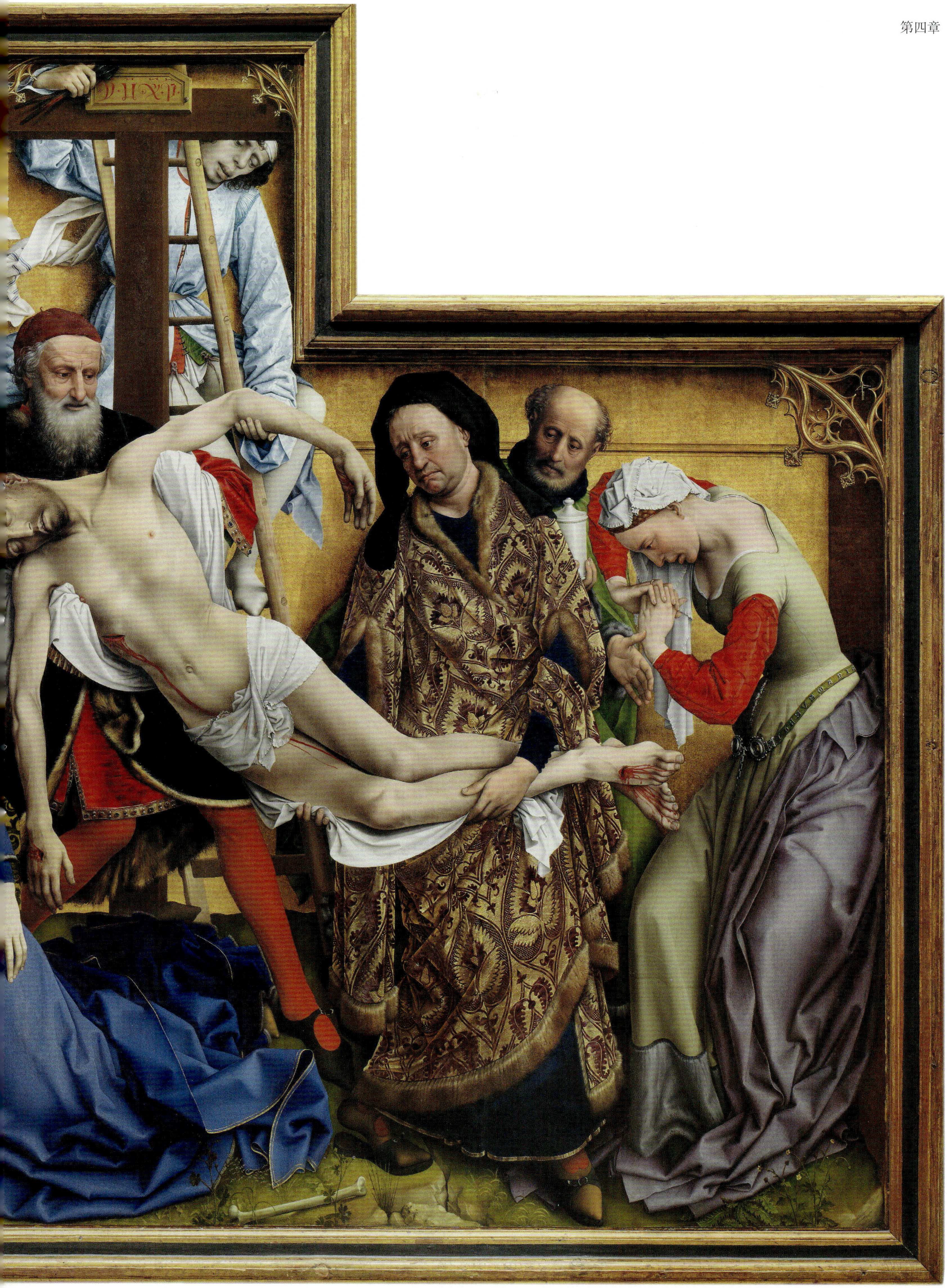

图33
罗吉尔·凡·德尔·维登
《圣母子》(*Virgin and Child*)，1435—1438年

二世（John II of Castile，1405—1454年）、伊莎贝拉一世和腓力二世都收藏有他的作品，并向他们所建立的宗教机构捐赠其作品，普拉多博物馆作为皇家收藏和私人遗赠的宝库，也收藏了维登一些最重要的作品。

在《圣母子》(图33）中，凡·德尔·维登在雕塑、建筑和绘画之间建构了一个虚拟的现实。他将玛利亚和耶稣置身于哥特式石龛中，底座仿佛从画中延伸出来。石质给人以触手可及的真实感，使圣母与圣子看起来像是两件祭坛雕像，但是他们的颜色、姿势，以及服装的质感和皮肤的色调却栩栩如生。在黑色背景的映衬下，石龛宛如画框，强化了兼具雕塑之庄严与绘画之活力的双重效果。画面貌似自然亲切，实则被注入了象征意义。小耶稣随意地翻阅着《圣经》，玛利亚则在冥想这些书页所预示的未来的受难，温柔的表情中透着一丝忧伤。天使从天而降，带来了象征着玛利亚纯真

图34
普拉多救赎三联画画师（Master of the Prado Redemption，活跃于15世纪最后三十年）
《救赎三联画：基督受难》(*Triptych of the Redemption：The Crucifixion*)，约1450年

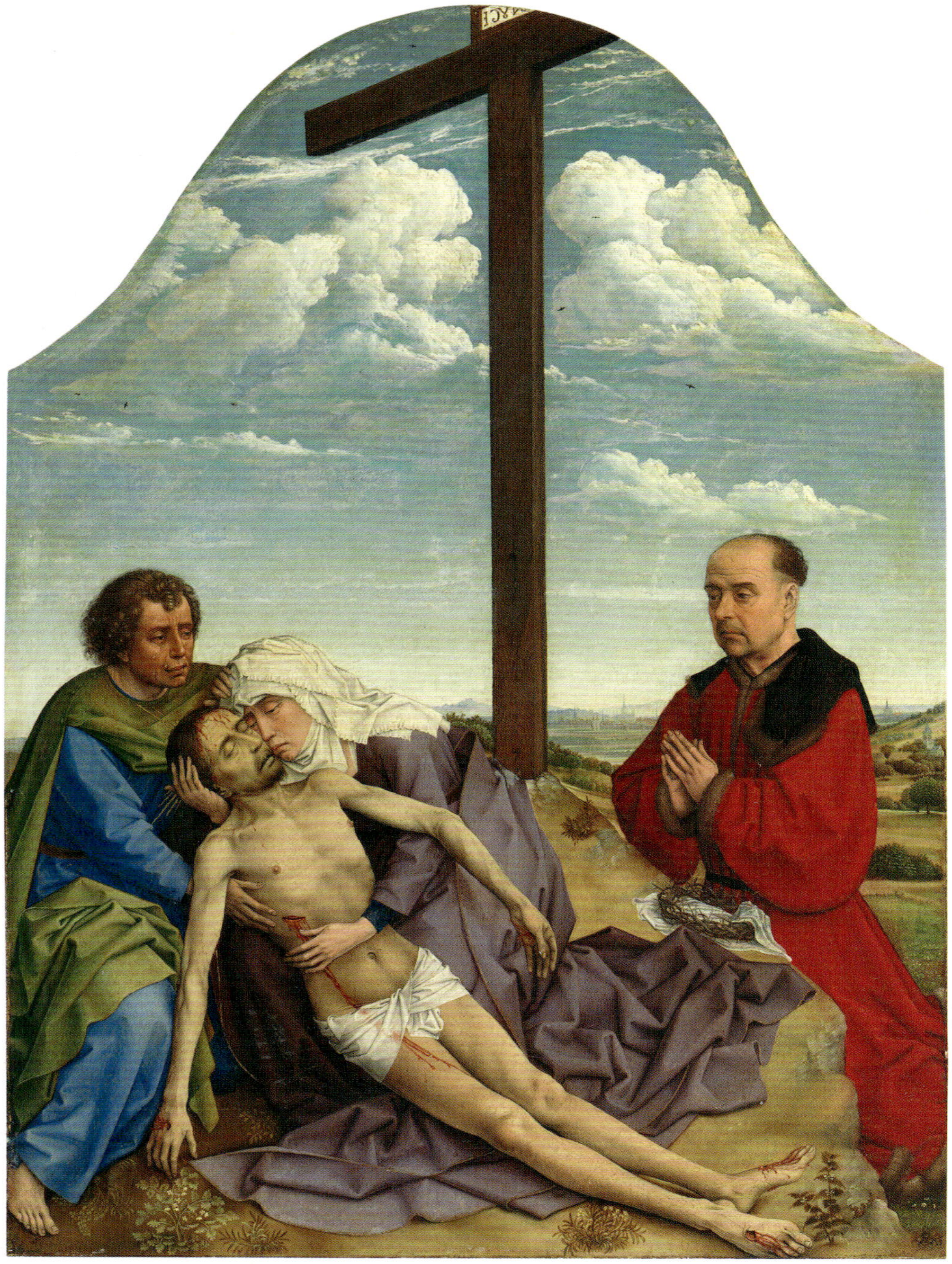

圣洁的百合花和身为人母之悲痛伤感的十字架。

同样收藏在普拉多的《基督下十字架》(图32) 被视为凡·德尔·维登的杰作。作品最初是三联画的一部分，由弓箭手协会委托制作，自从它被挂在卢万（Louvain）的墙外圣母教堂（church of Our Lady Outside the Walls）弓箭手协会礼拜堂之后便得到了极大赞赏。后来被尼德兰总督、匈牙利的玛丽购得，用以装饰她在比利时的城堡。也正是在这里，她的侄子、年轻的西班牙腓力王子，即未来的国王腓力二世看到了这幅画。玛丽去世后将画作遗赠给他。传统上认为，作品在运往西班牙的途中遭遇海难并幸存下来。凡·德尔·维登在这幅画中再次创造了一个模仿雕塑人物场景的镀金壁龛。衣物精致入微的细节、皮肤的色调、提亮的植被、浓烈的色彩、细致的构图共同营造出一个真实鲜活的剧场。圣约翰和抹大拉的玛利亚分列中央画面的左右两侧。观者的视线从十字架向下落到耶稣和玛利亚的身上，对角线的安排将基督的受难与圣母的悲伤联系在一起。因母亲的痛苦而产生

图35
罗吉尔·凡·德尔·维登工作室
《哀悼基督》(*The Pietà*)，1440—1450年

的怜悯之情也通过其他人物的表情传达出来，他们悲伤地哭泣着或是注视着。

凡·德尔·维登创造的模式取得了成功，他和他的后继者们得以重复使用。《哀悼基督》(图35)受到三联画的启发，这是卡斯蒂利亚的胡安二世送给米拉弗洛雷斯（Miraflores，位于布尔戈斯市）加尔都西会（Carthusian）修道院的礼物。“哀悼基督”因表达了新的宗教感悟而成为15世纪广为流行的主题。画面中玛利亚因为悲伤而将脸贴在基督的面颊上，施洗约翰站在他们身后。画家将这一悲剧时刻描绘得高雅而又逼真。捐赠者被认为是布罗尔斯（the Broers）家族的一员，他出现在画面上，见证了这一幕，双手合十祈祷，表达了基督教对救赎的冥想。画家用同样的现实主义手法表现了世俗凡人和与他们共处的圣人们。凡·德尔·维登的绘画技术也体现在作品中丰富的色调上，从约翰长袍的绿色、蓝色，到圣母的淡紫色和捐赠者的红色。

弗兰克·凡·德尔·斯托克特是凡·德尔·维登著名的学生之一。他曾被认为是《救赎三联画》(图34)的作者，但现在这一归属问题受到了质疑，人们称作者为“普拉多救赎三联画画师”。三联画展开时，可以看到暗示“救赎”的系列场景，合起时看到的是来自“纳税给凯撒”中的情节。作者仿效其老师的模式，将场景设计在建筑门廊中。左翼的“驱逐亚当和夏娃”指原罪。

图36
费尔南多·加列戈（Fernando Gallego，据记载1468—1507年）
《哀悼基督》(*The Pietà*)，1465—1470年

拱门上描绘了“创世六日”，拱肩处是上帝和“创造夏娃”。中央木板是“基督受难”，基督和十字架所在的位置就像哥特式教堂大门的中梃，圣母和圣约翰分列两侧，拱门上描绘了基督受难和七圣礼中的六个。第七个是圣餐，表现的是一个牧师正在教堂里给礼拜者施圣餐礼。右翼是“最后的审判”，拱门上描绘的是七善行中的六个，拱肩处是“基督下葬”。这件三联画属于腓力二世的女家庭教师莱昂诺尔·德·马斯卡伦哈斯（Leonor de Mascarenhas，1503—1584年），腓力二世把三联画作为礼物送给由莱昂诺尔在马德里创建的天使修道院（Los Angeles）。莱昂诺尔去世后安葬在这里，所以三联画的主题——灵魂的救赎及实现它的意义——具有丧葬意义。

普拉多收藏了非常丰富的西班牙-佛兰德斯（Hispano-Flemish）绘画，这种倾向使15世纪中叶以来的西班牙绘画发生了彻底改观。由于佛兰德斯和卡斯蒂利亚王国之间密切的政治和经济联系，佛兰德斯艺术的技法、形式和范例通过引进艺术品或在伊比利亚半岛工作的外国艺术家渗透到西班牙。该画派最重要的技术创新是油画——这个新画种由于在颜料中混合了油而获得了更丰富的色彩、更细腻的色阶和更多样的色调。西班牙人非常易于接受佛兰德斯样式，这与西班牙人的宗教趣味有着深刻的联系。佛兰德斯艺术高度戏剧化且带有一丝忧郁的情结在伊比利亚半岛备受欢迎，其空间连贯性、对表现具象事物的趣味、对表现衣物褶皱折叠堆积的兴趣，以及细致入微地复制细节等特点都成为那个时代艺术的特征。此外，德国艺术家也在某些情况下受到了佛兰德斯的影响，这使得画面更具表现力和感染力，织物的褶皱也更加棱角分明，与国际风格表现织物的飘逸曲线截然不同。从普拉多收藏的费尔南多·加列戈的作品中我们能看到一些这样的例子。据记载，加列戈来自萨拉曼卡，活跃于1468—1507年间，是卡斯蒂利亚西班牙-佛兰德斯风格的主要代表之一，其作品突出了佛兰德斯样式的表现力。加列戈夸大了人物严肃的表情和织物褶皱的棱角，这一点从他早期作品《哀悼基督》（图36）中圣母的衣服和斗篷明显可见。其作品的某些特征还可以追溯到国际哥特式和德国雕刻家的一些作品。在《哀悼基督》中，通过基督半闭的双眼等细节描绘使基督和圣母凄凉的面容显得更加沉痛和悲壮。在中心人物旁边是体量较小的捐赠人，强烈的对比显示出画家技术的严苛和富有表现力。捐赠人置身于典型的国际哥特式背景——风格化的风景之中，以祈祷的姿势冥思这一场景。佛兰德斯影响的另一个典型示例是《天使长圣米伽勒》（*Saint Michael Archangel*）（图38），这是一幅由扎弗拉画师（Master of Zafra，活跃于15世纪）绘制的表现反叛天使之堕落的作品，曾悬挂在扎弗拉（隶属巴达霍斯）的圣米伽勒（San Miguel）医院，这或许是作品主题表现善与恶之战的原因。圣米伽勒是天国力量的领袖，他举起利剑猛击巨龙。天使合唱团沿顶部部署，而所谓的好天使和叛乱天使之战占据了画面两侧。在下部，叛乱者已经变成可怕的恶魔。在中央盾牌上有一个人物，被认为是捐赠者或是艺术家本人。在每一侧都有一个人物的守护天使准备和恶魔战斗。

由于意大利和阿拉贡王国之间的关联，西班牙在接受佛兰德斯影响的同时也接受了意大利14世纪艺术的影响，特别是在加泰罗尼亚和瓦伦西亚。这增加了西班牙绘画图景的复杂性，同时也为随后到来的文艺复兴铺平了道路。尽管色彩是最重要的，对光线的研究也更加深入，但在闪光的背景下使用镀金来提亮颜色的方法经常被保留下来，构成了那时西班牙艺术的一个极具特色的表征。或许是受摩尔人的影响，这一点在阿拉贡尤其常见，以普拉多收藏的巴托洛梅·贝尔梅霍创作的《被封为主教的西洛斯的圣多明我》（图37）为例。这幅画是阿拉贡王国内西班牙-佛兰德斯风格最重要的代表，是达罗卡（隶属萨拉戈萨）西洛斯的圣多明我（Santo Domingo de Silos）修道院祭坛画

图37
巴托洛梅·贝尔梅霍（Bartolomé Bermejo，据记载1468—约1501年）
《被封为主教的西洛斯的圣多明我》（*Saint Dominic of Silos enthroned as a Bishop*），1474—1477年

的中央木板，是15世纪西班牙绘画的杰作之一。尽管只是整个祭坛画的一部分，却给人留下了难得的完整印象，以其技术上的完美、对材质性能的精确把握和对细节的入微处理而著称。贝尔梅霍于1474年前后从瓦伦西亚来到达罗卡，引入了油画技术和佛兰德斯风格，并影响了阿拉贡哥特式绘画。他将帷帐和宝座处理得晶莹剔透，对圣人面部特征的描绘也极尽细微之能事。圣多明我在11世纪建立了西洛斯修道院（隶属布尔戈斯）并成为第一任院长，画中的他被再现成主教的样子，端坐于哥特式宝座之上。宝座是权力的象征，上面装饰着以多彩雕塑呈现的七美德。斗篷式祭衣上绣有七位圣徒的画像。主教身披这件华丽的、装饰丰富的锦缎，正襟危坐，面目威严，犹如一件雕塑，直视观者。

创作于1491—1493年间的《天主教双王圣母》(*Virgin of the Catholic Monarchs*)（图39）是这股潮流中重要的作品之一。由于画作最初位于阿维拉（Avila）圣托马斯修道院（Santo Tomás）的皇家墓室，因此传统上认为其作者是佩德罗·贝鲁格特（Pedro Berruguete，约1445/1450—1503年），因为他曾为该修道院绘制了其他作品。然而，尽管某些特征与费尔南多·加列戈有关，但没有任何文件证据可以证明这位像加列戈和贝鲁格特这样忠实于西班牙-佛兰德斯风格的艺术家的身份，因此人们将其作者称为“天主教双王圣母画师”(Master of the Virgin of the Catholic Monarchs，活跃于15

图38
扎弗拉画师
《天使长圣米伽勒》，1495—1500年

图39
天主教双王圣母画师
《天主教双王圣母》，1491—1493年

世纪晚期)。这幅画具有礼节仪式的特点，圣母玛利亚抱着圣子端坐于宝座之上，正在接受费尔南多、伊莎贝拉和他们两个孩子的礼拜。天主教双王在画面低处，但比例大小与圣母相同，且并没有朝向圣母。按照惯例，天主教国王费尔南多处于最重要的位置——圣母子的右侧，在圣托马斯的保护之下，身旁是胡安王子（Prince Juan，1478—1497年)。卡斯蒂利亚的伊莎贝拉女王是修道院的出资人，她所占的面积比国王略大，也更接近圣母。旁边是一位公主，几乎可以确定是她的长女伊莎贝拉（1470—1498年)。在君主和他们的孩子身后还有两个跪拜的多明我会修士，可能是殉道者圣彼得（Saint Peter Martyr）和阿拉贡的检察官佩德罗·德·阿韦斯（Pedro de Arbués)。

十年后，佩德罗·贝鲁格特将意大利形式的变体带到了卡斯蒂利亚。贝鲁格特生于帕伦西亚，在意大利接受训练，熟悉古典样式，曾为乌尔比诺公爵费德里科·达·蒙特费尔特罗（Federico da Montefeltro，1422—1482年）工作。他于15世纪80年代初返回西班牙，带回了古典主义的装饰剧目、严谨的形式感和再现人物形象的精湛技艺。然而，贝鲁格特的个人趣味加上委托人的要求，使得他将意大利文艺复兴和以西班牙-佛兰德斯、哥特式和穆德哈尔风格为基础的早期卡斯蒂利亚绘画结合起来，从而形成一种介于意大利和佛兰德斯之间的个人风格，比如《圣多米尼克·古斯曼主持宗教法庭对异端的审判》(*Saint Dominic Guzmán presiding over an Auto-da-fé*)(图40)。这件作品来自阿维拉圣托马斯修道院圣器室，而不是像人们曾经认为的那样来自该修道院的圣多米尼克祭坛，普拉多其他三幅表现圣徒生活情景的木板画都出自这个祭坛。多米尼克·古斯曼（Dominic Guzmán，1170—1221年）是多明我教团的创始人，受教皇英诺森三世（Innocent III，约1160—1216年）委派，负责铲除隶属于清洁派（the Carthars）的阿尔比派（the Albigensian）宗教异端。在他主持的这场宗教审判中，雷蒙多·德·科尔西（Raimundo de Corsi）公开放弃了异端信仰。科尔西站在台阶下面，身穿黄色桑贝尼托（Sambenito)，这是一种给悔罪者穿的、带有“谴责异端”字样的忏悔服。贝鲁格特在一个场景中展示了审判、判决和执行的整个过程，给人一种身临其境的感觉。环境、服装和人物的行为都暗示出艺术家希望自己的作品能够忠实地反映费尔南多和伊莎贝拉时代的生活。与内容相比，意大利的影响明显体现在形式的视觉连贯性上，这表明卡斯蒂利亚仍然远离文艺复兴之创新。

此时，将文艺复兴以其北方变体的形式引入卡斯蒂利亚的另一个重要人物是画家胡安·德·佛兰德斯（Juan de Flandes，约1465—1519年)，也叫佛兰德斯的约翰（John of Flanders)。他于1496年抵达卡斯蒂利亚地区，服务于天主教女王伊莎贝拉。他的风格与布鲁日画派和汉斯·梅姆林、杰拉尔德·大卫、扬·凡·艾克等人的绘画有着密切的关系，但也反映出意大利文艺复兴时期对理想美的追求、对光线的微妙处理和对意大利装饰与建筑元素的运用。在1504年伊莎贝拉去世后，画家选择留在卡斯蒂利亚，并调整他的风格以适应新委托的需求。1505年，胡安·德·佛兰德斯搬到萨拉曼卡，在那里为大学的研究室礼拜堂（the university chapel of El Estudio）绘制祭坛画。1509年，他离开萨拉曼卡前往帕伦西亚，为当地的大教堂绘制高祭坛画。这组作品到他去世时仍未完成，包括位于祭坛基座中央的《基督受难》(*Crucifixion*)(图42)。低视角和背景中广阔的风景不禁使人想到安德烈亚·曼特尼亚创作的《基督受难》，但是佛兰德斯削减了人物数量，创造出一种以垂直线为主导的、庄严且平衡的构图。基督已经逝去，黑暗笼罩着太阳。圣约翰、圣母、抹大拉的玛利亚和另外两个玛利亚，以及骑马的百夫长和另一个骑马者围绕着基督形成一条弧线，弧线止于右侧前景处的长矛轻骑兵。他背对观者，在风景的映衬下，其轮廓愈发浓重。地上有亚当的头骨，据说被葬在

图40
佩德罗·贝鲁格特
《圣多米尼克·古斯曼主持宗教法庭对异端的审判》，1493—1499年

T 186

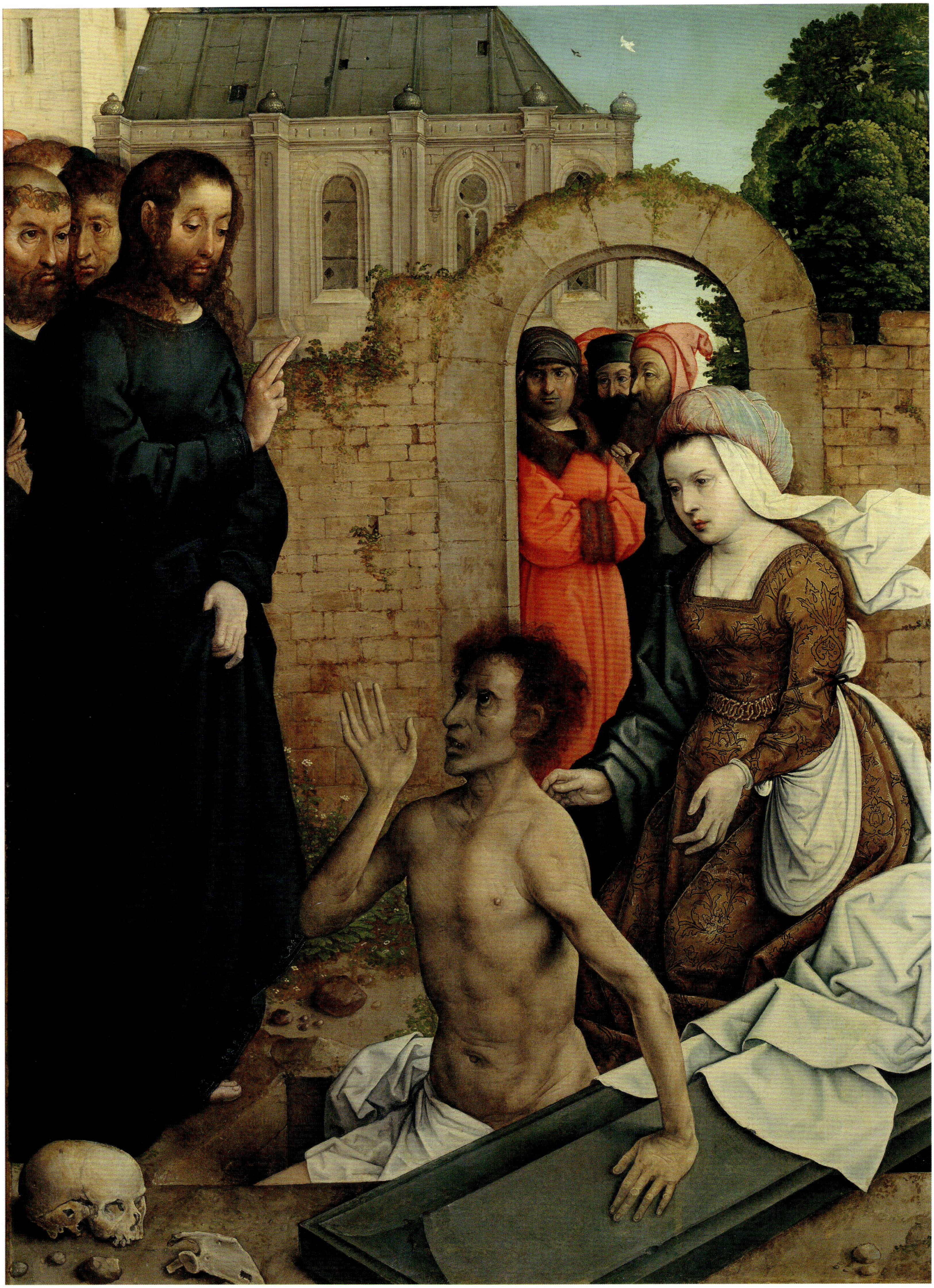

各各他——象征着所有人类罪人的救赎之地。宝石使人联想起天堂，珊瑚则象征着基督的鲜血。这些特征在佛兰德斯的艺术中非常普遍，体现了扬·凡·艾克的影响。在帕伦西亚期间，他还为圣拉撒路教堂（San Lázaro）绘制了高祭坛画，其中包括现收藏在普拉多的《拉撒路的复活》(*Raising of Lazarus*)(图41)。和普拉多博物馆收藏的《花园里的苦恼》、《基督升天》(*Ascension*)、《圣灵降临》(*Descent of the Holy Ghost*)，以及华盛顿国家画廊收藏的另外四幅木板画一样，这幅画也是帕伦西亚圣拉撒路教堂高祭坛画的组成部分。作品再现了拉撒路在基督的命令下从墓中站起来的情景，他左手搭在墓穴边缘，以黑珍珠为双眼。虽然《福音》书上说当时拉撒路的姐姐马大（Martha）在场（《约翰福音》11:38-44），但这里的人物看起来与该艺术家在《基督受难》中表现的抹大拉有着惊人的相似之处。女子和基督的脸都温柔而忧郁，与那些站在破败圆拱之下见证奇迹发生的犹太人形成鲜明对比。

与此同时，在14世纪和15世纪出现了一种新精神，主要活跃在意大利。这种精神可以理解为试图使自然更接近人类，并通过感官和人类智慧来把握它。这是一种新的人文主义精神，尽管其目的是使古典的古风在过去曾被视为黑暗的几个世纪之后得以重生，但在使人类与宇宙关系合理化的愿望上却走得更远。文艺复兴时期艺术的主要目标是以理性的方式捕捉外部世界的外观。新技术和新设备的发展，如透视法，促成了这一目标。与对物质世界的征服相抗衡的是另一种更具抽象性的使命——对美的追求。两者之间的张力产生了前所未有的创造力和美学影响力。伴随着想要复活古罗马壮丽辉煌的愿望和对以理性研究自然万物的渴望，文艺复兴时期文化的第三个特征是独树一帜的艺术个体的崛起，他们后来获得了神话般的地位。实际上，理想型的艺术家不仅是有个性的，同时还是智慧的，拥有独特的感性，这是文艺复兴对现代世界重要的贡献之一。

虽然15世纪的意大利通常被认为是佛罗伦萨那样富庶的商业城市，但诸如锡耶纳、曼图亚、乌尔比诺和威尼斯等地也产生了重要的艺术家。这些画家的作品在普拉多的收藏中表现得并不均衡，反映出影响西班牙皇室收藏发展的趣味和历史状况。然而，这其中却囊括了各种优质的、具有重大意义的作品。

弗拉·安吉利科是一位佛罗伦萨画家、书稿彩绘者，大约1425—1428年间为菲耶索莱（Fiesole）的圣多明我修道院绘制了他的名作《圣母领报》(图44)。中央木板通过两个互补的场景讲述了对人类的惩罚与救赎的循环：将“亚当和夏娃被驱逐出伊甸园”置于草木繁茂的花园里；将“天使长加百列向玛利亚报喜”设置在一个华丽的门廊里。为了突出圣母的关键作用，木板的基座上描绘着她的生平：“圣母的诞生”和“与圣约瑟夫结婚”；“圣母拜访表姐伊丽莎白”；“耶稣的诞生”；“基督在圣殿的显现”；“圣母之死”和“耶稣聚集她的灵魂”。安吉利科认为绘画是一种虔诚的行为，他将意大利晚期哥特式传统和新的文艺复兴时期的艺术语言结合在一起，前者表现为对金箔的使用和对细节表现的兴趣，后者则体现在对建筑空间的处理上。

安德烈亚·曼特尼亚凭借对古典艺术的了解和对空间中人物的有力处理成为他那个时代艺术家中的佼佼者。《圣母之死》(*Death of the Virgin*)(图43）是他在1462年前后为第二任曼图亚侯爵卢多维科·贡扎加（Ludovico Gonzaga，1412—1478年）创作的。描绘的内容来自伪经福音，表现了圣米伽勒告之圣母她的死讯，圣母召唤使徒们在她在世的最后时刻来到她面前。构图将内景和外景并置，并通过严谨的透视法则加以区分。透过窗户可以看到曼图亚的湖面风光，这是意大利绘画中

图41
胡安·德·佛兰德斯
《拉撒路的复活》，1514—1519年

图42
胡安·德·佛兰德斯
《基督受难》

I·N·R·I

较早的地形景观之一。当作品进入普拉多时，上面的三分之一已经缺失，缺失的部分目前收藏在费拉拉，表现的是一个拱形结构和基督收走圣母的灵魂。这件作品是在出售英王查理一世财产时被腓力四世购得的。

桑德罗·波提切利（Sandro Botticelli，1455—1510年）是文艺复兴时期极负盛名的画家之一，安东尼奥·普齐（Antonio Pucci）曾委托画家为儿子贾诺佐（Gianozzo）与卢克雷齐娅·碧尼（Lucrezia Bini）的婚礼制作了四幅木板画（图45-图47）。其中三幅由弗朗切斯科·坎博（Francesc Cambó，1876—1947）于1941年捐赠给普拉多。两个家族的族徽位于第三块木板上美第奇家族族徽

图43
安德烈亚·曼特尼亚
《圣母之死》，约1462年

图44
弗拉·安吉利科
《圣母领报》，1425—1428年

15
FRA ANGELICO
(1400 - 1455)
LA ANUNCIACION

图45
桑德罗·波提切利
《老实人纳斯塔基奥的故事（I）》[*History of Nastagio degli Onesti (I)*]，1483年

图46
桑德罗·波提切利
《老实人纳斯塔基奥的故事（II）》[*History of Nastagio degli Onesti (II)*]，1483年

图47
桑德罗·波提切利
《老实人纳斯塔基奥的故事（III）》，[*History of Nastagio degli Onesti (III)*]，1483年

的两侧。尽管波提切利负责了整组作品和各个人物的设计，但还是有其他艺术家协助完成。主题的灵感来自薄伽丘《十日谈》(*Decameron*）中《老实人纳斯塔基奥》(*Nastagio degli Onesti*）的故事。纳斯塔基奥是一个来自拉文纳的年轻人，在被保罗·特拉弗萨里（Paolo Traversari）的女儿拒绝之后，隐居到城市近郊。在第一幅画面中，纳斯塔基奥在告别朋友后走进松林，看到了令人震惊的一幕：一位骑士正在追赶一名被狗袭击的年轻女子。骑士名叫圭多·德格利·阿纳斯塔吉（Guido degli Anastagi），在被心爱的女子拒绝后自杀了。这对年轻人都被判下了地狱，每周五重复着这样的追捕。每次年轻人追上他心爱的人之后就割开她的肋骨，取出她的心脏喂狗。在第二幅画面中，这一幕呈现在纳斯塔基奥面前，纳斯塔基奥惊恐地逃走，但在远处，追捕永无止境地重复着。第三幅描绘的是下一个周五在这里举行的晚宴，纳斯塔基奥将他的爱人及其家人们邀请到追捕发生的地点以期改变他们对婚姻的看法。一个女佣告诉纳斯塔基奥，现在那个曾经拒绝他的女人的家人同意他们结婚了。第四块木板是私人收藏，表现的是婚宴。

《被天使支撑的死去的基督》(*Dead Christ supported by an Angel*)（图48）是普拉多意大利收藏品中杰出的作品之一，长期以来人们一直认为此画的作者安东内洛·德·梅西纳（Antonello da Messina，约1430—1479年）为将油画引入意大利作出了重要贡献。然而，并没有文献证据证明此人去过低地国家，他的油画知识一般被解释为来自他在那不勒斯接受的训练，那是一座深受佛兰德斯艺术影响的意大利城市。安东内洛的风格将北方精确的处理方式和意大利艺术中典型的纪念性人

物风格与体积感融合在一起。1475年时，安东内洛在威尼斯。1476年，他返回家乡西西里，在那里直到1479年去世。这幅购于1966年的画作来自他人生中的最后几年，从图像学分析可能与威尼斯画派的乔凡尼·贝利尼（Giovanni Bellini，约1432—1516年）有关：画面上的天使、构图和前景的基督。风景暗指墨西拿城，远处可见圣方济各（San Francesco）教堂。

意大利15世纪绘画的新发现在那个世纪最后二十五年里传到伊比利亚半岛。意大利艺术家保罗·德·圣莱奥卡迪奥（Paolo de San Leocadio，1447—1520年）在红衣主教罗德里哥·博尔贾（Rodrigo Borgia，约1431—1503年），即后来的教皇亚历山大六世（Pope Alexander VI，1492—1503年）的保护下于1472年抵达瓦伦西亚。此人将15世纪意大利的成熟样式引入西班牙，对瓦伦西亚地区的画家产生了重大影响，后来成为西班牙文艺复兴时期最璀璨的焦点。《蒙特萨骑士团的圣母》（*Virgin of the Knight of Montesa*）（图49）是圣莱奥卡迪奥身为画家的杰出例证。

图48
安东内洛·德·梅西纳
《被天使支撑的死去的基督》，1475—1476年

图49
保罗·德·圣莱奥卡迪奥
《蒙特萨骑士团的圣母》，1472—1476年

第五章 发现自然

在15世纪的最后二十五年，一些在低地国家工作的画家开始将佛兰德斯本土派的艺术传统与意大利文艺复兴的构想相结合。艺术家们的工作室从布鲁日迁至安特卫普，后者在16世纪成为北欧的大都会。在汉斯·梅姆林、杰拉尔德·大卫、约阿希姆·帕提尼尔、昆丁·马苏斯（Quinten Massys，1465/1466—1530年）、扬·戈塞特和伯纳德·凡·奥利（Bernard van Orley，约1488—1541年）等人的作品中，旧风格永久地让位给了文艺复兴，从而形成了一个复杂的艺术场景，从样式主义者的精巧修辞演变到老彼得·勃鲁盖尔（Pieter Bruegel the Elder，约1525/1530—1569年）的自然主义，以及米歇尔·柯克西耶（Michiel Coxcie，1499—1592年）和安东尼斯·莫尔的古典主义。所有这些一流的佛兰德斯艺术家在普拉多的藏品中都有其代表性，这些作品最初都是为当地贵族而作，但很快就在国外大受追捧，由此诞生了欧洲较早的艺术市场之一。西班牙与尼德兰的关系一开始是经济上的，后来是政治上的，两者之间建立了一个文化和艺术交流的渠道，这种交流之热切足以打破西班牙趣味的均衡，使之转而青睐佛兰德斯而非意大利艺术。

在15世纪下半叶，汉斯·梅姆林那种优雅、宁静的风格主导了布鲁日的艺术氛围。《博士来朝三联画》（*Triptych of the Adoration of the Magi*）（图50）从左到右显示了耶稣诞生、显圣以及在神庙中的净化和奉献。根据查理五世的命令，它被放置在托莱多阿塞卡王室府邸（Casa Real de Aceca）的祈祷室中。

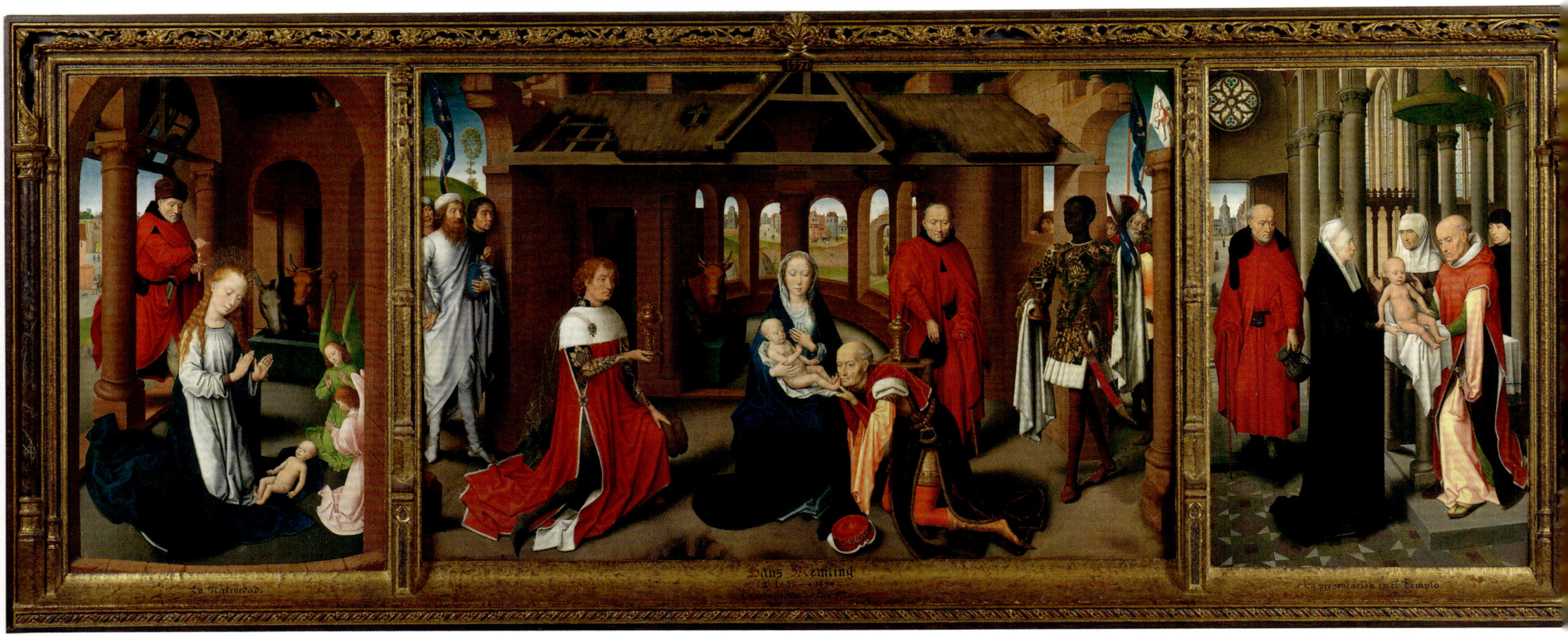

图50
汉斯·梅姆林
《博士来朝三联画》，1470—1472年

前两幅画观看的角度不同，但画中的建筑背景是相同的。在《耶稣诞生》一画中，天使们崇拜耶稣，约瑟夫则拿着一支代表新光的蜡烛。《显圣》一幅的对称构图，使与中心柱呈一条直线的玛利亚成了象征轴。木质屋顶的木条构成了一个小十字架，预示着受难。右侧的画面再现了一座哥特式教堂。约瑟夫带着一个笼子，里面有两只鸽子，是献给上帝长子的礼物。有人认为，女先知安娜和西门旁边的黑衣人可能是安妮·威勒姆松（Anne Willemszoon）和她的儿子扬·克拉布（Jan Crabbe, 约1426—1488年）的肖像画，后者是科克赛德（Koksijde）邓恩修道院（Dunes Abbey）的院长，这件作品可能是受他们委托而作。

同样是从15世纪中叶开始，德尔克·波茨创作的《圣母生平三联画》（*Triptych of the Life of Virgin*）（图51）中央面板也被一分为二。虽然波茨借用了罗吉尔·凡·德尔·维登的建筑结构，但他的场景和人物更为克制，传达出一种平静的、沉思的情绪。他对风景和空间的处理为后来佛兰德斯风景画开了先河。第一块板面画的是《圣母领报》，玛利亚的斗篷伸进门廊，房间的拱形天花板是拱形画框的延伸，拱形的画框中展现了从创造夏娃到亚伯死亡的场景，它将玛利亚认定为新的夏娃，体现的是救赎而非原罪。中央木板上的《探视》和《耶稣诞生》被描绘成一个非常美丽的深邃景观。拱门展示的是受难的场景。在《显圣》一幅中，有一顶帽子再次从门廊中伸了出来，拱门上装饰着复活之后的一些故事，暗示基督教的普世性。为了表现叙述的真实性，《显圣》和《耶稣诞生》是在同一个背景下发生的。这幅三联画属于腓力二世，他于1584年将其存放在埃尔埃斯科里亚尔。

费利佩·德·格瓦拉（Felipe de Guerara, 约1500—1563年）是一位16世纪的西班牙人文主义者和佛兰德斯绘画的鉴赏家，他在其著作《论绘画和画家》（*Comentarios de la pinturay pintores antiguos*，

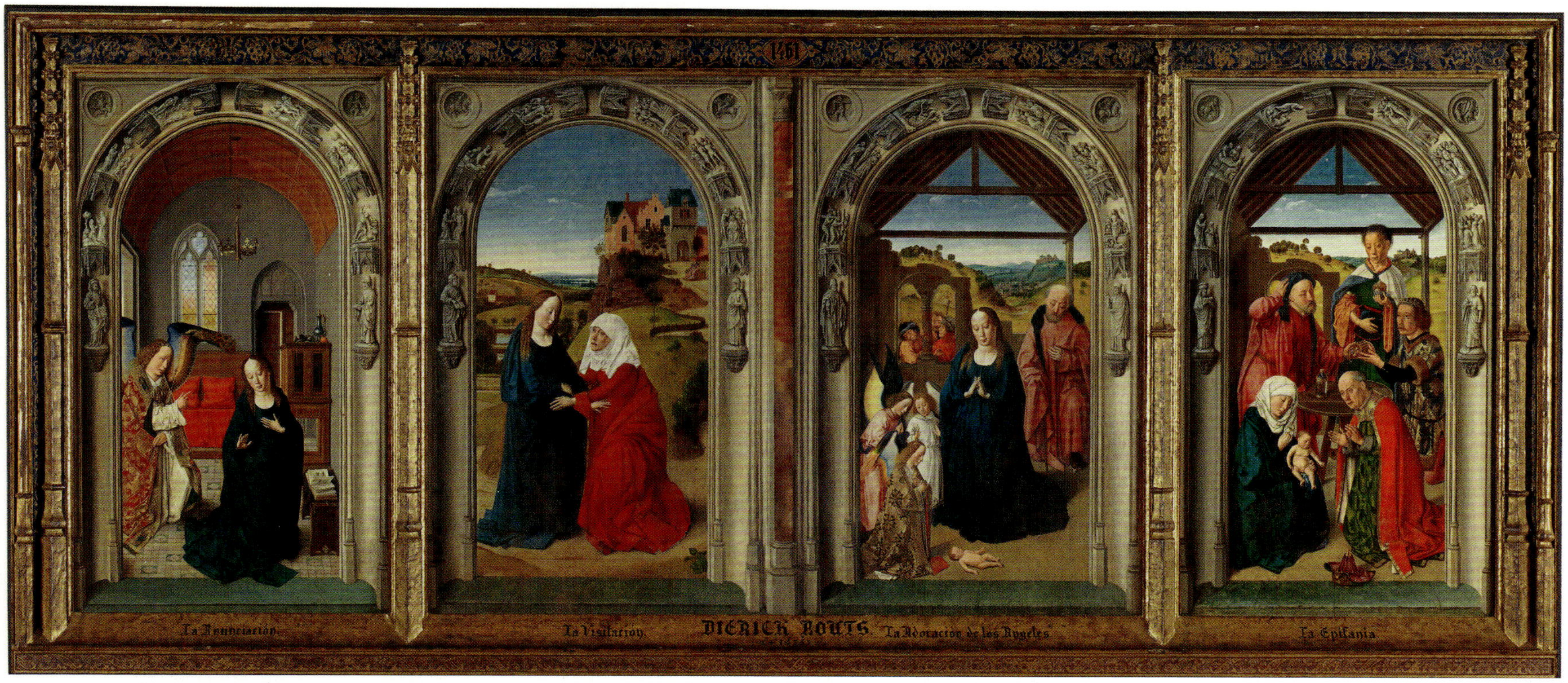

约1560年）中将约阿希姆·帕提尼尔与扬·凡·艾克和罗吉尔·凡·德尔·维登做了比较，这表明帕提尼尔在他那个时代已经颇有声望。阿尔布雷特·丢勒也与帕提尼尔有私交，并称他是“风景画的好手”。关于帕提尼尔所接受的艺术训练，我们目前尚不清楚具体情况，但他显然得益于一些早期大师的熏陶，与同时代的大卫、博斯和丢勒本人也有过接触。尽管在扬·凡·艾克、佩特鲁斯·克里斯图斯（Petrus Christus，约1410/1420—早于1475年）、德尔克·波茨和雨果·凡·德·古斯（Hugo van der Goes，1440—1482年）等早期艺术家的作品中，风景画已被赋予其自身的重要性，但帕提尼尔仍被看作是第一位佛兰德斯风景画家，也是第一位专攻这一题材的画家，以至于他经常把重要的人物留给其他画家去画，比如普拉多的这幅《有圣安东尼诱惑的风景》（*Landscape with the Temptation of Saint Anthony Abbot*）（图52）。在帕提尼尔的作品中，传统上对前景叙事的强调延伸到了背景，在背景中，对自然和遥远的地平线的关注具备了一种新的重要性。他对大气效果的新颖渲染使从美丽的蓝色到地平线上迷人的白色都充满诗意，这也证明了他对风景内在价值的特殊兴趣。和耶罗尼米斯·博斯的绘画一样，帕提尼尔的一些创作也是针对特定客户而作，并融入了人文主义理念。像《卡戎穿越冥河》（*Charon crossing the River Styx*）（图53）这样的作品，与人们普遍接受的奉献或社会价值观相去甚远，它们是由一些具有现代意识、博学的鉴赏家委托创作的，比如卢卡斯·雷姆（Lucas Rem，1481—1541年），他是与富格尔银行家族有关联的一位周游世界的商人。这正是作为北欧主要艺术和知识中心之一的安特卫普市所必须提供的，自1515年起帕提尼尔就已经成为该市画家行会的一员了。因此，腓力二世获得了所有能得到的帕提尼尔的绘画作品也就不足为奇了，不仅包括格瓦拉所拥有的那些——这些画作不幸已佚失——还有那些现藏于普拉多的画作。

图51
德尔克·波茨
《圣母生平三联画》，约1445年

图52
约阿希姆·帕提尼尔
《有圣安东尼诱惑的风景》，1520—1524年

《卡戎穿越冥河》是其极为优美且著名的作品之一。人类灵魂所有最重要的终极选择就发生在这样一个非同寻常的风景中。这件作品可能由腓力二世购得，但直到1636年才被登记在册，它把基督教和神话中所谈及的事物与关联人文主义的道德目标结合到了一起。卡戎站在水中央的船上，他是冥河的摆渡人，把死者带到冥府。这是一个面对着两难选择的灵魂，一边是天堂之岸，一边是地狱之畔。天堂在左边，有一个蜿蜒崎岖、遍布沼泽的河岸。一位天使指向伊甸园，那里奔涌着生命之泉，有福的人在那里漫步。孔雀和鹿是对复活和救赎的暗示。河的另一边比较平静，有水果和鸟，但景象有欺骗性，正如一只象征魔鬼的小猿猴所揭示的那样。刻耳柏洛斯（Cerberus）在一座塔下待着，这只三头犬守卫着阴间的入口，而在塔顶上则是一些该下地狱的人苦苦哀求。背景处是个不毛之地，火光熏天。灵魂和方向舵似乎转向了，被拉到了错误的岸边。

在《有圣杰罗姆的风景》(*Landscape with Saint Jerome*)（图54）中，帕提尼尔融入了两个反复出现的元素：其一为隐士的生活，这是北欧宗教作品中非常流行的主题；另一个就是作为这幅画的主要特征的风景。圣杰罗姆是虔诚生活的典范，其图像学取材于雅各布斯·德·沃拉金（Jacobus de

图53

约阿希姆·帕提尼尔

《卡戎穿越冥河》，1520—1524年

Voragine，1228/1230—1298年）《黄金传说》（*Golden Legend*）中的轶事。帕提尼尔描绘的主题是圣人从狮子爪上拔下刺的那一刻，凡·德尔·维登和梅姆林以前都曾画过。然而，他把圣人表现为一个隐士而不是红衣主教，并把场景设置在一个有骷髅头和十字架的洞穴里，而不是在伯利恒的修道院，后者被画在一个峭壁上。因此，他创造性地把圣徒传的来源和佛兰德斯传统结合了起来。抬高的地平线使他能够深入地发展出一种自然、人性且富有感染力的空间，左侧垂直的大石块和暴风雨的天空与右侧的水平线和光明形成了强烈的对比。石峰景观的灵感来源于画家的出生地默兹（Meuse）地区，它们将故事的各个情节整合了起来。腓力二世得到了这幅画，并将其悬挂在埃尔埃斯科里亚尔修道院。

另外两位重要的佛兰德斯风景画家是杰拉尔德·大卫和昆丁·马苏斯。大卫在布鲁日站稳了脚跟，他在那里有许多国际性的委托。他的风格将意大利新潮流融入他继承的佛兰德斯传统中，尤其是从凡·艾克兄弟那里继承来的。他的人物造型更柔和，所描绘的表情也更为温和、敏感。他笔下的风景具有重要的意义，因为人的形象被整合到一个具有叙事性的、描述性的空间中，这是帕提尼尔和佛兰德斯风景艺术的先兆。木板画《逃亡埃及途中的休息》（*Rest on the Flight into Egypt*）（图55）是其风格的一个极好的例证。玛利亚和耶稣在画面中央的一块石头上休息，玛利亚利用这一刻给圣婴哺乳。盛食物的篮子和耶稣手中的勺子让这个场景充满了生活气息。不过，这个情节是意有所指的，正如玛利亚哺育耶稣，耶稣也将通过他的牺牲来培育信仰。在背景的森林里，可以看到圣家族正在逃往赫利奥波利斯。从阴暗的小树林到明亮的地平线，大卫成功地捕捉到了光线和大气转

图54
约阿希姆·帕提尼尔
《有圣杰罗姆的风景》，1516—1517年

图55
杰拉尔德·大卫
《逃亡埃及途中的休息》，约1515年

瞬即逝的效果。这幅风景也从马苏斯的《圣安东尼的诱惑》(*The Temptation of Saint Anthony Abbot*)一作中获得了不少叙事性引导的启发。圣人放弃了他的财产，全身心投入到冥想的生活中，却受到了许多诱惑的困扰。在马苏斯画的主要人物场景中，有三个高级妓女试图勾引他，这是欲望的体现。苹果、拽他的猴子和扔在地上的念珠分别代表诱惑、罪恶和堕落。尽管人物的比例很大，但风景在构图上仍旧很突出。在中景处，我们看到恶魔的大军正在攻击圣人和他的小屋，右边是女王和她的侍女们的诱惑，有些人赤身裸体地在河里，另一些人则在驳船上享受由蟾蜍招待的宴会。在背景中，有两个恍惚的人影，那是基督在安慰疲惫的圣徒。在一个隐没在岩石上的隐居处，圣人一边阅读，一边再次受到空中恶魔的攻击。背景中的河流和城镇让人想起帕提尼尔居住的默兹地区的真实景观。1566年，这幅作品归腓力二世所有，他后来将其存放在埃尔埃斯科里亚尔修道院。

大卫和马苏斯都画了一些用于祈祷的作品。大卫的《两位天使为圣母子加冕》(*Virgin and Child crowned by Two Angels*)(图59)是从佛兰德斯进口的小型宗教作品的一个很好的例子。与三联画相比，它们运输方便，价格低廉，为私人礼拜所需的图像提供了一个能够负担得起的解决方案。细节的精心渲染和镀金的使用使它们成为珍贵的私人物品。受意大利艺术的影响，大卫通过对人物的温柔处理，赋予了圣母形象以一种感人至深的人性特征，这使其大受欢迎。这件作品将佛兰德斯人对细节的关注与玛利亚温柔的表情、柔和的造型相结合，传达出一种平静、亲密、虔诚的感觉。耶稣被一束紫色花朵分散了注意力，这是他受难的先兆。圣母看着他，两个天使则给圣母加冕。半身像在前景中的位置强调了作品显著的情感作用。而与之相比，在马苏斯的《基督现于人群中》(*Christ presented to the People*)(图56)，耶稣则被彼拉多拽到耶路撒冷总督府的阳台上示众。画面空间完全

图56
昆丁·马苏斯
《基督现于人群中》，1518—1520年

图57
扬·马苏斯（1509—1575年）
《祈祷的圣母》，1529年后

图58
昆丁·马苏斯
《救世主基督》，约1529年

被各色人物和建筑所占据。马苏斯采用了一种非常低的视角，将观者定位在与人群相同的高度，以确保他们参与到场景中。这种戏剧性的空间概念与对待犹太人和士兵的近乎荒诞的现实主义结合在一起，带有明显的讽刺意味。只有耶稣和彼拉多的形象是平静的，总督的怠惰与基督所表达的顺从痛苦构成了鲜明的对比。背景处有一组雕像，象征着博爱（Charity）。

此外，画在木板上的《祈祷的圣母》（*Virgin in Prayer*）和《救世主基督》（*Christ the Saviour*）（图57和图58）也是供私人礼拜之用，它们构成一组双联画，就像一个便携式祭坛，方便祈祷或个人沉思冥想。如果不考虑空间因素或逸闻趣事的层面，玛利亚和耶稣的形象占据了整个画面，如同镶框的肖像画一般。只有光线塑造了体积，娴熟的绘图技巧和无可挑剔的笔触完美定义了这一点。长袍、肤色和头发的每一个细节都经过精心处理，栩栩如生。人物的表情和姿态使这种直接而又平静的现实主义感人至深，这令人联想到基督教的献身精神。尽管传统上把这两件作品都归在昆丁·马苏斯名下，但最近的研究表明，《祈祷的圣母》的作者是他的儿子扬（Jan）。腓力二世得到了这两件作品，并在他死前不久将其存放在埃尔埃斯科里亚尔修道院。这里也是这位统治者很喜欢的画家之一、耶罗尼米斯·博斯许多作品的归宿。

无疑，博斯是普拉多博物馆所展出的极为重要的艺术家之一，他的作品是美术馆收藏中的标志性符号。作为一个绘画世家第三代中的一员，博斯一生都在他出生的城市斯海尔托亨博斯（'s-Hertogenbosch）度过，他的绰号就是从这儿来的。他的风格让人想起了梅姆林的优雅，尤其体现在《博士来朝》（*Adoration of the Magi*）（图66和图67）中，但他的风格来源主要是微型画、插图本的装饰性边框，甚至还包括哥特式雕刻的奇异野兽。普拉多所拥有的博斯作品无论就数量还是质量而言都是最好的，其中大部分来自埃尔埃斯科里亚尔的皇家收藏，腓力二世在那里收集了他的第一批重要藏品。这位君主延续了其家族自一个世纪前就开始的对于博斯的喜爱。1504年，他的祖父美男子腓力（Philip the Handsome, 1478—1506年），卡斯蒂利亚的胡安娜一世（Joanna I of Castile, 1479—1555年）的丈夫，委托博斯画了一幅三联画《最后的审判》（*Last Judgement*）；而他的姑姑、奥地利的玛格丽特（Margaret of Austria）则拥有一幅博斯的《圣安东尼的诱惑》（*Temptation of Saint Anthony*），存放于她在梅赫伦（Mechelen）的绘画馆中。佛兰德斯和西班牙贵族追随其统治者的脚步：《人间乐园》（*Garden of Earthly Delights*）（图60和图61）由拿骚的恩格尔布雷希特二世（Engelbrecht II of Nassau, 1451—1504年）或他的侄子亨利三世（Henry III，1483—1538年）委托而作，后者的妻子门奇亚·德·门多萨（Mencía de Mendoza，1508—1554年）也有一件《干草车》（*Haywain*）（图64和图65）。腓力二世将尼德兰作为遗产承继，这加强了西班牙的官员、人文主义者和贵族与佛兰德斯的联系，因为他们会在那里住一段时间，积累少量的藏品。人文主义者费利佩·德·格瓦拉就是这样，他对博斯的崇拜使他获得了一些作品，比如《取出疯狂之石》（*Extraction of the Stone of Madness*）（图63）和《干草车》的另一个版本。有些学者认为，博斯对客户的挑剔或许有助于解释博斯作品的奢华与复杂，这对于普通大众来说是无法理解的，这也把博斯的追随者限定为上层精英，因为只有具备必要的知识背景才能解读这些作品。不过，这个说法与事实有所矛盾，因为其中的一些作品是为斯海尔托亨博斯的圣约翰教堂（Sint-Janskathedraal in 's-Hertogenbosch）这类场所创作的，而其他像《人间乐园》这类作品则并非用于宗教祈祷，而是旨在激发道德省思。腓力二世颇解个中意味，因此为得到博斯的作品可谓不遗余力。时间模糊了他们理解的那些关键，这使有些人相信它们是异端作品，

图59
杰拉尔德·大卫
《两位天使为圣母子加冕》，约1520年

图60
耶罗尼米斯·博斯
《人间乐园》，外翼关闭，1500—1505年

图61
耶罗尼米斯·博斯
《人间乐园》，打开内翼和中央面板，1500—1505年

Ipse dixit et facta sunt
Ipse mandavit et creata sunt

Caue caue dns videt
Inuidia
Ira
Superbia

但博斯其实是一个正统的天主教徒，像《人间乐园
情的观众感到惊讶，事实上这应该被理解为一种信息，

旅行家安东尼奥·德·比蒂斯（Antonio de Beatis）在
园》，他说画中人是一些“令人愉快的奇妙之物，对那些不
画当时被放置在布鲁塞尔拿骚的亨利三世的宫殿里。

1568年，第三代阿尔巴公爵费尔南多·阿瓦雷斯·德·托莱多
1507—1582年）获得了这件作品，并将其遗赠给了他的儿子费尔南多。
腓力二世获得，并于1593年被存放在埃尔埃斯科里亚尔修道院。这幅画包
细心的体察，从左到右描绘了罪的起源和结束，以及从天堂到地狱的罪人的命
会出现一个球体，代表创世的第三天，即生命开始之前的世界。把两翼打开，伊甸
自上而下描绘了第一批动物，中间是生命之泉，上帝把他最后的创造物夏娃给了亚当
毒蛇宣告了人类的原罪和堕落。中央面板上画的是世界上的四条大河以及大地上的风景。
人类的驱动力，此处用美丽的裸女来代表，并用一些红色的水果作为象征。人类本能地、无
屈服于各种世俗的快乐，画面上有的地方表达得比较含蓄，有的则很直白。右边的面板表现的是

·博斯
1450—1516年

1510年

果，也就是地狱。在上半部分，一座着了火的城市接收了一群被判死刑的人。前景中表现的则是赌徒、炼金术士和不虔诚的牧师受到的具体折磨。

与之类似，《七宗罪图》(*Table of the Seven Deadly Sins*)(图62）的道德内容则以图解的方式说明了罪的后果。在画面中心，基督作为忧伤之子（Man of Sorrows）从他的坟墓中显灵，暗示他为救赎人类而牺牲。碑文中有一个警告："cave, cave, Dominus videt"（"当心，当心，上帝在看"）。在它的周围，致命的罪恶在日常生活的七个场景中上演：愤怒（农民在酒馆外吵架），骄傲（一个庸俗的女子在魔鬼举着的镜子前打扮自己），色欲（恋人用小丑自娱），懒惰（修女催促熟睡的僧侣祈祷），暴食（暴饮暴食者），贪婪（法官接受诉讼当事人的贿赂），以及嫉妒（渴望别人妻子的人、嫉妒贵族的人、渴望更大骨头的狗）。上下写有《申命记》(*Deuteronomy*）经文的卷轴表达了上帝的失望。四角的圆圈描绘了"最终四事"(Four Last Things)：基督之死、最后的审判、地狱和天堂。

另外两个有道德内容的作品是《取出疯狂之石》，也被称为《治疗愚蠢》(*Cure of Folly*)，以及《干草车》。在第一幅被设定为圆形的画面中心是一个具有讽刺性的场景，其含义被周围的铭文所揭示，可被翻译为"师傅，快把这块石头砍掉，我的名字叫卢伯特·达斯（Lubbert Das)"(或被译作"阉獾")。坐在广阔的风景前，毫无戒备的病人相信手术会治愈他的疯狂，这在佛兰德斯谚语中常被等同于愚蠢或无知。左边的外科医生头上戴着一个倒置的漏斗，这似乎暗示着他自己的精神错乱。他身后的修士用谈话分散了病人的注意力，暗示教会参与了欺骗并制造了虚假信仰。右边的女人头上顶着一本合上的书，可能是科学的象征，但在这时候没人求助于科学。桌上的郁金香与从病人头部提取的郁金香完全相同，是指为手术支付的费用，暗指医生是个骗子。

腓力二世购买了两个版本的《干草车》，都有签名，分别挂在普拉多和埃尔埃斯科里亚尔修道院。当然，博物馆里的这幅质量要更好一些。它的劝诫信息指向罪恶。画合上时，背面显示出一个行路人。他是旅人（*homo viator*)，中世纪的流浪者，放弃了自己的财产，踏上了一段精神之旅。在那里，魔鬼和罪恶等待着他，这些在画面上用狗和背景中的暴力和愉悦的场景来体现。打开画面，左边的面板上画的是罪恶之源，从叛逆天使的堕落到被逐出天堂。中间的画面以一个寓言的形象审视着人间，这来源于佛兰德斯流行的一句谚语："世界就像一辆干草车，每个人都尽其所能，能拿什么拿什么。"干草象征着对尘世间财富的渴望。教皇、皇帝和国王这样有权势的人物跟在马车后的行列里，一些普通百姓则试图爬到车上去，为此不是被压死就是被打死。有些人很容易得到干草，比如女修院院长，修女们拿来干草给她；另一些人则通过欺骗获取，比如口袋鼓鼓的庸医。在干草垛上面，两对情侣在一个恶魔演奏的音乐声中尽情享乐。一个孤独的天使恳求救世主基督，基督从空中俯视整个场景，露出他的伤口。右边面板上描绘的是恶魔们拉着马车，把每个人拖进地狱。

此外，《博士来朝》也被认为是博斯的杰作之一。这是他最复杂的作品，也是最接近佛兰德斯样式的作品。这幅画最初是为斯海尔托亨博斯大教堂中的一个小礼拜堂而作，1574年，腓力二世将其存放在了埃尔埃斯科里亚尔修道院。这幅三联画合上时，显示的是圣格雷戈里弥撒（Mass of Saint Gregory）的圣餐奇迹。打开时，两侧画的是捐献者，中间的面板描绘的是主显（Epiphany)，而所有这些都由连续的风景统一起来。这件作品将弥撒中的基督圣体（Corpus Christi）崇拜与主显时对耶稣的崇拜并行。主显的场景尽管表面上看很简单，却包含了《旧约》中的许多象征，比如在玛利亚脚前献祭以撒（Sacrifice of Isaac）的雕塑，这是耶稣的一个预兆；再如示巴女王拜访指代基督

图64
耶罗尼米斯·博斯
《干草车》，外翼关闭，约1515年

图65
耶罗尼米斯·博斯
《干草车》，打开内翼和中央面板，约1515年

图66
耶罗尼米斯·博斯
《博士来朝》，关闭外翼，约1494年

图67
耶罗尼米斯·博斯
《博士来朝》，打开时的内翼和中央面板，
约1494年

图68

老彼得·勃鲁盖尔

《圣马丁节的葡萄酒》，1566—1567年

的所罗门王，这显示在卡斯帕的披肩上。更隐晦的是出现在门口的那个被链子拴住、几近裸体的人，过去人们认为他是亚当、反基督者或希律王。

还有一位伟大的佛兰德斯艺术家，普拉多博物馆也收藏着很多他的精美代表作，这便是老彼得·勃鲁盖尔。他出生在布拉班特（Brabant）的北部，这自然使他对当地最著名的画家博斯的作品产生了兴趣，后者于1516年去世。尼德兰新的艺术中心是安特卫普，在那里，勃鲁盖尔很可能曾在彼得·科耶克·范·阿尔斯特（Pieter Coecke van Aelst，1502—1550年）的工作室受训。然而，他并没有采用把当地传统和意大利古典主义相结合的主导风格，而是形成了一种复杂而学术的混合风格，勃鲁盖尔更倾向于自然主义和佛兰德斯的流行传统。1551年，他获得了艺术家大师的资格，第二年又到了意大利。在罗马，他与朱利奥·克洛维奥（Giulio Clovio，1498—1578年）建立了友谊，朱利奥·克洛维奥是为红衣主教亚历山德罗·法尔内塞（Alessandro Farnese，1520—1589年）服务的微型画画家，也是一个重要的知识分子圈子的成员。勃鲁盖尔游历了意大利、法国、瑞士和奥地利，致力于素描和风景画。他不仅继承了伟大的帕提尼尔的传统，而且通过与地理学家亚伯拉罕·奥特柳斯（Abraham Ortelius，1527—1598年）的亲密友谊，他还能够将地形制图再现的一些优点融入他的鸟瞰视图中。在1554年回到安特卫普后，他与雕刻家耶罗尼米斯·考克（Hieronymus Cock，1518—1570年）合作，先是设计风景画，后来又创作受博斯影响的劝诫作品。1559年至1563年间，他把这些图像用在了大尺幅的作品中，深受红衣主教安托万·德·格兰维尔（Cardinal Antoine de Granvelle，1517—1586年）和富商尼克拉斯·琼赫林克（Niclaes Jonghelinck，1517—1570年）等收藏家的欢迎。在《死亡的胜利》(*Triumph of Death*)(图69）中，勃鲁盖尔与博斯有着同样的劝诫倾向，但他并没有用奇异的生物来塞满画面，反而是在死亡与生存之间刻画了一场栩栩如生的搏斗。欧洲的中世纪文化通过“死亡之舞”(*Danse Macabre*）唤起了人们对死亡的恐惧，它表明社会各阶层的人都会遭遇相同的命运。在这幅画中，死神骑在一匹死尸一样的马上，用他的镰刀砍死生命。一大群骷髅在坟墓盾牌的保护下，等待着那些逃跑的人，以便把他们关在一个巨大的棺材里。远处深邃的大地光秃秃的，火光一片，狼烟四起，我们看到生者被死亡、行刑、绞刑架和刑枷袭击。前景处，不同社会类型的人体现了特定的罪恶。例如，左下角的国王代表贪婪，右下角的恋人们则沉溺于感官享受。那个小丑，是个赌徒也是个懦夫，右下角还有一个准备战斗的勇敢的骑士，都将被无情地杀戮。这件作品是由伊莎贝拉·法尔内塞王后在18世纪获得的。它的出处不得而知，但王后对佛兰德斯艺术的兴趣符合其家族的品位。科西莫·马西（Cosimo Masi，约1537—1600年），布鲁塞尔法尔内塞家族的秘书，在画家活着的时候为家族获得了两幅重要画作。伊莎贝拉在帕尔马看到了它们，并把它们遗赠给了她的儿子、未来的西班牙国王卡洛斯三世、当时的那不勒斯国王（King of Naples）。在此之前，她已经获得了一个版本的《巴别塔》(*Tower of Babel*)。

这些作品的知识性和劝诫性将它们与人文主义者的圈子联系起来，勃鲁盖尔似乎经常倚仗于朋友们的判断，其中包括地理学家奥特柳斯和印刷商克里斯托夫·普朗坦（Christophe Plantin，约1520—1589年），当然他的那些精英客户的意见也很重要。1563年，他娶了彼得·科耶克·范·阿尔斯特的女儿梅克（Maycke）并定居布鲁塞尔，在那里他们养育了17世纪杰出的画家家族之一。直到去世之前，这位大师一直在不停地创作伟大的作品，在这些作品中，风景、大气和日常景观扮演了主角。《圣马丁节的葡萄酒》(*Wine of Saint Martin's Day*)(图68）就是一个例子，普拉多的这件

图69

老彼得·勃鲁盖尔

《死亡的胜利》，1562—1563年

1012

画在亚麻布上的作品具有明显的劝诫特征。作品描绘了葡萄丰收后的第一瓶葡萄酒被分发给人们时的场景，这是16世纪佛兰德斯和日耳曼各邦国过圣马丁节的风俗。勃鲁盖尔关于这一主题的作品的复制品和版画早已为人所知。在发现这幅作品之前，人们一直以为原件已经遗失。经过细致的研究，专家在画面上发现了作者的亲笔签名，这件作品于2010年入藏普拉多。

这幅布面油画也是勃鲁盖尔现存尺幅最大的作品，画家展现出他对设计一个包含近百个人物的复杂构图的精通。虽然我们可以看到右边的圣人在分割斗篷，但这既不是一幅宗教画，也不是一幅亵渎神灵的作品。这是一幅颇有道德劝诫意味的作品，反映了圣马丁的慈善与盛宴的无度之间的紧张关系，这几乎成了一场以他的名字命名的豪饮。在城郊的一个村庄旁边，一个巨大的木桶已经竖立起来。各色人等都聚集在它周围，争先恐后地去拿酒。勃鲁盖尔在这幅画中呈现出了一座被贪食之罪引入歧途的人山，一座由酒鬼垒成的巴别塔，即便圣人对此也无可奈何。圣马丁在施与他的慈善时背对着这个场景。

15世纪和16世纪的佛兰德斯社会出现在宗教绘画、日常场景以及个人肖像画中，也出现在各种行业的企业形象和集体肖像中。这些通俗的再现在内容上可以是赞美也可以是讽刺。传统上认为，马里纳斯·凡·雷梅尔思维勒（Marinus van Reymerswaele，约1490/1495—早于1567年）的木板绘画《钱币兑换商和他的妻子》(*Moneychanger and his Wife*)（图70）是对高利贷的批评，它遵循了马苏斯所确立的模式。这一理论的明显证据包括房间里令人不安的杂乱、这对夫妇夸张的衣着，以及把注意力集中在钱币重量上的贪婪神情。然而，这个解释后来遭到了质疑，现在人们认为这是最早突出商人及其活动的场景之一。毕竟，是他们买了这类绘画作品。凡·雷梅尔思维勒处理的每一个细节都非常精确，每一件物品都被给予了足够的重视，包括背景上有他签名的那张纸。桌面上的笔筒就很能说明他对空间研究的兴趣，其开口盖的透视被大胆地缩短了。

图70
马里纳斯·凡·雷梅尔思维勒
《钱币兑换商和他的妻子》，1539年

第六章 世界的学校

拉斐尔一直被誉为文艺复兴时期极其重要的艺术家之一，只有列奥纳多·达·芬奇（Leonardo da Vinci，1452—1519年）和米开朗基罗（Michelangelo，1475—1564年）可以和他的盛名相提并论。由于拉斐尔技艺非凡，且在高强度的运用中日臻完善，加之迷人的个人魅力，他可以为当时最重要的两位艺术赞助人工作：先是为1503年至1513年担任教皇的尤利乌斯二世（Julius II，1443—1513年），然后是为从1513年至1521年接任教皇的利奥十世（Lex X，1475—1521年）。如果说文艺复兴的理想是表现和谐的美，那么拉斐尔的作品便是这一理想的最高表现。拉斐尔最初是在乌尔比诺跟随父亲乔瓦尼·桑蒂（Giovanni Santi，活跃于1469—1494年）学画，但他主要的老师却是佩鲁吉诺（Perugino，1446—1523年），其风格深刻地影响了拉斐尔早期的作品。大约1504年前后，拉斐尔来到了佛罗伦萨，在那里，他得以近距离观摩米开朗基罗和达·芬奇的新作，正是他们把文艺复兴时期的绘画提升到了一个令人激动的新高度。也是在这个时候，拉斐尔创作出了他最负盛名的一些圣母和圣婴图像。这些圣母像的构图和图式显示出了米开朗基罗和达·芬奇的影响，但也有一个重要的区别：拉斐尔对理想美的强调，甚至超过了解剖学方面的准确性或对自然的忠实再现，这使他的作品如此与众不同。为了达到这个效果，拉斐尔在几何学的基础上对构图进行了精心研究，因之而来的僵硬则总是被他所有作品都表现出来的那种优雅所弥补。例如，在《圣家族与羔羊》(*Holy Family with a Lamb*)(图71）中，拉斐尔在田园诗般的风景中描绘了基督父母的困境：上帝选中他们在基督

幼年时保护他们的儿子，直到他最终被钉死在十字架上。受达·芬奇为佛罗伦萨圣母领报教堂（the Santissima Annunziata）祭坛所作草图的启发，拉斐尔对这一场景的意义做了稍许改动。达·芬奇的原作传达了圣母所经历的疑惑，她不想阻止儿子的受难（由羔羊所象征），而是努力去接受它。然而，拉斐尔的表现方法，却是让圣母在圣约瑟夫的注视下温柔地把圣婴放在羔羊身上。两个人都意识到了这一刻其实是一个先兆，于是他们都看着圣婴，并建立起一种情感上的约定，这使得拉斐尔笔下的宗教场景与同时代大多数人所描绘的区分开来。用这种方式完成的更为雄心勃勃的作品是《圣家族与大天使拉斐尔、托比亚斯和圣杰罗姆》（*Holy Family with Raphael, Tobias, and Saint Jerome*）（图72），这是杰罗尼莫·德尔·多尔茨（Geronimo del Dolce）为那不勒斯圣多梅尼科修道院（San Domenico）的圣罗萨利亚（Santa Rosalia）小教堂定制的。赞助人的名字解释了圣杰罗姆的存在，而大天使拉斐尔作为代祷者的角色只在《多俾亚传》（*Book of Tobit*）中提到过，指向小教堂的葬礼功能。从表面看，这件作品很简单，但其中却隐藏着一个复杂的几何网络，它与当时拉斐尔在画的埃里奥多罗厅（Stanza d'Eliodoro）壁画有关，色彩的表达也十分相似，但这些信息不足以让人理解作品的宁静之美。圣母玛利亚抱着圣婴，由狮子陪伴的圣杰罗姆则穿着一身红衣主教的衣服，并读着他自己翻译成拉丁文的《圣经》（*Vulgate*）。大天使拉斐尔正在介绍托比亚斯，他提着治愈了其父亲失明的那条鱼，正是这个场景使这件作品有了一个大家都耳熟能详的名称《圣母与鱼》（*Virgin with the Fish*）。

图71
拉斐尔
《圣家族与羔羊》，1507年

图72
拉斐尔
《圣家族与大天使拉斐尔、托比亚斯和圣杰罗姆》，1513—1514年

被称作《珍珠》(*The Pearl*)(图73)的画作表明，拉斐尔在职业生涯的最后一刻都在思考圣家族的表现形式问题。这件作品是与朱利奥·罗马诺（Giulio Romano，约1499—1546年）合作完成的，属于他晚期的作品。1513年至1516年间，拉斐尔在罗马又遇见了达·芬奇，而这件作品反映了他对达·芬奇绘画的了解。这从金字塔构图、明暗对比以及对风景的重视来看，都是显而易见的。画中描绘了罗马农村和一些可以识别出来的建筑废墟，已经不再是一种常见的、理想化的类型。画面的前景是圣母和圣婴的和谐组合，两侧辅以圣安妮和施洗约翰，画面上方提供遮蔽的拱形结构让人想起君士坦丁大教堂或戴克里先浴场。据说腓力四世对这幅画赞不绝口，称之为收藏中的“珍珠”，这个称号至今仍广为人知。

1508年底，拉斐尔被召唤到罗马为梵蒂冈宫廷的一些房间绘制湿壁画。他很快就接手了这个项目，直到他英年早逝。拉斐尔在罗马的成功使他不得不承接大量各式各样的任务，而他的工作室也成为文艺复兴的主要推动力之一。就是在那个时候，他为教廷的重要人物画了许多肖像。同时，他也完成了一些伟大的宗教作品，如《基督跌倒在去往各各他的路上》(*Christ falls on the Road to Calvary*)(图75)。在前一类作品中，最突出的是题为《红衣主教》(*Cardinal*)(图77)的著名肖像，被认为表现的是文艺复兴时期高级神职人员的典型形象。尤其值得注意的是，深绿色背景被大胆地与红衣主教斗篷的鲜红色和袖子的白色并置，以及面部微妙的立体感和精致细腻的笔触。《基督跌倒在去往各各他的路上》来自巴勒莫的圣玛利亚·德洛·斯帕西莫（Santa Maria dello Spasimo）修道院，这个修道院还有一个更受欢迎的名字，即西西里岛的斯帕西莫（Lo Spasimo di Sicilia）。作品表达了关于圣母在基督受难时昏倒的官方教义，但她被描绘为痛苦但神志清醒，而不是昏厥过去。这个场景是围绕着一个十字形的构图展开的，其精神和形式上的张力都集中在基督的形象上，它揭示出了拉斐尔对表现极端精神状态的兴趣。有人认为人物手势的表现力与北方艺术家的一些版画有关，这似乎预见了一种巴洛克式的感受力。

无论如何，意大利16世纪艺术的特点是许多重要的发展在一个很短的时期内发生，这段时间是从1499年达·芬奇在米兰圣玛利亚感恩教堂（Santa Maria delle Grazie）修道院的食堂完成《最后的晚餐》(*Last Supper*)到1520年拉斐尔去世，历时不到二十五年。这里还必须提到米开朗基罗的发现，因为正是他们三个人成了后来年轻艺术家效法的榜样。2003年，之前被认为属于米开朗基罗学派的两幅素描，被确定是为西斯廷礼拜堂《最后的审判》所做的解剖学研究。《最后的审判》构图右下方有个情节描绘的是一个恶魔扛着死刑犯的尸体，《男子右肩、胸部和上臂的研究》(*Study of a man's right shoulder, chest and upper arm*)(图74)画的就是其中一个局部的草图。尽管画得比较简省——不过几笔有力的笔触和简略的阴影——但其轮廓线的肯定和紧张的节奏，使这些素描被确定地归为大师手笔：他给魔鬼的力量注入了生命，寥寥数笔就把强健的肌肉画了出来。这些一挥而就的草图肯定在壁画的制作过程中起到了一定的作用，它们使艺术家在动笔之前能够确定和规划人物的轮廓。草图的边缘参差不齐，可能因为这是包含其他研究的纸张的一部分。该纸张可能被后来的所有者切成几块，以便单独出售。

除了拉斐尔的画作和米开朗基罗的素描，普拉多博物馆还收藏了达·芬奇的《蒙娜丽莎》(*Mona Lisa*)的一件复制品（图76）。原作可能是在1503年到1516年间绘制的，现藏卢浮宫。直到2011年，复制品中的女人身后的远景都被隐藏在一个后来添加的黑色背景之下。

在清洗移除了这个黑色背景之后，显露出清澈的风景，这也揭示出了这件复制品与达·芬奇原作

图73
拉斐尔
《珍珠》，约1518年

之间的密切关系，自1666年起它就出现在皇家收藏的记录中了。技术分析表明，普拉多的这幅画一定是和原作同时绘制的，因为它包含了许多现在还隐藏在达·芬奇作品涂层下的变化和修正。尽管如此，这幅马德里画作的风格与达·芬奇著名的“晕涂法”(*sfumato*)几乎没有什么相似之处，倒是似乎更接近他的两个学生——弗朗西斯科·梅尔齐(Francesco Melzi，约1493—1572/1573年)或安得瑞亚·萨莱(Andrea Salai，1480—1540年)的作品。达·芬奇的另一个弟子，伯纳迪诺·卢伊尼(Bernardino Luini，约1481—1532年)画了一幅《圣家族》(*Holy Family*)(图78)，美第奇家族的科西莫一世(1519—1574年)把它送给了腓力二世。这张画反映了达·芬奇对米兰画家的影响。圣家族与幼年的施洗约翰这一主题源自伪文德文集(*Pseudo-Bonaventure*)(14世纪)的《冥想基督的一生》(*Meditationes Vitae Christi*)，达·芬奇的《岩间圣母》(*Virgin of the Rocks*)发展了这一主题。卢伊尼把它当作一种特别适合教育儿童的虔诚形象。他所描绘的这两个婴儿在圣母玛利亚和圣约瑟夫的注视下拥抱，这兼具了情感和神学上的意义。画面结构包含两个垂直的要素：百合花的神杖，象征着圣母的纯洁；约瑟夫的杖，象征着他的晚年，奇迹般的开花确证其作为圣母丈夫的选择。

柯雷乔(Correggio，1493—1534年)的作品也显示受到了拉斐尔和米开朗基罗的影响，但最重要的是达·芬奇。《圣母子和圣约翰》(*The Virgin and Child with Saint John*)(图79)可以追溯至他职业生涯的早期。当时，他的绘画深受曼特尼亚作品的影响，他从曼特尼亚的作品中汲取了“穿凉鞋的玛利”这一古典母题。然而，更明显的是来自达·芬奇的影响：他的成熟作品可能与洞穴背景有关，这让人想起了达·芬奇两个版本的《岩间圣母》。此外，他用的晕涂法、圣母的头巾以及她把圣婴献指给施洗约翰时的姿势和头上的十字架都是达·芬奇样式。圣婴拥抱表兄时的姿态以及他身后的十字架具有一种悲剧和象征的意义，这恰与圣母姿态的慈爱相制衡。达·芬奇的影响在《别

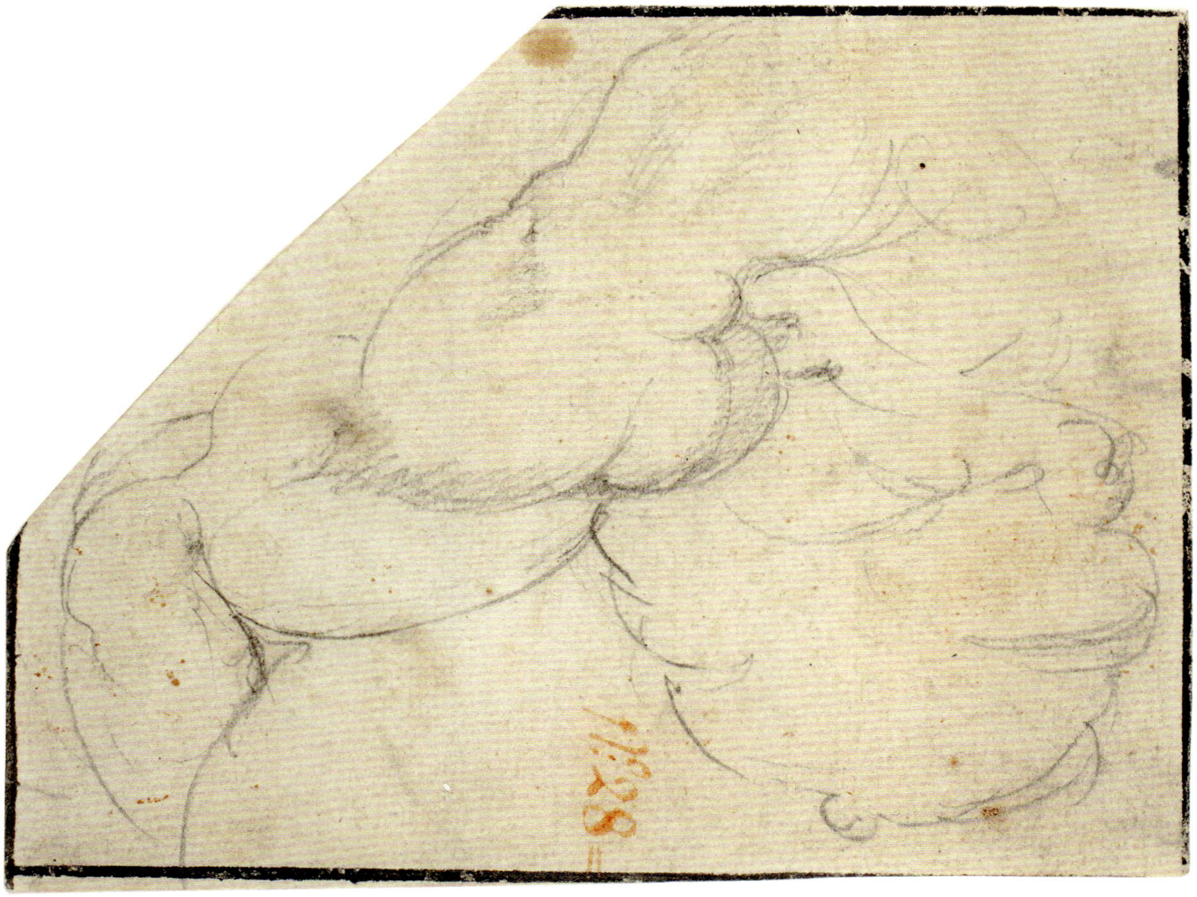

图74
米开朗基罗
《男子右肩、胸部和上臂的研究》，
1536—1541年

图75
拉斐尔
《基督跌倒在去往各各他的路上》，
1515—1516年

图76

达·芬奇工作室

《蒙娜丽莎》，1503—1519年

图77

拉斐尔

《红衣主教》，1510—1511年

286.

碰我》(*Noli Me Tangere*) 中同样可见一斑，这张画所描绘的是基督在受难后的第一次显灵。抹大拉的玛利亚穿着16世纪风格的华丽装束，跪在园丁面前，她认出园丁是复活的基督。基督的四周都是园艺工具，他指着天空说了一句话，这便是这幅画的名字："别碰我，因为我还没有升到天父那里。"除了曼特尼亚和达·芬奇的影响，这幅画也显示出了来自拉斐尔和米开朗基罗的影响。综合所有这些影响，柯雷乔形成了一种独具特色的古典主义风格，这对于后期的意大利绘画来说将是极为重要的。对自然环境的细节处理可能反映了这样一个事实，即这件作品是打算在一个私人小教堂中被近距离观看的。尤其引人注目的是对角线构图，它用基督不朽的宁静来平衡抹大拉悲痛的形象。

在西班牙，受到达·芬奇风格影响最大的是瓦伦西亚地区，那里一直就有文艺复兴的传统。在那里工作的有费尔南多·利亚诺斯 (Fernando Llanos，约1470—约1525年) 和费尔南多·亚涅斯·德·拉·阿尔梅迪纳 (Fernando Yáñez de la Almedina，约1489—约1536年)，他们都是西班牙艺术家并曾在意大利受训。后者于1505年至1510年间所绘的《圣凯瑟琳》(*Saint Catherine*)(图80)，不仅是受意大利文艺复兴影响的一个范例，也是普拉多收藏中的杰作之一。与中世纪的描述传统不同的是，亚涅斯·德·拉·阿尔梅迪纳没有表现这位来自亚历山大的年轻女子在3世纪与马克森提乌斯皇帝 (Emperor Maxentius) 抗争时的种种经历，而是代之以圣人的优雅形象和她的品质。王冠暗指她的高贵出身，磔轮是折磨她的工具，剑意指她最终被斩首，手掌意味着殉道，书象征她的智

图78
伯纳迪诺·卢伊尼
《圣家族》，16世纪

图79
柯雷乔
《圣母子和圣约翰》，1515—1517年

图80
费尔南多·亚涅斯·德·拉·阿尔梅迪纳
《圣凯瑟琳》，约1510年

1498
Das malt Ich nach meiner gestalt
Ich war sex und zwenzig Jor alt
Albrecht Dürer
AD
382
972

慧，而她用智慧把皇帝宫廷里的一些哲学家转化成了基督徒。在庄严的建筑背景下，这位圣人被呈现为一个如雕塑般不朽的形象，她脸上略带微笑，这强调了她的忧郁，同时也表达了她对殉难的接受，这显然反映了达·芬奇风格的影响。她的华丽衣着兼具意大利和西班牙的特色，前者如珍珠项链，后者如用穆德哈尔传统中的古阿拉伯字母装饰的束腰外衣。

与达·芬奇同一个时代，在任何一个方面都可与之相较的艺术家也许只有阿尔布雷特·丢勒。能拥有四件丢勒真迹的博物馆可谓凤毛麟角，普拉多藏有三件，它们对于理解德国如何采用意大利的艺术形式至关重要。作为一位画家、雕版师和艺术理论家，丢勒是欧洲文艺复兴时期极为杰出的人物之一。丢勒的父亲是一位匈牙利裔的金匠。丢勒在一个有教养的环境中长大，这激发了幼年的他对艺术的兴趣。在纽伦堡，他与画家迈克尔·沃尔吉穆特（Michael Wolgemut）一起学习，而他从年轻时开始的游历对他的教育起到了决定性的作用。他在德国的第一次旅行使他与这一时期的艺术有了直接的接触，尤其是马丁·施恩高尔（Martin Schongauer，约1435/1450—1491年）的作品。然而，他的意大利之行却赋予了他的绘画以一个新的方向。他曾两次在威尼斯逗留：他的第一次逗留（1494—1495年）标志着他学习期的结束，第二次逗留（1505—1507年）则标示了他艺术上的高度成熟。他对于威尼斯画派的第一手知识，尤其是来自乔凡尼·贝利尼的影响，意味着他艺术生涯的一个转折点，而早期的意大利艺术著作则使他发展了自己的理论思考。他的论文反映了他对艺术和科学的广泛关注，其内容所涉从人体比例到防御工事。

丢勒与北欧重要的知识分子大都相熟，其中就包括鹿特丹的伊拉斯谟（Erasmus of Rotterdam，1466/1469—1536年），他当时服务于神圣罗马帝国皇帝马克西米利安一世（Maximilian I, 1459—1519年），后者于1493年至1519年间在位。作为一位雕版师，丢勒在其纽伦堡的工作室里兢兢业业地工作，将技术上的专长和惊人的才干相结合，创造出了一些新的、不同凡响的艺术形象。他的一系列有关宗教主题的版画为一代又一代的艺术家提供了范例，而他的寓言作品则是基于他对希腊-罗马文化和德国中世纪传统的了解。

作为一名艺术家，丢勒特别关注自己的形象，他一生创作了许多自画像。在普拉多的这幅（图81）中，丢勒把26岁的自己画成了一个贵族，而不是画家。丢勒使用了一种专门用于描绘特权阶层的肖像画模式，画中的自己衣着华贵、姿态优雅，他用这种方式证明了艺术的高贵地位。文艺复兴时期，画家从工匠转变为知识分子，有些人也转变为朝臣。丢勒是这种新型艺术家的原型：他撰写理论文章，掌握了各种不同的艺术技巧，并与他那个时代有权势的人物一起享受了巨大成功。丢勒在这幅肖像画中展现了自己的才能，他不仅能细致入微地描绘自己的外貌和衣着，而且还能描绘出身后开阔的风景，他自豪地在窗下签下自己的名字。作为对一位杰出人物的见证，这幅画的价值尤为其后继拥有者所珍视。纽伦堡市议会曾将其作为礼物送给英国国王查理一世。后来，当查理一世的财产在1654年被变卖时，这幅画被第六代卡皮奥侯爵路易斯·门德斯·德·哈罗（Luis Méndez de Haro，1598—1661年）购得，并将其献给了腓力四世。瑞典的克里斯蒂娜女王也给腓力四世送来了木版画《亚当》(*Adam*)(图83）和《夏娃》(*Eve*)(图84）作为赠礼。两者都是丢勒第二次威尼斯之行归来后在纽伦堡创作的，但它们原先是为谁而作尚不清楚。对第一个男人亚当的描绘已经超越了宗教主题。通过把他与夏娃分开，以近乎逼真的比例在黑色背景前勾勒出他的轮廓，艺术家开始强调他的个性。如果不是因为他手里拿着苹果，加之其伴侣夏娃向他靠近，我们几乎无法辨认出他是谁。这个赤裸的形象代表了一种男

图81
阿尔布雷特·丢勒
《自画像》，1498年

性的美与和谐的理想，他专注的凝视展现出了一种从因原罪而起的戏剧情节中所释放出的青春性感，一种关于赤裸和死亡的戏剧性意识。与此同时，夏娃的形象也被描绘成一个美的原型，其比例标准与她的男性伴侣相同。和亚当一样，夏娃的形象表明丢勒早期关于裸体的观念发生了重大变化，1504年的铜版画《亚当和夏娃》(*Adam and Eve*) 就是一个例证。不过，在夏娃的例子中，细节清楚地揭示了她的身份：她身边有一条蛇，蛇给了她苹果。她自然的姿势和对同伴的一瞥，掩盖了他们将无视禁止偷吃善恶之树果实的时刻。画家在挂在树枝上的一块小木板上签了名，他还明确提到了圣母诞下基督的日期。就这样，他把第一个女人和玛利亚联系起来，她是第一个也是唯一一个没有原罪的女人。

把意大利和北方文艺复兴的艺术发现与德国传统相融合是丢勒绘画的一个特征。例如，《男子肖像》(*Portrait of a Man*)(图82) 就反映了佛兰德斯样式的影响。丢勒之所以能成为马克西米利安一世皇帝的肖像画家，是因为他不仅善于捕捉人物的外表，而且还能够抓住人物的气质，就像对画面上这位不知名的绅士所描绘的一样。这幅画可能是在佛兰德斯画的，或许是他在那里的主顾乔斯特·潘克费尔特 (Joost Pankfelt) 的肖像，抑或是一位高级官员的肖像，因为他衣着华贵，而且手里拿着纸卷。

其他意大利艺术家，如安德烈·德尔·萨托、帕尔米贾尼诺 (Parmigianino，1503—1540年)、塞巴斯蒂亚诺·德·皮翁博 (Sebastiano del Piombo，约1485/1486—1547年) 或布龙齐诺

图82
阿尔布雷特·丢勒
《男子肖像》，1521年

图83
阿尔布雷特·丢勒
《亚当》，1507年

图84
阿尔布雷特·丢勒
《夏娃》，1507年

Albertus durer alemanus
faciebat post virginis
partum 1507

772.

(Bronzino，1503—1572年) 等，也在作品中发展了自己的绘画理念，展示了这一时期艺术的多样性。安德烈·德尔·萨托跟随皮耶罗·迪·科西莫 (Piero di Cosimo，1462—1522年)、拉法利诺·德尔·加博 (Raffaellino del Garbo，约1466—1524年) 一起在佛罗伦萨接受训练，不过他很快就被米开朗基罗、达·芬奇和拉斐尔的创新所吸引。在16世纪10年代，他培养了一些像罗素·菲伦蒂诺 (Rosso Fiorentino，1495—1540年) 和蓬托莫 (Pontormo，1494—1557年) 这样的艺术家，他们也在佛罗伦萨工作，不过他们探索的方向却与所谓的古典理想渐行渐远。《圣马太与天使之间的圣母子》(*Virgin and Child between Saint Matthew and an Angel*)(图85) 这件作品说明了安德烈对同时代艺术的同化吸收，也反映了他创造出一种独特风格的能力，而这种风格仍旧忠实于不朽的古典主义，从而为他赢得了“完美画家”的美誉。这幅画是受佛罗伦萨银行家洛伦佐·迪·贝尔纳多·雅科比 (Lorenzo di Bernardo Jacopi) 的委托而作，人们对它的解读各不相同。最近有人认为，右边的天使是在警示圣母和圣婴对无辜者的屠杀 (Massacre of the Innocents)，而银行家的守护神圣马太的出现则是对捐赠者的一种暗示。在背景中，圣伊丽莎白为年幼的施洗者圣约翰寻求庇护，这是《雅各原始福音》(Proto-Gospel of Saint James)(源自圣马太福音的一段虚构的文本) 中记录的一个插曲。

在1520年至1524年之间，帕尔米贾尼诺吸收了柯雷乔的艺术，后者曾经到过帕尔马并在那里画了

图85
安德烈·德尔·萨托 (1486—1530年)
《圣马太与天使之间的圣母子》，1522年

图86
帕尔米贾尼诺
《圣家族与天使》，约1524年

一些壁画和大型祭坛画。不过，这位来自帕尔马的年轻艺术家很快就形成了一种独特的风格而且颇受推崇，它的那种优雅被乔尔乔·瓦萨里（Giorgio Vasari，1511—1574年）看作是16世纪意大利绘画最重要的特征。《圣家族与天使》（*Holy Family with Angels*）（图86）便是明证，这件作品是帕尔米贾尼诺于1524年抵达罗马时献给教皇克雷芒七世（Clement VII，1478—1534年）用以证明其艺术所长的。这幅画是他第一次展示自己成熟风格的作品，尽管在图像学方面仍受到柯雷乔的影响，但帕尔米贾尼诺相信，这幅画将为他在罗马艺术界竞争激烈的环境中赢得一个好的位置。不久之后，帕尔米贾尼诺对拉斐尔和米开朗基罗古典主义的个人诠释日渐成熟，但在这部作品中其实已经有所呈现。此作原属克雷芒七世，他把这幅画送给了他的侄子伊波利托·德·美第奇（Ippolito de'Medici，1511—1535年），之后这幅画成为意大利雕塑家彭佩奥·莱昂尼的收藏。彭佩奥去世后，这幅画被西班牙皇室收藏。

颇为与众不同的是塞巴斯蒂亚诺·德·皮翁博的作品。尽管他曾在威尼斯的乔凡尼·贝利尼工作室受训，但他的成熟作品应该放在16世纪上半叶罗马艺术的背景下来理解。因此，塞巴斯蒂亚诺笔下英雄纪念碑式的基督身体中显然有米开朗基罗的影子。不过，在像《基督坠入地狱》（*Christ Descent into Limbo*）（图88）这样的作品中，借由其精致的色彩、象征意图和明显的戏剧性，威尼斯画派的传统仍旧一览无余。这幅画是由杰罗尼莫·维希·瓦尔特拉（Jerónimo Vichy Valltera，1459—1535年）委托创

图87
塞巴斯蒂亚诺·德·皮翁博
《耶稣背着十字架》，约1516年

图88
塞巴斯蒂亚诺·德·皮翁博
《基督坠入地狱》，1516年

作的，当时他是“天主教的费尔南多”（Ferdinand the Catholic）及后来的查理五世派驻罗马的大使。这幅画的主题是基督战胜死亡，这是天主教教义的基础。这幅画的垂直形式是因为它是一幅三联画的侧翼，其中央面板现藏于圣彼得堡的艾尔米塔什博物馆，表现的是《哀悼基督》（*Lamentation of the Body of Christ*）。另一个侧翼现已佚失，通过弗朗西斯科·里瓦尔塔的复制品可知，上面描绘的是《基督向使徒显现》（*Apparition of Christ to the Apostles*）。这幅《基督坠入地狱》与《耶稣背着十字架》（*Jesus carrying the Cross*）（图87）有一些共同特征，包括人物的纪念性以及色彩的表现力。这幅画很可能是与《基督坠入地狱》同时期绘制的，也是受维希·瓦尔特拉委托而作。在他的收藏中，这两幅画一直被保存到他的曾孙迭戈·维希（Diego Vich，1584—1657年），后来才抵给腓力四世以偿还债务。在这幅画中，塞巴斯蒂亚诺采取了一种不同寻常的方式，即把主题设置在了一个室内空间。这一幕聚焦于在一个士兵和一个折磨他的人的注视下，基督举起十字架的那一刻，发生在彼拉多的宫殿里，而不是在受难之路（Via Dolorosa）上。这两个人特色鲜明的面孔反映了这位艺术家作为肖像画家的专长。画面右边，透过一扇大窗户，我们看到一群人正准备前往各各他山（Mount Golgotha）。

布龙齐诺最初在佛罗伦萨画家蓬托莫的画室里受训，他以非凡的技巧闻名。除了这一点，他还能赋予画中人以精致优雅的仪态，这使他成了佛罗伦萨贵族阶层极为喜欢的肖像画家之一。从1539年起，布龙齐诺为科西莫一世·德·美第奇工作，后者是佛罗伦萨公爵，也是第二代托斯卡纳大公。布龙齐诺为1531年佛罗伦萨共和国解体后掌权的新政权创制了官方形象。布龙齐诺通常更关心的是

图89
布龙奇诺
《唐·加西亚·德·美第奇》，约1550年

传达画中人的社会地位，而不是关注个人心理，但是这幅《唐·加西亚·德·美第奇》（*Don García de'Medici*）（图89）的肖像画却是个例外。唐·加西亚是科西莫和埃莱诺拉·德·托莱多（Eleonora de Toledo, 1522—1562年）的一个孩子，画家在画中清楚地表明了他与孩子之间的情感关系，画中的孩童右手握着一朵橘黄色的花朵，左手持着一个护身符。值得注意的是，在这幅画中，布龙齐诺强调了制图技巧（draughtsmanship）对于艺术实践的重要性，这是16世纪佛罗伦萨绘画的一个特点，它与同时期威尼斯画派的色彩至上形成了反差。

图90
伯纳德·范·奥利
《圣家族》，1522年

1510
JAN GOSSART MABUSE
(Hacia 1478-1536)

在阿尔卑斯山以北的一些艺术家的作品中，可以清楚地看到这一时期意大利艺术的影响，比如伯纳德·凡·奥利。他在布鲁塞尔曾经研究过拉斐尔《使徒行传》(*Acts of the Apostles*) 的草图，意大利古典主义的影响在其木板绘画《圣家族》(*Holy Family*)(图90) 中显而易见，无论是用罗马字体而非哥特式字体写就的含有画家签名的花押，还是整个构图。这件作品把圣家族设定在一个室内环境中，从窗口可以看到沿海的风景。当圣婴和他的母亲玩耍时，圣约瑟夫拿着一个苹果——暗示伊甸园——并指着作为新的夏娃的玛利亚。一位天使给圣母戴上王冠，另一位天使则送给她一篮鲜花，象征着耶稣为了拯救人类脱离原罪而必须忍受的苦难。圣约瑟夫的形象意味深长，他若隐若现，退入背景之中。

米歇尔·柯克西耶同样忠实于他在意大利之所学，他的作品将米开朗基罗的雄伟身躯与拉斐尔学派的古典美相结合，不过也没有放弃佛兰德斯传统在描绘物体时所展现的那种丰富的色彩效果和写实态度。在《圣母之死与升天》(*Death and Assmption of the Virgin*) 中，他用了大量的人物形象来展示各种各样的姿势和神态，但并没有陷入夸张的境地，因而他成功地在圣母生平中这个戏剧性的插曲中注入了一种克制的灵性。这幅作品是三联画的中央部分，两侧也都完成了，分别是《圣母的诞生》(*Birth of the Virgin*)(左侧) 和《圣母在圣殿中显现》(*Presentation of the Virgin in the Temple*)(右侧)，也都收藏在普拉多。这幅画是为布鲁塞尔的圣古都勒教堂 (church of Saint Gudula) 绘制的，后来被腓力二世买下。他非常欣赏柯克西耶，委托他创作了几幅作品，后来又任命他为宫廷画家。1586年，这位君主将这幅三联画捐赠给了埃尔埃斯科里亚尔修道院，还送了这位艺术家创作的其他几幅作品。

腓力二世捐赠给埃尔埃斯科里亚尔的另一件作品是《在圣母玛利亚与施洗约翰之间的基督》(*Christ between the Virgin Mary and Saint John the Baptist*)(图91)，这是由人称马布斯 (Mabuse) 的扬·戈塞特所作的三联画的中央面板。戈塞特是融会佛兰德斯和意大利传统的先驱，这种融合使尼德兰的绘画语言发生了革命性的变化。这件作品显示了布鲁日画派 (Bruges School) 的影响，尤其是扬·凡·艾克兄弟。事实上，画中基督、圣母和圣约翰的形象，其灵感都来源于根特大教堂的多联祭坛画《羔羊礼赞》(*Adoration of the Mystic Lamb*)。传统意义上的肯祈 (Deësis)，其图像所展现的一般是玛利亚和约翰代表人类向基督祈祷，在此则以一种新颖的方式即半身像来描绘。与原先的模式相比，受意大利艺术影响的戈塞特处理这一主题的方式更为自然，不过，他依旧表现出了佛兰德斯人对长袍和锦缎细节的关注。繁缛的哥特式拱门将人物形象分隔开来，并形成了一种对称的层次结构，而前景人物的叠加则使空间得以整合。一位天使从一个圆窗中钻了出来，这是受扬·凡·艾克多联祭坛画中的圣加布里埃尔 (Saint Gabriel) 的启发。

把意大利艺术的类别用于西班牙艺术是很困难的。尽管其影响巨大，但与意大利文艺复兴艺术相关的古典理想只能在少数艺术家的少数作品中看到，事实上，这在他们的职业和创作生涯中往往只是一个短暂的瞬间。由于这个原因，意大利文艺复兴传到伊比利亚半岛的往往只是表面上的同化。它随意地出现在一些作品中，并与北欧的影响和西班牙传统混合在一起。不同的地域流派短暂繁荣，他们的风格根据他们对意大利创新掌握的程度而变化，并取决于他们是保持纯粹还是与之前的绘画形式或多或少地结合。西班牙文艺复兴绘画作品在普拉多之所以差强人意，西班牙哈布斯堡王朝早期对外国艺术家的好尚也是一个原因。

普拉多因1872年接手特立尼达博物馆的藏品而增添了不少托莱多画派 (Toledo School) 的作品，这家博物馆收藏了19世纪从教堂没收的艺术品。另一方面，瓦伦西亚画派 (Valencian School) 的作

图91
扬·戈塞特
《在圣母玛利亚与施洗约翰之间的基督》，
1510—1515年

品确实属于皇家收藏，但却是后来在波旁王朝统治时期购入的。

即便如此，与意大利的密切接触还是有助于拉斐尔版画作品的流通，这也解释了塞巴斯蒂亚诺·德·皮翁博四幅画的存在为什么在瓦伦西亚显得那么重要，这些画作是由杰罗尼莫·维希·瓦尔特拉赠送的，对胡安·维森特·马斯普（Juan Vicente Masip，约1475—约1550年）等艺术家产生了重大影响。大约作于1540年的圆形绘画《探访》（*Visitation*）（图92）及其同在普拉多的姊妹篇《圣艾格尼丝的殉道》（*Martyrdom of Saint Agnes*），是圣胡利安（San Julián）的圣托马斯德比亚努尔瓦（Santo Tomás de Villanueva）礼拜堂祭坛画的一部分，这个礼拜堂是瓦伦西亚奥斯定会（Austinian）修女们的一个隐修院。这幅作品的灵感来自拉斐尔的画作，马斯普从当时在瓦伦西亚流通的版画中了解到拉斐尔的画作，其中多数都是马尔坎尼奥·雷蒙迪（Marcantonio Raimondi）所作。《探访》背景中风景的主题是基督受洗，这就把耶稣与施洗者有关的两个主要事件联系到了一起。这幅作品展示了这位擅长描绘不朽人物的画家成熟时期的风格，尤其是他那坚实且优雅的制图技巧、温暖的色彩以及明暗对比法的运用，都表明了塞巴斯蒂亚诺·德·皮翁博的影响。然而，意大利的影响在马斯普的儿子胡安·德·华内斯的作品中更为明显，从瓦伦西亚圣埃斯特万（San Esteban）主祭坛画中央饰板上的《最后的晚餐》（*Last Supper*）（图93）中可以清楚地看到这一点。华内斯长期以来被视为西班牙文艺复兴时期重要的画家之一，而这是他创作的最重要、最具纪念意义的作品。在西班牙之外，华内斯也是为数不多的、获得认可的画家之一，这得益于他与拉斐尔有些相似之处。这幅作品上的构图灵感来自达·芬奇的《最后的晚餐》，但华内斯所描绘的基督是在祝圣的那一刻举起了圣饼，这个场景在西班牙的圣像画传统中非常常见。使徒的表现方式、精湛的制图技巧以及丰富明亮的色彩则明显地反映出了拉斐尔的影响。

图92
胡安·维森特·马斯普
《探访》，1540—1545年

在餐桌上，画家展示了保存在瓦伦西亚大教堂的圣杯，传说这是基督在最后的晚餐所使用的器皿。

另外两个焦点是托莱多和塞维利亚，两者都与各自的大教堂密切相关。胡安·科雷亚·德·维瓦尔（Juan Correa de Vivar，约1510—1566年）可能是托莱多学派极重要的画家之一。祭坛画《圣母领报》(*Altarpiece of the Annunciation*)（图95）是他晚期的一幅作品，他已不再表现在其老师胡安·德·博尔贡（Juan de Borgoña，活跃于1495—1534年）影响下早期绘画所呈现的那种宁静与克制。相反，托莱多其他艺术家的创新倒是在这件作品中留下明显的印记，例如阿隆索·贝鲁古特（Alonso Berruguete，约1488—1561年）、迭戈·德·西洛（Diego de Siloé，约1495—1563年）和佩德罗·马舒卡（Pedro Machuca，约1490—1550年）。尽管拉斐尔的影响仍在，尤其是圣父的形象，与梵蒂冈埃里奥多罗厅中的诺亚形象相似，但其他的一些倾向却容易让人联想到帕尔米贾尼诺画的墨丘利，比如动态的构图、苗条的人物以及那些巧妙的动作，尤其明显的是大天使加布里埃尔的复杂变化。同样值得注意的还有空间的扭曲和彩虹般的明亮色调，这些都与人物平静的脸庞形成了鲜明的对比。

图93
胡安·德·华内斯
《最后的晚餐》，约1562年

阿莱霍·费尔南德斯（Alejo Fernández，约1470—1545年）是位有德国血统的艺术家，他的姓来自他的继父科尔多瓦画家佩德罗·费尔南德斯（Petro Fernández），他的绘画是将佛兰德斯传统和

意大利文艺复兴艺术要素相结合的一个很好的例证。在他的作品《鞭笞》(*Flagellation*)中，复杂的古典柱廊以意大利建筑师多纳托·布拉曼特（Donato Bramante，约1444—1514年）的设计为基础。其中一部分是废墟，这为各种人物的活动提供了一个背景，他们来自非常不一样的传统，即昆丁·马苏斯和其他弗兰德艺术家所表现的世界。这一点在刽子手身上也体现得很明显，他们在解剖学上是正确的，但他们的脸和表情几乎是漫画式的。与此同时，佩德罗·马舒卡是一名曾在意大利受训的西班牙画家和建筑师，他可能跟米开朗基罗学习过。1520年回到西班牙后，他为查理五世位于格拉纳达的宫殿创作了不少作品，也把那些正规而又新颖的事物引入到了绘画和建筑中。这些在他的《下十字架》(*Descent from the Cross*)中体现得很明显。这幅画在拉斐尔样式的基础上又混合了各种各样的影响，尽管其主要特征是人物紧张的神情和迫不得已的姿态，夜光下的强烈色调和明暗对照也使画面显得阴森凄冷。光线聚焦于米开朗基罗式的基督身体结构和抹大拉的形象上。满嘴流脓的孩子和穿着短裤的怪人等不寻常的细节都在画面的右边。

2015年，普拉多博物馆收到了普拉西多·阿兰戈·阿里亚斯（Plácido Arango Arias，1931年生）私人收藏的二十五件作品，他曾担任博物馆基金理事会主席数年，并曾在1991年向该机构赠送了戈雅的首版《加普里乔斯》(*Caprichos*)。通过捐赠，路易斯·德·莫拉莱斯（Luis de Morales，1510—1586年）、弗朗西斯科·德·苏巴朗(Francisco de Zurbarán，1598—1664年)、小弗朗西斯

图94
皮耶特·凡·肯佩内尔
《下十字架》，约1570年

图95
胡安·科雷亚·德·维瓦尔
《圣母领报》，1559年

AVE MARIA GRACIA PLE
TECUM BENE DI
RIBUS E
IN MU

科·德·赫雷拉（Francisco de Herrera the Younger，1627—1685年）、胡安·德·巴尔德斯·雷亚尔（Juan de Valdés Leal，1622—1690年）和弗朗西斯科·德·戈雅的一些新作品进入博物馆，弗朗西斯科·巴雷拉（Francisco Barera，1595—1658年）和弗朗西斯科·洛佩斯·卡罗（Francisco López Caro，1598—1661年）的一些静物画则填补了普拉多收藏的空白。

普拉多至今还没有皮耶特·凡·肯佩内尔（Pieter van Kempeneer，1503—约1580年）的任何画作，他是一位来自布鲁塞尔的艺术家，在西班牙被称为佩德罗·德·坎帕纳（Pedro de Campaña）。他在意大利待了一段时间后，于1537年定居塞维利亚，并在那里至少待到了1563年。他画了许多祭坛画和献祭作品，其中一些是小画，这表明他是一个具有独到叙事感的优秀画家，这得益于他对佛兰德斯绘画和佩里诺·德尔·瓦加（Perino del Vaga，1501—1547年）、波利多罗·达·卡拉瓦乔（Polidoro da Caravagio，1499—1543年）等意大利画家作品的深刻领会。这些特征在《基督去往各各他的路上》(*Christ on the Road to Calvary*）和《下十字架》(*Descent from the Cross*)（图94）这两件阿兰戈遗赠的作品中都可以看到。后者是肯佩内尔从塞维利亚返回布鲁塞尔后所作，在那里他继续寄送他的一些作品，其中许多都是私人祈祷室的定件，因而尺幅都不大。尽管如此，它们却展现出了他那些大型作品的纪念性特征，这些作品在塞维利亚留下了深刻的印记，它们对这个城市17世纪绘画的发展起到了关键性的影响。

在16世纪的西班牙艺术家中，路易斯·德·莫拉莱斯尤其值得一提，因为他的作品具有强烈的宗教色彩，所以很早就有人称他的作品是“非凡的”，其绘画的独特性是北欧和意大利特色相结合的结果。他多数宗教主题的作品都来自中世纪晚期的传统，他用佛兰德斯人的传统描绘精微的细节，又结合了意大利风格的色彩表现，并巧妙地运用了达·芬奇式的晕涂法，这是他从瓦伦西亚这个艺术中心学到的。他的作品吸引了一些神职人员，例如格拉纳达的路易斯修士（Friar Luis，1504—1588年）和巴达霍斯主教胡安·德·里贝拉（Juan de Ribera，1532—1611年），后者是莫拉莱斯的主要客户之一。莫拉莱斯为其绘制的一幅肖像画保存在普拉多博物馆。然而，莫拉莱斯也与16世纪西班牙社会深入人心的献身精神联系在一起，因此专门研究表现密切关系的宗教图像，尤其是描绘基督的痛苦和圣母子一类的绘画。普拉多的《看护基督的圣母》(*Nursing Virgin*)（图96）是他作品中的一个典型案例，这幅画是莫拉莱斯或其工作室所描绘的相同主题的多个版本中最美的一幅，也被认为是其他版本的原型。画家将构图要素减至最少，创造了一幅虔诚的圣像，旨在鼓励冥想，唤起温柔和同情。圣母被框在一片黑色的背景中，只有她坐的石凳从暗处显露出来。圣母也许是预见到了基督受难的痛苦，她忧郁地凝视着自己温柔怀抱中的圣婴。圣婴也回望着她，一只手在寻摸母亲的乳房，另一只手抓住母亲的面纱。透明的面纱被渲染得非常微妙，可谓技艺精湛。而《圣母的诞生》则是莫拉莱斯作品中的一个特例，因为这是唯一一件关于该主题的作品，而且人物的数量对他来说是不寻常的。作品的中心是圣安妮，她在分娩后疲惫不堪，在一位年轻妇女的帮助下坐起来，喝她端上来的肉汤。左边，奶妈在给刚出生的圣母喂奶。在画面的另一边，有一位优雅而神秘的人物对这一幕毫不在意，他拿着一篮水果，直视观众。

莫拉莱斯绘制的精美图像受到了广泛的追捧，他收到了许多委托，这迫使他得经营一个大型且繁忙的作坊。不过，尽管莫拉莱斯有很多客户，且能与他的时代精神产生共鸣，但和埃尔·格列柯一样，莫拉莱斯从未得到过皇室的庇护。因此，普拉多收藏的他的大部分作品都是现代收购或遗赠，而那些来自皇家收藏的作品则是在波旁王朝时期购买的。

图96
路易斯·德·莫拉莱斯
《看护基督的圣母》，约1565年

第七章 提香与其他天才

普拉多博物馆最著名的特征之一是其非凡的威尼斯画派藏品，它们构成了威尼斯之外此画派作品的主体部分。其中许多画作源自几个世纪以来西班牙统治者与威尼斯主要画家之间的亲密关系。在天主教君主统治期间和查理五世继位之初，艺术品位整体倾向于伊莎贝拉一世钟爱的佛兰德斯风格，但在16世纪20年代初，查理五世与提香的相遇，标志着一段硕果累累的关系伊始，并对将来西班牙的皇家收藏产生了至关重要的影响。查理五世之子腓力二世，不仅延续了与提香的关系（尽管在方式上略有不同），他的兴趣还进一步拓展到威尼斯画派的其他重要成员，比如丁托列托、委罗内塞和巴萨诺（Bassano）家族。结果，威尼斯绘画成为马德里阿尔卡萨宫、埃尔埃斯科里亚尔修道院和埃尔帕尔多皇宫（El Pardo）的核心藏品，后来腓力三世（Philip III，1578—1621年）在位期间，是对威尼斯画派的兴趣发生转变的时期。17世纪，威尼斯艺术的新趋势对腓力四世的收藏兴趣产生了决定性的影响。在委拉斯贵支的建议下，他积累了一批威尼斯名家名作。那时候，拥有威尼斯画作已经成为奢华与财富的同义语。有些作品来自私人藏品拍卖，尤其是1649年英格兰查理一世被处决之后的那场著名拍卖，进一步提升了皇家收藏中威尼斯绘画的数量和质量。

西班牙君主政体与威尼斯绘画之间的关系自然也反映在艺术理论与实践中。尤其是在17世纪，如果没有皇家收藏中的威尼斯名家精品，很难想象西班牙绘画如何呈现出独具特色的发展。

15世纪的威尼斯绘画在相当大的程度上还根植于拜占庭传统，直到15世纪后半叶才有所进步。

家族与艺术的关联带来了工作坊的繁荣，从贝利尼到安德烈亚·曼特尼亚，皆以此成名。除此之外，15世纪70年代中期以来影响深远的还有在油画技法传播过程中扮演重要角色的安东内洛·德·梅西纳工作坊，以及若干年后的列奥纳多·达·芬奇工作坊。在此环境中，既精通描绘理性的空间，又擅长处理画面透视、色彩和光线关系的乔凡尼·贝利尼，提供了威尼斯画派发展的萌芽，其风格特征在于色彩超越了线条（这正是后来托斯卡纳-罗马传统的特点）。尽管《坐在两位圣徒中间的圣母子》(*Virgin and Child between Two Saints*)（图97）的作者身份偶尔被质疑，但从色彩与构图的特点，及其与威尼斯美术学院画廊（Gallerie dell'Accademia）另一幅有明确归属之版本的关联来看，可视之为贝利尼成熟时期的画作。右边的人物和左边圣徒的衣服与学院版本不同。普拉多版本中，贝利尼在他对形式的个人兴趣与对曼特尼亚和梅西纳的回应之间达到了一种平衡，尤其体现在中性色调背景下的人物轮廓。

虽然洛伦佐·洛托（Lorenzo Lotto，约1480—1556/1557年）并非永久定居于威尼斯，而是辗转于意大利其他城市，但他在一定程度上仍被视为威尼斯画家。双人肖像画《米切尔·马斯里奥·卡索蒂和妻子法乌斯蒂纳》(*Micer Marsilio Cassotti and his Wife Faustina*)（图98）是纺织商人乔凡尼·卡索蒂（Giovanni Cassotti）定制的作品。他是画中模特的父亲，也许是想为新婚的儿子指明在婚姻中的义务。此寓意是通过与美德天使（代表勇气、贞洁与永恒）有关的月桂叶，以及夫妇二人身后的支架来显现的。妻子坐在卡索蒂的左边，靠向丈夫，而丈夫正准备把婚戒戴在妻子手上，画家

图97
乔凡尼·贝利尼及其工作坊
《坐在两位圣徒中间的圣母子》，约1490年

以这样的姿势微妙地暗示了女性的服从角色。此场景与其说是模特身份的证明，不如说是人物情感关系的写照，通过借鉴古典艺术作品中常出现的拥抱夫妇二人的爱神形象，来强化主题。接着，洛托还参考了有关婚姻之神“朱诺·普罗努巴”（Juno Pronuba）或“朱诺·尤加利斯”（Juno Iugalis）的图像志，他可能于罗马旅行期间在墓碑雕刻上看到过；而张开的双臂这一姿势来自当时的德国艺术。与此同时，洛托还为威尼斯宗教改革的重要中心圣乔凡尼·保罗医院创作了《忏悔的圣杰罗姆》（*Saint Jerome in Penitence*）（图99）。医院主管机构定制的这件作品强调了“忏悔”这一主题，画中的杰罗姆看似从精神到肉体都在仿效基督的殉难，因为他身边散落着各种受难的象征物。鞭子和骷髅暗指他一生隐居，红色斗篷代表他曾任主教一职，书籍暗示他翻译了《圣经》。背景中的狮子源自这样一则传说：圣人曾帮狮子拔掉掌中的刺，从此以后，狮子就忠心伴随其左右。

无论如何，曾在贝利尼工作坊接受训练的提香，堪称威尼斯革新画派的代表人物。从普拉多博物馆藏品中可以明显看出这种变化：他早期的木板画《圣母子与圣多萝西和圣乔治》（*Virgin and Child with Saint Dorothy and Saint George*）摆脱了之前静止的构图模式；晚年的《自画像》（*Self-portrait*）（图100）是腓力四世在鲁本斯藏品拍卖会上购得的——提香在西班牙大受欢迎，鲁本斯在其中扮演了关键角色。

《维纳斯的礼赞》（*Worship of Venus*）（图101）和《酒神祭》（*The Andrians*）（图102）是他为第

图98
洛伦佐·洛托
《米切尔·马斯里奥·卡索蒂和妻子法乌斯蒂纳》，1523年

三代费拉拉公爵阿方索一世德埃斯特（Alfonso Ⅰ d'Este，1476—1534年）绘制的，用来装饰公爵府中的“雪花石膏屋”（*camerino d'alabastro*）。整个装饰计划的用意还不完全明确，而通过维纳斯和巴库斯等人物形象所表达的对爱与酒之赞美，似乎与公爵本人的个性有关。因为阿方索要求艺术家们不仅要考虑主题，还要在相关文本——斐罗斯屈拉斯（Philostratus）和奥维德（Ovid）的著作——的基础上构思作品。《维纳斯的礼赞》描绘了一群小丘比特在矗立着维纳斯雕像的花园里嬉戏，几篮苹果散落在草地上。雕像位于画面右方，这可能与画作本身在“雪花石膏屋”中的位置有关，同时也让观众把注意力集中在风景与丘比特身上。这件作品是为了颂扬大自然的丰饶，赞美爱的启蒙，而葡萄酒与音乐激发的醉态在《酒神祭》中呈现为情色的欢愉，正如前景中的乐谱所示。这是佛兰德斯作曲家阿德里安·维拉尔特（Adriaen Willaert，约1490—1562年）的经典之作，歌中

图99
洛伦佐·洛托
《忏悔的圣杰罗姆》，1546年

图100
提香
《自画像》，约1562年

图101
提香
《维纳斯的礼赞》，1518—1519年

写道："浅尝辄止者，难解酒中味。"这种喧闹的狂热体现在构图的节奏和精心安排的画面色彩中。而且，提香将亲身观察与含蓄参照相结合——借鉴了古典雕塑和各种同时代艺术作品，尤其是米开朗基罗的《卡希那之战》(*Battle of Cascina*)和贝利尼的《诸神之宴》(*Feast of the Gods*)。

后者也是为"雪花石膏屋"而作，提香的油画与其建立了丰富的关联。《酒神祭》是提香最有

图102
提香
《酒神祭》，1523—1526年

名、最具影响力的作品之一。1630年这两幅画在罗马的公开展览，对17世纪中叶威尼斯绘画创作的新趋势产生了至关重要的影响。

从宗教绘画到神话场景和人物肖像，提香的作品始终是皇家的重点收藏，表现出非同寻常的灵活性，以满足从查理五世到腓力二世这些统治者个人在表现手法与宗教主题方面的不同要求，以及他们在艺术上的特定喜好。《亚当与夏娃》(*Adam and Eve*)(图103) 是提香极为著名的宗教画之一。

腓力二世那位不幸的书记官安东尼奥·佩雷斯 (Antonio Pérez，1534—1611年) 可能从他父亲贡扎洛·佩雷斯 (Gonzalo Pérez) 那里继承了这幅画 (据载1566年)，应该是他父亲委托提香所作。它取材于《创世纪》，受古代雕塑和同时代绘画的影响，比如拉斐尔在梵蒂冈签字大厅同主题的湿壁画，以及丢勒1504年创作的版画。提香可能从后者获得了不同寻常的图像学元素，包括变成蛇的男孩和狐狸——它们都与撒旦有关。色彩恢宏的背景映衬着夏娃略显笨拙的姿势，她的左手和前臂

图103
提香
《亚当与夏娃》，约1550年

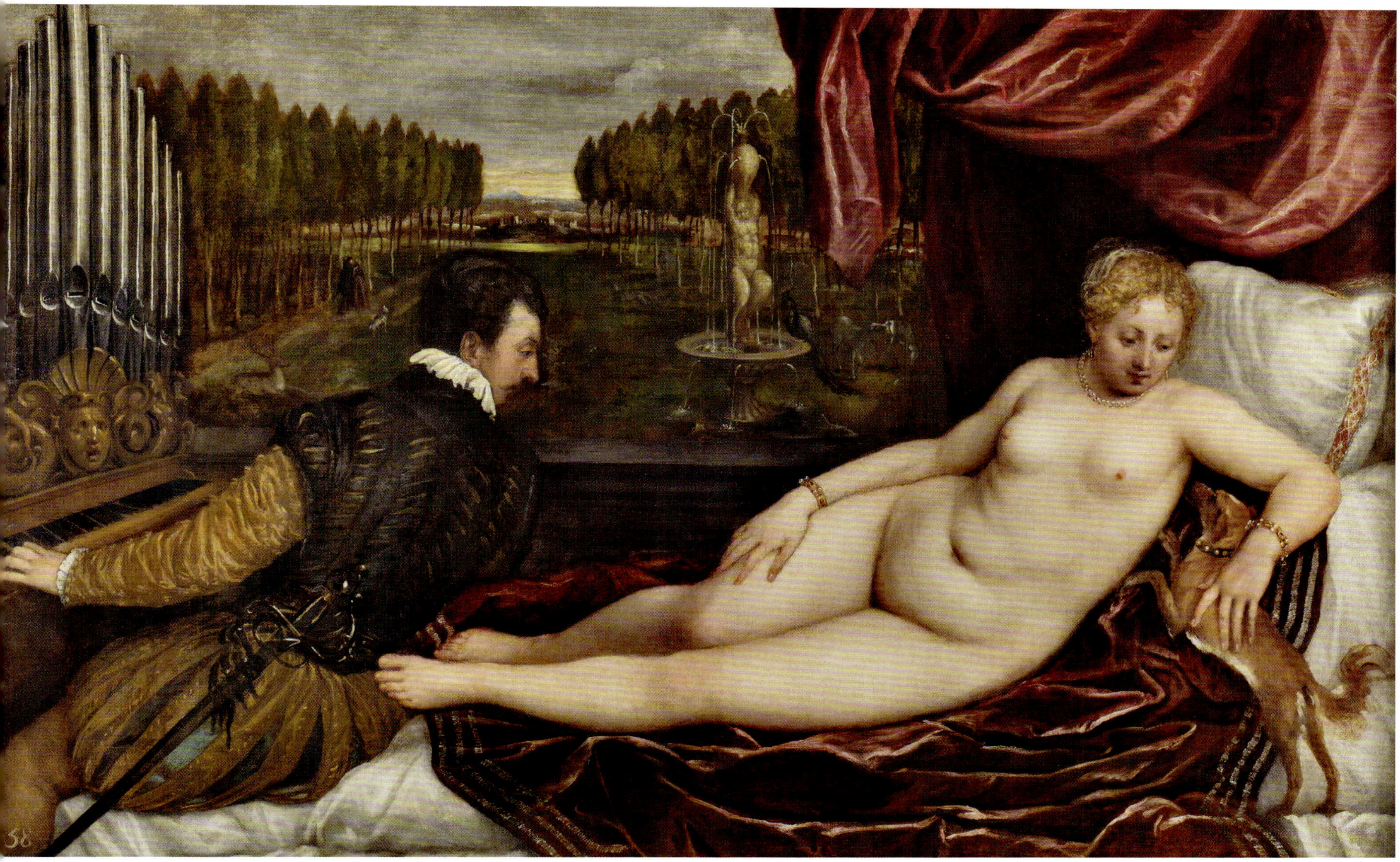

的关系有点不自然，亚当的位置也欠协调，普拉多收藏的另一件鲁本斯的摹本对此特意作了修正。

提香最美的神话题材作品之一是《维纳斯与音乐》(*Venus and Music*)(图104)。他为不同的客户画了同一题材的五种版本，而女神的裸体是其中的基本元素。以此画为例，天真嬉闹的小狗打破了她的宁静之美，深红色的床单和红色窗帘衬托着她的裸体，着衣佩剑的乐师大胆地看着女神，进一步强化了场景的情色意味。这种感官上的暗示还体现在欢愉的花园景象——我们可以看到闲庭信步的夫妇和逐鹿的猎狗，喷泉中央立着头顶孔雀的萨提尔雕塑。这幅画常被解释成纯粹的情色意味，但也被视为新柏拉图主义的作品：视觉与听觉是获得美之知识的理想媒介。然而，正如维纳斯右手上的戒指所暗示，或许应当从婚姻生活的角度来解读。

普拉多收藏的提香极出色的肖像画之一是《费德里科·贡扎加，第一代曼图亚公爵》(*Federico Gonzaga, Ist Duke of Mantua*)(图105)。费德里科（1500—1540年）是著名的文艺复兴艺术赞助人伊莎贝拉·德埃斯特（Isabella d'Este，1474—1539年）的儿子，于1530年被查理五世封为公爵。考虑到他的风流往事，以及即将与富有的蒙费拉托侯爵的女继承人玛格丽塔·帕莱奥洛加（Margherita

图104
提香
《维纳斯与音乐》，约1550年

Paleologa，1510—1566年）联姻，费德里科想通过这幅肖像挽救其声誉，把自己塑造得威严而高贵。他穿着带金色刺绣的蓝色天鹅绒奢华上衣和红色紧身裤，脖子上戴着黄金和青金石的念珠，一只马耳他犬陪伴着他——分别象征着虔诚与忠实。这只对主人摇尾讨好的狗，也暗示了画家的写实主义表现才能。

费德里科是提香最主要的赞助人之一，正是他让画家与国王查理五世结缘，从而促成了绘画史上硕果丰盈的艺术赞助关系。提香的作品完美地契合了西班牙君主政治所寻求的夸张效果，他也很巧妙地将自己的创作风格调整为查理五世和腓力二世所要求的威严、正式和虔诚。

由于宫廷中的意大利式品位、国王的艺术顾问红衣主教格朗韦勒（Cardinal Granvelle，也是一位学识渊博的鉴赏家）的偏好，以及查理五世之妹匈牙利的玛丽的影响，提香与其皇家赞助者的关系更加密切了。他的肖像画满足了文艺复兴时期人物形象所要求的政治宣传功能——以同时代的艺术理论家卢多维科·多尔切（Ludovico Dolce）的话来说——通过"英雄式威严"表达出一种庄重感。提香创造了一种官方肖像的范式：人像呈站立姿势，与真人等大，用戏剧化的帷幕和建筑元素突出面无表情的人物——这种面无表情正是威严感的基本要素之一。

《皇帝查理五世与狗》(*Emperor Charles V with a Dog*)（图107）就是最好的例子。此画可能作于1532年查理五世在博洛尼亚旅行期间，或者更有可能是在1533年初，以雅各布·塞森格尔（Jacob

图105
提香
《费德里科·贡扎加，第一代曼图亚公爵》，1529年

图106
提香
《皇帝查理五世在米尔贝格》，1548年

图107

提香

《皇帝查理五世与狗》，1533年

图108

提香

《腓力二世》，1551年

Seissenegger，1505—1567年）为查理之弟奥地利的费尔南德（Ferdinand of Austria，1503—1564年）所作画像为基础。这可能是出于查理本人的要求，但提香在自己的画作中做了实质性的改变。首先，他让皇帝的眼皮抬高，这样赋予其更生动的表情，让他的面部流露出高贵气质。他还将人物画得更苗条、更高挑。查理站在前景中，空间的宽度和深度都源自低视点的运用，这是让模特更显宏伟庄重的一种处理方式。精妙的色彩也使皇帝及其温驯的猎犬颇具优雅之风。难怪这件作品被认为是提香最杰出的肖像画之一，并对西班牙后来的正式肖像画产生了重要影响。画家在《腓力二世》(*Philip II*)(图108）肖像中进一步完善了这些技法与方式。将要即位的腓力二世第一次在伊比利亚半岛之外旅行，1548年末至1549年初到达米兰，他在这里向提香订制了各种肖像。然而，藏于普拉多的这一幅似乎两年之后才完成于奥格斯堡。这是腓力二世委托艺术家绘制的第一幅画——这种赞助关系会一直持续到提香生命的终点。尽管也存在这样的事实：习惯于佛兰德斯绘画细密风格的腓力，在看到提香的成品时大惊失色；他无法理解艺术家灿烂而奔放的技法，认为这幅肖像画得过于仓促。提香恰到好处地进行了理想化处理，通过立柱、边桌和游行盔甲来表现王权威严。后来，这些元素变成哈布斯堡皇宫国家肖像的一种特征，并传播到欧洲其他宫廷中。

即使如此，提香为奥地利皇室成员所作最重要的肖像画当数骑马像《皇帝查理五世在米尔贝格》(*Emperor Charles V at Mühlberg*)(图106)，不仅因为它是画家与哈布斯堡王朝长达四十年之赞助关系中的关键，还因为它总是被誉为皇家收藏中引以为傲的珍品。此画是为了纪念西班牙帝国军队于1547年在米尔贝格战胜施马尔卡登同盟（Schmalkaldic League）的新教王子们。在这幅骑马肖像中，提香把罗马古典传统和基督教骑士的图像相结合，他的模特是罗马城里著名的马库斯·奥勒留（Marcus Aurelius）骑马像以及更多近代的摹本。然而，为了强调查理五世的和平意图以及他作为帝国统治者的气质（尽管马匹欢腾，而人物泰然自若），政治暗示超越了宗教隐喻，对战争本身的指向更是含蓄。这幅画在写实图像与象征意义之间达到了完美平衡。

的确，查理五世和腓力二世都非常了解艺术对于形象宣传的作用。普拉多博物馆的现代雕塑藏品中，在这方面的例子是查理五世1549年向米兰雕塑家里昂·莱昂尼订制的系列雕像——后来由他的儿子彭佩奥直到1564年才完成。他们为皇帝本人及其近亲创作了一整套与真人等大的立像、胸像和浮雕，包括他的姐妹埃莉诺（Eleanor）和玛丽（图110)、他的儿子腓力（图111)，以及他的妻子伊莎贝拉。皇后葡萄牙的伊莎贝拉（1503—1539年）三十六岁时在托莱多去世，她是查理五世唯一的妻子、他的挚爱。为了再现她的容颜，里昂求助于提香为她画的肖像（现存于普拉多)。画中的皇后身着盛装，头挽双辫，她的长袍带有开衩的罩裙，袖子上布满奢华的刺绣。她的雕像几乎就是用大理石做的翻版，现藏于普拉多。这件雕塑于1556年离开了里昂在米兰的工作坊，但直到1562年才抵达西班牙。随即雕塑家请西班牙的金匠费利佩·胡萨特（Felipe Jusarte）和米凯尔·门德斯（Micael Méndez）完成了服饰上的细节。学者们认为，这种正面姿势、威严肃穆的雕塑深受茵斯布鲁克的马克西米利安一世皇帝陵墓装饰的影响，尤其是奥地利的玛格丽特的雕像令他印象深刻。

提香用他的画笔实现了哈布斯堡王朝推崇的威严与高傲，里昂·莱昂尼则充分运用青铜与卡拉拉大理石达到了这一目的——这两种特殊材料恰是表达高贵与永恒的绝佳媒材。当皇帝去世时，这些作品在马德里的里昂工作坊里还没有最后完工，关于它们的表现意图还有诸多争议。其中一件名为《皇帝查理五世与狂暴》(图112）的雕塑因主题复杂且技法纯熟，格外引人注目。“狂暴”这一

图109
提香
《荣光》(*The Glory*)，1551—1554年

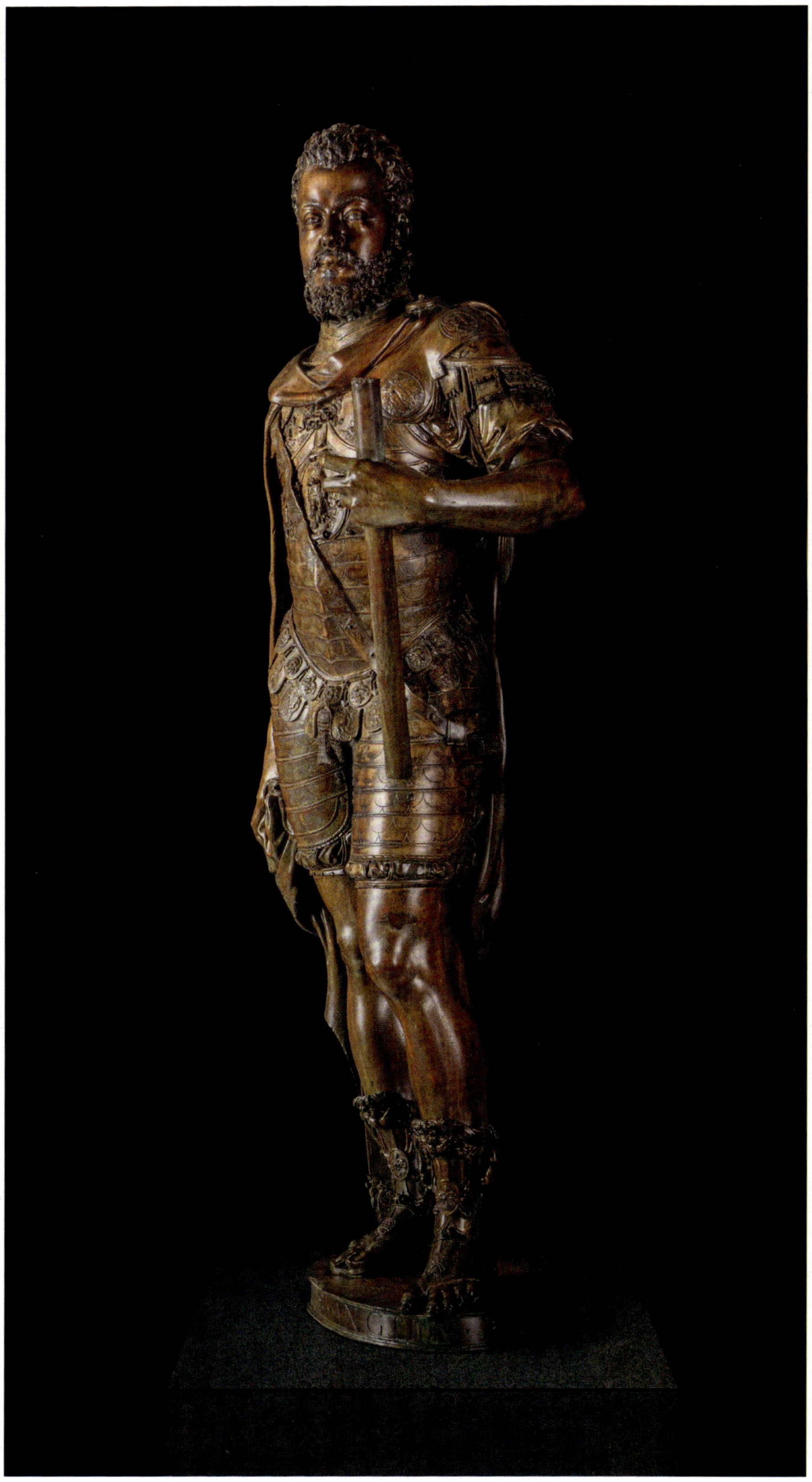

图110
里昂及彭佩奥·莱昂尼
《匈牙利的玛丽》(*Mary of Hungary*)，1553—1564年

图111
里昂及彭佩奥·莱昂尼
《腓力二世》(*Philip II*)，1551—1568年

图112
里昂及彭佩奥·莱昂尼
《皇帝查理五世与狂暴》(*Emperor Charles V and the Fury*)，1551—1555年

图113
提香
《基督下葬》(*The Burial of Christ*)，1559年

形象是查理五世于1549年向里昂定制的最有野心的雕塑。皇帝身披罗马盔甲，扮演着庄严宏大的希腊英雄形象，他的脚下是一堆战利品和挣扎的“狂暴”——在此拟人化地表现为一个被束缚的奴隶——暗示皇帝的胜利及和平缔造者这一角色。这件作品堪称技艺精湛的样式主义典范。里昂将雕塑和盔甲设计成可拆卸式，分别铸造，从而使皇帝的身体和珠宝般精致的昂贵甲胄皆可独立欣赏。为此，里昂研究了古代雕塑，以及当时最有才华的雕塑家如米开朗基罗的作品。这件雕塑最初是献给谁的，还不确定。实际上，在到达普拉多博物馆之前，它曾辗转数地，包括马德里的阿兰胡埃斯宫（Aranjuez）、丽池公园（Buen Retiro）以及这座城市的圣安娜广场（Plaza de Santa Ana）。

同时，提香也通过一些作品满足了查理五世和腓力二世的祷告要求，例如《荣光》(图109）和《基督下葬》(图113)，或者对图像进行重新阐释，如《双手紧握的悲悯圣母》(图114)。

1550年到1551年间，查理五世在奥格斯堡委托提香创作《荣光》。金字塔式的构图突出强调了三位一体和圣母的代祷者身份。她身着与圣父、圣子相同的蓝色长袍，向二人走去，下方是《旧约》中的各个人物。这幅画将新教教义与哈布斯堡王朝对天主教正统的颂扬并置。一些身裹白布的王室成员出现在画面右侧，包括皇帝本人、他的妻子葡萄牙的伊莎贝拉和他们的儿子腓力二世。值得注意的是，画中没有奥地利的费尔南德或他的儿子马克西米利安，这种状况可能暗示了即将到来的皇位继承权引起的家族分裂。这幅画对皇帝来说一定具有重要的祷告意义，他在乌斯特（Yuste）临终

图114
提香
《双手紧握的悲悯圣母》(*Virgin Dolorosa with her Hands joined*)，1554年

前曾索要此画，只为了凝望它一眼。

提香还画了好几个版本的《基督下葬》，大多数情况下都选择了将基督的身体放入古典式墓穴的那一瞬间。石棺浮雕上的该隐和亚伯（左）与献祭的以撒（右）预示了画作的主题。1557年，提香完成了第一个版本送给腓力二世，却在运输过程中丢失了。他又花了两年时间弥补此次损失，就是我们现在看到的版本。据说画中圣母托着基督手臂这一不寻常的姿势，源自提香好友彼德罗·阿雷蒂诺（Pietro Aretino，1492—1556年）的著作《克里斯托关于人性的四本书》（*I Quattro libri de la humanità di Christo*）的启发。在提香的作品中，这幅画非常关键，因为它首次表现出明显的激情与戏剧性，这将是他晚年宗教画的特征。威尼斯元老院献给腓力二世的书记官安东尼奥·佩雷斯的另

图115
提香
《提提俄斯》，约1565年

一个包含诸多变体的版本，也藏于普拉多。

提香绘画中复杂的寓意往往可以令人作出超越表面主题的阐释。例如，到了17世纪，所谓“复仇女神”的教化意义仍然保留着它的内涵，这类作品从来没失去其训诫的作用。《提提俄斯》(*Tityus*)(图115)属于第五代因凡塔多公爵伊尼戈·洛佩兹·德·门多萨（Iñigo López de Mendoza，1536—1601年），这也是提香自己在晚年完成的复制品，原作是匈牙利的玛丽订制的组画之一。她是查理五世的妹妹，也是低地国家的统治者，她订制的组画是为装饰班什城堡（比利时）的大厅。这组画取材于奥维德《变形记》(*Metamorphoses*)的第四卷，表现了四个被审判的人物：提提俄斯、西西弗斯、伊克西翁和坦塔罗斯。最后一幅可能是米歇尔·柯克西耶画的，最终与《伊克西翁》一起，毁于马德里阿尔卡萨宫的1734年大火。传统所知的“复仇女神”，以神话的方式解读着那些反抗统治者的人物命运。她们常被用来表现帝王题材中潜在的叛乱，或者可能暗示费尔南德对皇位的觊觎。查理五世驾崩后，他终于得偿所愿。画中人物巨大的尺幅、不稳定的姿态和沉郁的色彩都强调了他们的悲剧本质，这组作品也尤为显著地体现出米开朗基罗对提香的影响。

此外，提香也非常了解私人定制绘画作品的价值，例如他于1553年至1562年间为腓力二世所作的著名《诗艺》(*Poesie*)组画。它首先因官方气质而出名，同时也明确地传达出罗马诗人贺瑞斯“诗画一体”(*Ut pictura poesis*)的理念，并涉及关于绘画与雕塑相对价值的辩论。提香曾谈到这六幅神话题材的油画是特意为腓力二世的化妆室而作，纯粹是出于私人用途，这个房间是否真实存在也不得而知。就像“诗歌”一样，它们不是寓言，而是为纯粹的感觉愉悦，也证明了画家的才华可以满足伟大的鉴赏家赞助人之委托。腓力二世最初接受的版本是早期的作品，但他的声望使得这些画作被不断地复制。例如，普拉多博物馆的《达那厄》(*Danaë*)(图116)是提香为佛兰德斯商人弗朗西斯科·弗林斯（Francesco Vrins）画的，而在此之前，他已经为腓力二世画过一幅。两件作品都源自古希腊神话故事：公主被她的父亲阿尔戈斯王阿克里西俄斯（Acrisius）囚禁，因为他从预言得知她的儿子将杀死自己。宙斯爱上了公主，化作一阵金雨迷住了她，他们的结合诞生了珀耳修斯(Perseus)。提香用贪婪的老仆人取代了丘比特。等待爱人的裸体女子肤如珍珠，与处于动态的着衣仆人形成强烈对比。这是一件明显带有情色意味的作品，达那厄的姿势就是证据。另一方面，《维纳斯与阿多尼斯》(*Venus and Adonis*)(图117)属于腓力二世所拥有组画中的一幅。它的灵感可能来自1553年在威尼斯出版的《阿多尼斯、希波墨涅斯与阿塔兰忒的寓言》(*Fable of Adonis,Hippomenes and Atalanta*)，作者迭戈·乌尔塔多·德·门多萨也曾是提香的客户，因为奥维德的《变形记》并没有讲述维纳斯试图阻止心爱的阿多尼斯去猎杀野猪（最终导致他送命）这段情节。《维纳斯与阿多尼斯》与《达那厄》形成了一种感官上的对话，画中的女神是从背面表现的，达那厄则直面观众。《达那厄》的绘画性处理与更具雕塑风格的《维纳斯与阿多尼斯》形成鲜明对照，这恰恰体现了当时在意大利兴起的有关提香与米开朗基罗的绘画与雕塑之争，这两位大师分别代表着两种不同的艺术形式。在当时的人们眼中，维纳斯更性感，不仅仅因为她丰满的裸背，还因为她对青年阿多尼斯充满激情的遏制。

提香与西班牙哈布斯堡家族主要成员保持着活跃的联系，而西班牙君主政体与雅各布·科明(Jacopo Comin）的关系则更为复杂。他又名雅各布·罗布斯蒂（Jacopo Robusti），更为人所熟知的称呼是丁托列托。其作品的奢华气质在当时被称为“惊世骇俗”(*cosa rara*)，也只在某个特定的圈

子里受到欣赏，并不符合腓力二世的品位和宗旨。在16世纪末独特的反宗教改革背景中，腓力更感兴趣的是宗教教义的清晰，而不是丁托列托的怪异。而且，威尼斯诸多画家在君主面前竞相争宠，想要填补1576年提香去世之后留下的空白。在这样的环境下，我们应该来看看丁托列托在西班牙创作的第一幅有史料记载的作品，即1584年的《牧羊人的朝拜》(*Adoration of the Shepherds*)。这原本是为埃尔埃斯科里亚尔修道院订制的祭坛画，最终却被安置在别处，因其表现主题的方式令人窘迫。

他的作品在私人收藏方面的境况也好不了多少。直到1628年至1629年间鲁本斯第二次访问西班牙，这种状况才有所改观。鲁本斯对丁托列托作品的收藏与复制，必定激发了宫廷和青年委拉斯贵支对这位艺术家的狂热之情。后来，委拉斯贵支在第一次前往意大利旅行期间，复制了丁托列托的画，又在第二次旅行中获得了一些原作，从而进一步丰富了西班牙的皇家收藏。

随着皇家品位的改变，私人收藏家也纷纷跟风，从腓力二世的私人秘书安东尼奥·佩雷斯，到17世纪的莱加内斯侯爵（Marquis of Leganés）和蒙特雷伯爵（Count of Monterrey）。结果，更多

图116
提香
《达那厄》，1560—1565年

图117
提香
《维纳斯与阿多尼斯》，1554年

威尼斯画家来到西班牙。慷慨的首相路易斯·门德斯·德·哈罗送给腓力四世的礼物包括《沐足》(*Washing of the feet*)(图120) 和《绑架海伦》(*Abduction of Helen*)(图118)，进一步提高了皇室藏品的品质。此时，只有君主与卡布雷拉家族的哈罗（Haro）和恩里克斯（Enríquez）的收藏显示出对丁托列托的偏好。但是，到17世纪晚期，这种状况发生了改变，1686年的城堡藏品清单记录有这位画家的原作或摹本共计四十三件。

关于这些画作的委托及最初的摆放位置，尽管近来还有诸多存疑，但可以肯定，《沐足》原是为圣马库拉（San Marcuola）威尼斯教堂的圣礼会堂创作的。为了保证圣餐的神圣性，这幅画与会堂中的其他画作一样，主题都与圣餐仪式密切相关。此题材也关系到16世纪威尼斯的各种公众礼仪。再现洗脚这一场景，是谦逊与友爱的象征。因此，丁托列托结合了理想化的元素如建筑背景——受维特鲁威（Vitruvius)《悲剧舞台》(*scena tragica*）的启发，16世纪时塞巴斯蒂亚诺·塞利奥（Sebastiano Serlio，1475—约1554年）在他自己的建筑专著中重建了这种布景——与自然主义特征，如家具、使徒与狗。倾斜的视角表明画家对作品最终的位置是很关注的：如果从右边看，跪着的基督恰好可以被正确地解读。

图118
丁托列托
《绑架海伦》，1578—1579年

在《绑架海伦》中，画家将神话故事置于当时的海战情境，可能是受1571年勒班陀战役

（Bettle of Lepanto）的启发。这场战事见证了威尼斯、西班牙和教皇的军队组成所谓的神圣同盟，对战土耳其势力。丁托列托同一阶段的杰作《贡扎加家族的辉煌》（*Fasti Gonzageschi*）已经表现出他在描绘海战方面的才华，而在《绑架海伦》一画中发挥得更加成功。他通过各种方法来强调经典故事的戏剧性，比如用明亮的背景来衬托前景中的轮廓，而背景中的人物则被简化为纯粹的装饰，甚至几乎被消解。通过色彩与明暗对比、人物的姿态及其相互关联——这些正是丁托列托在形式上要解决的首要问题——传达出激动的情绪，从而进一步强化戏剧性。

丁托列托不仅是一位杰出的历史画家，还是一位卓越的肖像画家。《戴金链的绅士》（*Gentleman with a Golden Chain*）（图119）是他相当优秀的肖像画之一，也是普拉多收藏丁托列托画作中最出色的一件。画家无须借助夸张的姿态或复杂的道具，成功地创造出了一种动感。模特的脸是最具表现性的元素，尽管他的手在结构上也呈现得细致入微。有限的几种色彩，其表现潜力被挖掘到极致，白色衣领上的闪光和金色链条的光泽微妙地打破了整幅画的暗色调。金链、昂贵而克制的服饰，以及模特挺直的姿势，都显露出他的地位——尽管其确切身份尚未有定论。最近的研究显示，根据之前

图119
丁托列托
《戴金链的绅士》，约1555年

图120

丁托列托

《沐足》，1548—1549年

委罗内塞或里昂·莱昂尼作品所建立的身份识别，画中的人物可能是威尼斯贵族、政治家兼作家尼科洛·芝诺（Nicolò Zeno，1515—1565年）。

16世纪威尼斯画派另一位声名卓著的画家是保罗·卡利亚里（Paolo Caliari），因其出生地维罗纳（Verona）而得名委罗内塞。他于1553年之后长居威尼斯，开始了一系列大型的公共委托项目。这些作品显示出他的罗马风格，韵律与色调都迥异于威尼斯画派的传统，从而声名鹊起。他的成功也因其绘画回避了当时的社会、经济和精神危机——这些危机逐渐动摇了威尼斯的地中海霸权。这也是他与丁托列托的根本区别所在。1574年和1577年总督府相继发生大火，重建过程带来了一段艺术活动的活跃期，委罗内塞在其中扮演了重要角色。1580年之后他最伟大画作的突出特点在于：人物平静高贵的姿势、人物之间谨慎的关联，以及建筑物背景的灵感来自当时的建筑，尤其是安德烈亚·帕拉第奥（Andrea Palladio，1508—1580年）的作品。这些特点在普拉多的藏品中非常明显。比如《维纳斯与阿多尼斯》（*Venus and Adonis*）（图121），可能是委拉斯贵支在1649年到1651年间第二次意大利旅行期间获得的；《发现摩西》（*Finding of Moses*）（图122）进入皇家收藏之前可能属于托雷（Torre）侯爵；《基督在圣殿里的博士中间》（*Christ among the Doctors in the Temple*）（图123）于卡洛斯二世在位期间进入宫廷，并在马德里城堡的镜厅占据显著位置。16世纪80年代，委罗内塞与西班牙君主的关系极为密切，因为1579年胡安·费尔南德斯·纳瓦雷特（Juan Fernández Navarrete）去世后，腓力二世的大使前去与委罗内塞签约定制埃尔埃斯科里亚尔修道院的壁画装饰。此外，画家尼古拉斯·格拉内洛（Nicolás Granelo，卒于1593年）为修道院的高祭坛带来了委罗内塞的《圣母领报》（*Annuciation*），以及丁托列托的《基督诞生》（*Nativity*）。

为了创作《维纳斯与阿多尼斯》，委罗内塞从奥维德的《变形记》中寻找灵感，书中记述阿多尼斯酷爱狩猎，维纳斯因为害怕他被野兽吞食而多加劝阻，但阿多尼斯不愿放弃。一天，当他在黎巴嫩山上打猎时，追赶一头受伤的野猪。他过于自信，忘了女神的忠告，最终被野猪杀死。委罗内塞描绘了这次宿命狩猎前的一刻，女神俯身于阿多尼斯，而他的头靠在女神盘曲的腿上，裸体的丘比特背对观众，紧紧抱住想要唤醒主人的猎犬。委罗内塞通过刺激的色彩传达出一种混合的预兆情绪，从维纳斯蓝色与金色交织的锦缎长袍，到包裹着阿多尼斯松弛身体的橙色外衣，强烈地显示出凶兆。暮光中的风景如同充满情感与戏剧性的舞台背景，也预示着即将来临的悲剧。

在《发现摩西》中也可以看到类似的处理，尽管这是一幅宗教题材的作品，委罗内塞却显然表现了世俗人物场景，仿佛是描绘一位威尼斯女士在帕拉第奥式别墅田园风光中的生活片段。《旧约》中重要的人物之一摩西，诞生于埃及法老统治时期。法老担心王国中的以色列人数量越来越多，就颁布了法令，欲控制神之选民的人口：“凡初生的男孩，你们都要被扔进尼罗河里。”（《出埃及记》1:22）摩西三个月大时被抛弃在尼罗河边，却被法老的女儿救了。关于这个题材的绘画有各种不同

图121
委罗内塞
《维纳斯与阿多尼斯》，约1580年

的版本，有些是纵向构图的，比如普拉多博物馆和华盛顿国家美术馆里的藏品；也有一些横向构图的作品，比如德累斯顿大师画廊（Dresden Gemäldegalerie）中的那一幅。在马德里的这一幅可能是最出色的，因其奔放的笔法、丰富的色彩，体现了画家典型的形式特征。

在《基督在圣殿里的博士中间》的画面中，一位博士手持的书本上显示的时间是1548年，专家们对此质疑，更倾向此画作于16世纪60年代。不论事实如何，在委罗内塞的所有作品中，这幅画堪称杰作。背景中的建筑以帕拉第奥的设计为基础，一改他早期某些作品中的烦冗复杂，人物与环境的关系更加自然和谐。带有庄严柱廊的背景建筑，人物的姿势与目光，尤其是背向观众的几个中心人物，把观众的注意力都集中在构图的关键元素上：基督面对博士们摆出傲慢的姿势，而博士们“对他的悟性和对答诧异不已”（《路加福音》2:47）。这幅画借鉴了伦敦楚雷收藏（Cure Collection）的一幅雅各布·巴萨诺（Jacopo Bassano，1510/1515—1592年）的作品。

雅各布·达·庞特（Jacopo da Ponte），也就是世人所知的巴萨诺（因其出生地而得名），与他的两个儿子弗朗切斯科（Francesco，1549—1592年）和莱安德罗（Leandro，1557—1622年）一起，属于威尼斯著名的艺术世家之一。他们的工作坊在1570年以后成为宣传威尼斯画派的重要角色。他们生产的相当一部分作品遍布整个欧洲，尤其是西班牙——他们的绘画成为继提香之后在皇家收藏中极具代表性的作品。1590年到1620年间，巴萨诺成为现代艺术的盟主，这一地位在腓力四世统治期间得到巩固，或许因为他们的自然主义类型契合了反宗教改革的要求——声称其目标在于通过艺术的愉悦实现教化作用。他们的作品甚至被送到美洲以提供简明的圣经故事，描绘的场景往往是在自然环境中，从事日常活动的人物被器皿或动物（皆以精致的自然主义手法呈现）包围着，就像《伏尔甘的铁匠铺》（*Forge of Vulcan*）（图126）所表现的那样。

有关西班牙收藏巴萨诺工作坊出品画作的最早记录可追溯到1574年，当时西班牙驻威尼斯大使将《雅各的故事》（*Story of Jacob*）送给腓力二世，国王对此画甚是赏识。不久之后，据载，腓力三世最宠爱的第一代莱尔马公爵、有权有势的弗朗西斯科·戈麦斯·德·桑多瓦尔（Francisco Gómez de Sandoval，1552/1553—1625年），曾拥有二十九幅原作和十七件摹本，后来都送给了皇室。通过外交礼物的馈赠和艺术商人的经营，宫廷收藏巴萨诺作品的数量不断增长，到1700年卡洛斯二世去世的时候，这些作品已经构成欧洲此类绘画的主体，并且影响到了西班牙画家的创作。可以在胡安·德·罗埃拉斯（Juan de Roelas，约1560—1624年）、胡安·桑切斯·科坦（Juan Sánchez Cotán，1560—1627年）等人的作品中追寻到巴萨诺风格的踪影，尤其是佩德罗·德·奥伦特（Pedro de Orrente，1580—1645年），他可能早年曾拜师于莱安德罗·巴萨诺。

雅各布最伟大的作品之一是《上帝谴责亚当》（*God reprimanding Adam*）（图124）。亚当在夏娃的怂恿下违背上帝的旨意，偷吃伊甸园中树上的果子，却被上帝发现了，这一主题在艺术中很少出现。雅各布以此为契机显示了他用自然主义手法描绘动物的高超技法，这也是他个人风格中尤为突出的特点。这幅画是西西里总督萨沃伊的埃马努埃尔·菲利博特（Emmanuel Philibert of Savoy，1588—1624年）送给他的侄子腓力四世的——显然，他很了解君主对巴萨诺艺术的偏好。

在16世纪和17世纪关于线条与色彩之争的语境中，西班牙君主的收藏通常更倾向于后者。这导致了对威尼斯画派的偏好，也惠及那些追随威尼斯画派的迷恋色彩的艺术家，比如费德里科·巴罗奇。巴罗奇最初在乌尔比诺学画，对罗马的拉斐尔作品和样式主义画家塔迪奥·祖卡罗（Taddeo

图122
委罗内塞
《发现摩西》，约1580年

图123（第184-185页）
委罗内塞
《基督在圣殿里的博士中间》，约1560年

691.

899

图124
弗朗西斯科与雅各布·巴萨诺
《上帝谴责亚当》，约1570年

图125
费德里科·巴罗奇
《基督诞生》，1597年

图126（第188—189页）
雅各布·巴萨诺
《伏尔甘的铁匠铺》，约1577年

Zuccaro，1529—1566年）的作品都很熟悉。接下来在帕尔马的阶段，他可能也看见了柯雷乔的作品。1567年，他为第六代也是最后一位乌尔比诺公爵，弗西斯科·玛利亚二世·德拉·罗维（Francesco Maria II della Rovere，1549—1631年）创作了《基督诞生》(*Birth*)（图125）。巴罗奇曾一度放下画笔，几年之后，他将早年所受的影响融为一体，创立了一种极为独特的风格。他更擅长小幅的私密画。巴萨诺的艺术显示出对光线的高度敏感，继承了威尼斯画派的精致色彩，以及空间处理方面的自然主义。所有这些元素最终形成所谓的“神秘自然主义”，令他笔下的人物充满诗意。这幅画中的焦点是婴儿基督，圣母欣喜的目光落在他身上。1604年，乌尔比诺公爵驻西班牙的大使贝尔纳多·马斯基（Bernardo Maschi）将此画赠予奥地利的玛格丽特，也就是腓力三世的妻子。

意大利画家和西班牙君主之间的关系，并不局限于提香与查理五世和腓力二世的长期交往。他们当中的一些人供职于皇室，以索福尼斯巴·安圭索拉（Sofonisba Anguissola，1530—1626年）为例，她于1560年到达西班牙，担任皇后瓦卢瓦的伊丽莎白（Elisabeth of Valois，1545—1568年）的侍女兼肖像画家。她的《腓力二世》(*Philip II*)（图128）在早年一幅肖像画的基础上作了修正。可能是为了与国王的第四任妻子奥地利的安娜（Anna of Austria，1549—1580年）的肖像配对，索福

637.

544,

图127

胡安·费尔南德斯·纳瓦雷特（Juan Fernández Navarrete，“哑巴”，约1526—1579年）《基督受洗》（*the Baptism of Christ*），约1567年

尼斯巴改变了原来的构图，让君主的姿势更优雅而着装更朴素，但人物的面部还保留着原来的样子，以掩饰腓力二世与皇后之间二十二岁的年龄差异。简洁的装饰元素以及与苍白肤色的对比，让这幅肖像颇具纪念性，君主生活的私密性与公众性两方面达到完美融合。他左手所持念珠与教皇格列高利十三世（Pope Gregory XIII，1502—1585年）于1573年建立的玫瑰经节习俗有关。

其他艺术家，比如卢卡·坎比亚索（Luca Cambiaso，1527—1585年）、费德里科·祖卡罗

(Federico Zuccaro，1540/1541—1609年)、佩莱格里诺·蒂巴尔迪（Pellegrino Tibaldi，1527—1596年）和莱昂尼，被召集来完成某些特定的项目，如埃尔埃斯科里亚尔修道院的装饰工程。祖卡罗的助手之一，年轻的维森特·卡尔多卓（Vicente Carducho，约1576—1638年），后来成为最重要的宫廷画家，直到1623年委拉斯贵支入驻皇宫。

腓力二世与他的祖先们一样，都偏好佛兰德斯和意大利绘画，尤其是威尼斯画派。他很少收藏西班牙人的作品，因此为他工作的西班牙艺术家也不多，只有那些能调整自己的艺术风格投其所好的人才能获此殊荣。胡安·费尔南德斯·纳瓦雷特就是其中的一位，他绰号“哑巴”，因为他三岁时因病失聪之后就再也没有学习说话。他是腓力二世为了传达反宗教改革的观念，专门挑选出来装

图128
索福尼斯巴·安圭索拉
《腓力二世》，1565年

饰埃尔埃斯科里亚尔修道院的画家，但因其早逝，他的作品大部分是由意大利画家完成的。“哑巴”的作品多为宗教题材，保存在修道院内，但是普拉多博物馆收藏了一幅小型木板画《基督受洗》(图127)，这是纳瓦雷特已知作品中最早的一件，作于他刚从意大利返回西班牙之际，以此向君主展示他的才能。冲突性的冷色调以及基督与施洗约翰的强健身躯，显然是受米开朗基罗和罗马样式主义的影响。从中也可察觉出佛兰德斯绘画的影响，尤其是在风景描绘方面。随着纳瓦雷特创作的发展，他更多地借鉴了16世纪威尼斯画派，首先是提香（他曾在埃尔埃斯科里亚尔修道院修复过提香的作品），当然也受巴萨诺家族和塞巴斯蒂亚诺·德·皮翁博的影响。他的用色变得更具感官性，手法更具图绘性，光线更加大胆，但从未丧失叙事的清晰性、宏伟的庄重感，以及腓力二世所要求的宗教形象的仪式感。

阿隆索·桑切斯·科埃略也调整了自己的画风，以满足宫廷和腓力二世（追随他的父亲查理五世）的品位，他受委托创作的肖像画继承了提香和安东尼斯·莫尔的传统。莫尔被视为16世纪伟大的佛兰德斯肖像画家和风俗画大师之一，在欧洲宫廷中享有顶级声誉。实际上，桑切斯·科埃略是莫尔的学生。普拉多收藏的莫尔作品显示出其客户群的广泛社会阶层跨度。他为荷兰、佛兰德斯和英国富有的中产阶级所作肖像，在数量和质量上都不逊于皇室画像。

作为画家菲利普·莫伦·凡·达索斯特（Philips Morren van Dashorst，卒于1540年）的儿子，莫尔在乌得勒支（Utrecht）扬·凡·斯科列里（Jan van Scorel，1495—1562年）的工作坊受训。这位融汇百家之长的天主教画家也是一位不知疲倦的旅行家，他引导莫尔与拥护意大利文艺复兴的北欧画家们建立了联系，其中以昆丁·马苏斯、扬·戈塞特和伯纳德·凡·奥利为首。1540年，莫尔开始成为老师的助手，并于1547年加入安特卫普行会。他最初定居乌得勒支，于1549年迁至安特卫普，参与了迎接西班牙腓力亲王入城仪式的准备工作。

莫尔可能早年曾到过意大利，接触过意大利艺术。他的作品中明显可见提香的影响，可能源自这趟旅行，或是因为他与红衣主教格朗韦勒和尼德兰统治者匈牙利的玛丽之间的联系，这二人皆拥有威尼斯画家绘制的精致肖像。这种联系促进了莫尔的宫廷生涯。1550年，匈牙利的玛丽把他送到里斯本，去为葡萄牙皇室画肖像，其中就包括普拉多收藏的凯瑟琳皇后（Queen Catherine，1507—1578年）肖像。此次行程中，他也为马克西米利安二世（Maximilian II，1527—1576年）和奥地利的玛利亚（Maria of Austria，1528—1603年）画了像，同样也保存在普拉多博物馆。因为这些作品是官方定制的，因而必须树立一种既逼真又能传达出皇室或君王应有的威严形象。西班牙宫廷的肖像品位一直在佛兰德斯与意大利风格之间波动，莫尔则将这两种传统合二为一。他以提香的皇室画像为基础，融入佛兰德斯的细腻与准确，形成了一种高贵、可信与内省并存的肖像风格。他所画模特多为半身像或全身像，几乎占满了整个画面空间。背景消退在暗色调中，人物成为画面焦点，且往往呈对角线构图，光线清晰而简洁。面部、服饰与珠宝的精致细节，既揭示了人物的身份，又强调了画面的庄严感和仪式性。1554年，莫尔前往英国，创作了《玛丽·都铎》(*Mary Tudor*)(图129)。玛丽（1516—1558年）是亨利八世（Henry VIII，1491—1547年）和阿拉贡的凯瑟琳（Catherine of Aragon，1485—1558年）的女儿，接受过完整的教育，但其父亲统治时期的复杂性一直将她排斥在皇位之外——直到1553年，她的异母弟弟爱德华六世（Edward VI，1537—1553年）去世，后继无人。加冕之后，她回归天主教，因实施严苛的反新教政策而得名“血腥玛

图129
安东尼斯·莫尔
《英格兰女王玛丽·都铎，腓力二世的第二任妻子》(*Mary Tudor, Queen of England, Second Wife of Philip II*)，1554年

1446.

丽”（Bloody Mary）。玛丽曾经与她的堂兄查理五世订立婚约，但直到37岁还单身。后来，她于1554年嫁给了阿斯图里亚斯王子，也就是后来的腓力二世。莫尔的这幅杰作是四分之三身高的画像，她坐在扶手椅中，却挺直了身板。女王手持玫瑰，这是都铎王朝的皇室徽章图案，脖子上的项链是她丈夫送的珠宝。莫尔受德国画家小汉斯·荷尔拜因（Hans Holbein the Younger，约1497—1543年）的影响，出色地展现了女王的容貌。这幅画被送给查理五世，他撤退到乌斯特的时候还带着它。莫尔偶尔也会用类似的构图给当时的中产阶级画像。《妇女坐像》（*Portrait of a Seated Woman*）（图131）便是极好的例证，充分展示了中产阶级渴望模仿上流社会的姿势来呈现自己。此画构图与英格兰玛丽女王的肖像类似，只是画中女士身着北欧中产阶级更严肃的服装，腿上趴着一只象征忠诚的小狗。

莫尔1559年再次拜访西班牙，为几位皇室成员画像，其中包括奥地利的乔安娜（Joanna of Austria，1535—1573年），另外还有像小丑佩赫龙（Pejerón，或佩雷洪）（图130）这样的宫廷名人。莫尔的模特不仅有社会精英，也包括宫廷日常生活中的凡人。他曾为宫中的丑角和侏儒画过几幅像。《佩赫龙》（*Pejerón*）开创一派画风，这一传统经委拉斯贵支达到巅峰。画中人物形象端庄，右手拿着一副纸牌。醒目的纸牌将人物归类为艺人，娱乐者之一。然而，与后来的委拉斯贵支一样，

图130
安东尼斯·莫尔
《佩赫龙，贝纳文特和阿尔巴大公爵宫中的小丑》，约1560年

图131
安东尼斯·莫尔
《妇女坐像》，1560—1565年

莫尔并没有表现他怪诞可笑的形象。小丑以一种平衡的姿势占据了整个画面，因残疾而造成的生理缺陷，比如他的右手和脚，被敏锐地表现出来，但无损于他的尊严。

正是阿隆索·桑切斯·科埃略在莫尔的基础上，定义了西班牙宫廷肖像画。他接受了哈布斯堡王室设计的范式，同时吸收了提香和佛罗伦萨肖像画家作品中的元素。他创造的图像模式一直延续到17世纪，这种庄严宏伟的官方形象旨在彰显模特的高贵身份。人物被威势和王权疏离，显得冷淡高雅，缺乏活力，他们更像是体制而非真人，这恰好符合腓力二世政权的特征和风格。桑切斯·科埃略为满足国王及其家族的需求，创作了大量肖像画及复制品，还包括其他画家的摹本，提供给众多的西班牙皇家住宅和与哈布斯堡王朝有关联的欧洲其他宫廷。例如双人像《伊莎贝拉·克拉拉·尤金妮娅公主与凯瑟琳·米凯拉公主》(*Infantas Isabella Clara Eugenia and Catherine Micaela*)(图132)和《卡洛斯王子》(*Prince Carlos*)(图134)。画中的两位公主是腓力二世与他的第三任妻子瓦卢瓦的伊丽莎白的女儿，这是她们现存的三幅肖像画中最晚的一幅。

伊莎贝拉·克拉拉·尤金妮娅（1566—1633年）和凯瑟琳·米凯拉（1567—1597年）僵硬地穿着当时的成人服饰。这类肖像的目的是反映皇室后裔的健康成长，也是为了安排皇室之间的联姻，因而她们在这种官方画像中像君主们一样威严而冷漠。卡洛斯王子的肖像是桑切斯·科埃略从佛兰德

图132
阿隆索·桑切斯·科埃略
《伊莎贝拉·克拉拉·尤金妮娅公主与凯瑟琳·米凯拉公主》，约1575年

图133
胡安·潘托哈·德·拉·克鲁兹（Juan Pantoja de la Cruz，约1553—1608年）
《奥地利的玛格丽特女王》(*Queen Margaret of Austria*)，1606年

斯返回西班牙宫廷后，创作的第一批肖像画中的一件。它表现了腓力二世和他的第一任妻子——堂妹葡萄牙的玛利亚·曼努埃拉（Maria Manuela of Portugal，1527—1545年）的长子哈布斯堡的卡洛斯（1545—1568年）。这是王子所有肖像中最平静高雅的一幅，画中的他被表现为皇位继承人。1990年，人们修复这幅画时发现，窗外的风景中，有一位天使看着一只鹰抓着赫拉克勒斯之柱——这是西班牙君主的象征。

1588年桑切斯·科埃略去世之后，他工作坊的学徒胡安·潘托哈·德·拉·克鲁兹成为腓力二世统治末期和腓力三世早期最重要的肖像画家，仍然保持着皇家肖像画的图像范式，从《奥地利的玛格丽特女王》(图133）可以明显看出这点。这件作品与他的另一幅肖像画《腓力三世》(*Philip III*）配成一对，都保存在普拉多博物馆。胡安·潘托哈·德·拉·克鲁兹忠实地遵循着老师桑切斯·科埃略的传统，并强化了哈布斯堡王室成员高冷而世故的形象特征。他充分呈现了当时的服饰风尚：比腓力二世时期更加丰富、明亮。画家通过繁密的细节描绘奢华的服装和精美的珠宝。他的女性肖像，尤

图134
阿隆索·桑切斯·科埃略
《卡洛斯王子》,1555—1559年

其是他极出色的作品之一《奥地利的玛格丽特女王》，通过极度肃穆的人物成功地传达出王权威严这一观念。女王的三角形轮廓反映了当时流行的几何形设计，她佩戴的这枚胸针是重要的皇家珠宝之一，被称为“贵重的小首饰”，由一颗巨大的钢蓝色钻石和“漫游者”珍珠挂坠组成。奥地利的玛格丽特于1599年与腓力三世结婚，为他生了八个孩子，其中之一就是后来的国王腓力四世。

然而，如果要说在腓力二世统治的最后十年到腓力三世早年间最标新立异的画家，那一定是多米尼科·提托克波洛斯（Domenikos Theotokopoulos），即埃尔·格列柯。有人欣赏他，有人诋毁他，因为他的作品形式恣意夸张，对宗教题材的表现方式极为罕见。他的艺术在整个18世纪和19世纪前半期，被彻底摒弃。其实，他比委拉斯贵支和戈雅都更早一点，这三位大师共同构成了多年来通常所知的西班牙画派，但他是最后被关注的一位。格列柯早年接受拜占庭圣像画传统训练，后来为了学习西方绘画风格去了威尼斯，接着又游遍整个意大利。实际上，他在根本上应当被视为威尼斯画家。他支持绘画以色彩为基础，并在画布上施展他迅速而轻松的画技。他在心之向往的罗马不被认可，所以于1576年末或1577年初前往西班牙应聘宫廷首席画师，再次失败。因为腓力二世更看重的是宗教教义而非艺术价值，认为他的《圣莫里斯的殉道》（*Martyrdom of Saint Maurice*）和《神圣同盟的寓言》（*Allegory of the Holy League*）都不适合埃尔埃斯科里亚尔修道院。然而，艺术家终于在托莱多找到了安身之所，创造出独树一帜的毕生之作。

人们常常从很多方面来描述埃尔·格列柯——例如，他被视为提香的希腊弟子，或者是最能体现宗教精神和腓力二世统治下西班牙社会价值观的画家；他还是一位哲学家、一位知识分子、一位有教养的艺术家。他的绘画富于自由精神，开创了一种极具个性化的风格，在形式上的探索与16世纪后半叶意大利绘画（而非西班牙艺术）的联系更紧密。这种独特的风格被20世纪一些前卫艺术运动所热衷，并被奉为先驱。

埃尔·格列柯到达西班牙之前的绘画现存不多，其中有两件重要的作品，《逃亡埃及》（*Flight to Egypt*）（图135）和《圣母领报》（*Annuciation*）（图136），藏于普拉多博物馆。前者曾偶尔被归在丁托列托和雅各布·巴萨诺等画家名下，因为它类似威尼斯绘画，也因为它偏离了埃尔·格列柯的一贯风格。此画大概作于1570年，这时画家即将离开威尼斯，已经摆脱了拜占庭的图像传统，关注于构建逼真的空间。他借鉴其他艺术家的雕塑，从中发展出一种原创性构图：非同寻常地从右向左的对角线运动——右边是骑在驴上的圣母子，左边是圣约瑟夫拉着缰绳，牵引驴过桥。通过这个方式，神圣的场景获得了一种轶事趣闻般的叙事性。小幅的《圣母领报》作于1570年至1572年间，可能是一件习作或工作坊的样本。跟之前那幅画一样，它也创作于埃尔·格列柯在威尼斯的最后阶段，并表现出对威尼斯绘画的吸收。虽然画面构图和色彩与特雷维索大教堂（Treviso Cathedral）中提香的《圣母领报》有关，但背景中街道路面和透视表现所营造的完美空间感，令人想到丁托列托。圣母跪在弧形的祈祷台前，正在阅读的她吃惊地看着腾云而至的天使。拜占庭的传统保留在分层的色彩和天使长袍的金色调中，还有穿透云层的光线和云中象征圣灵降临的鸽子。

埃尔·格列柯从1577年直到1614年去世一直待在西班牙，见证其风格衍化的诸多杰作也藏于普拉多博物馆。《圣三位一体》（*Holy Trinity*）（图137）位于托莱多圣多明各修道院（Santo Domingo el Antiguo）教堂的高祭坛上。埃尔·格列柯在托莱多接受的第一批委托是为这家女修道院创作三联祭坛画，以及大教堂中的《为基督脱衣》（*Disrobing of Christ*）。他获得这些订单多亏了大教堂的主持牧师唐·迭戈·德·卡斯蒂利亚（Don Diego de Castilla，约1510—1584年），他的儿子路易斯·德·卡斯蒂利亚（Luis de Castilla）和埃尔·格列柯在罗马的亚历山德罗·法尔内塞宫廷时是朋友。刚从意大利来的埃尔·格列柯在构图上借鉴了丢勒的版画，但是几乎抹掉了基督受难的每一个隐喻，不再着力描绘基督的伤口，而在圣父与圣子的关系中注入了更多温柔与情感，就像在《哀悼基督》(*Pietà*)中那样。色彩风格是威尼斯画派的，但基督宏伟的身躯明显受米开朗基罗的影响，而优美的人物及其温和的表情给画面注入了一种宁静感。《寓言》(*Fable*)(图138）因罕见的题材而格外与众不同。这幅画是在他早年所作《男孩吹燃余烬》[*Boy Blowing on an Ember*，现存那不勒斯的卡波迪蒙特美术馆（Museo di Capodimonte），也许是为红衣主教法尔内塞画的] 基础上的进一步发展。普拉多收藏的这一幅很可能是此系列画作的初始版本，是所有版本中色彩最明亮、最丰富的。画面中心人物的面部被余烬的光所照亮，他（或她）想将余烬吹燃去点着烛芯。这幅画也许改编自公元前4世纪希腊画家安提菲勒斯（Antiphilus，公元前4世纪）的作品，老普林尼在《自然史》(*Natural History*）中曾称赞他成功地抓住了余烬的光辉。然而，这件作品也是一则寓言，画中的猴子模仿中

图135
埃尔·格列柯
《逃亡埃及》，约1570年

图136
埃尔·格列柯
《圣母领报》，1570—1572年

T. 236

心人物的姿势，目光狡黠，象征着绘画是对真实世界的模仿，或者可能也是一种欲望激情的道德暗示——仅仅吹一口气就能死灰复燃。它可以是一则寓言、一幅漫画、一种风俗场景或一个道德训诫，但最重要的，它是一件证明艺术家精湛光色表现技巧的作品。

普拉多博物馆也陈列了埃尔·格列柯一些最出色的肖像画，表现了当时托莱多重要的知识分子和政治家。其中最杰出的包括《老年绅士》(*An Elderly Gentleman*)(图139)、《杰罗尼莫·德·塞瓦勒斯》(*Jerónimo de Cevallos*)，埃尔·格列柯的名作《右手置于胸前的贵族》(*Nobleman with his hand on his Chest*)(图140)也是普拉多博物馆藏品中的名画之一。尽管埃尔·格列柯的其他作品未受好评，他的肖像画却获得了认可。即使是批评者们也承认，他的确在这一领域颇有建树。部分原因在于，他出色地将西班牙肖像画传统与严肃、超然和对细节的关注融合在一起，同时运用了威尼斯画派的技法。《右手置于胸前的贵族》属于他描绘西班牙绅士形象的最早一批作品，建立了一种在中性色调背景中勾勒出人物半身像的范式——用黑色服装强调人物的富有，光线集中于面部和手部，以飞边皱领和袖口突出人物形象，再加上某些装饰品的细节，例如剑柄或半隐的项链。这幅画被视为西班牙基督教骑士精神及西班牙绘画价值的化身，已经成为普拉多博物馆中的一幅圣像，并催生了大量的文学作品。张开手指的优雅右手，显然已被解读为一种忏悔或自信的符号、一句誓言(出鞘之剑增强了这种可能性)、一枚勋章标志、一种夸张的姿势或有效的图像模式。虽然画中模特传统上被认为是一位无名绅士，但现在已经被暂定为托莱多的一位公证人胡安·德·席尔瓦（Juan de Silva)。

图137
埃尔·格列柯
《圣三位一体》，1577—1579年

图138
埃尔·格列柯
《寓言》，约1580年

这些肖像属于皇室收藏，而有些作品是现代才获得的，比如来自托莱多圣多明各修道院教堂的《牧羊人的朝拜》(*Adoration of the Shepherds*)。第三批作品来自特立尼达博物馆，其中最杰出的是多尼亚·玛利亚·德·阿拉贡学院（College of Doña María de Aragón）的祭坛画。

这套祭坛画是埃尔·格列柯收到的最大订单之一，也是酬劳最高的作品。是由马德里的恩卡纳西翁学院（College of La Encarnación）于1596年向他订制的，这是一座成立于1590年的奥斯定会神学院。学院更为人所知的是它的创办者——多尼亚·玛利亚·德·科多巴·阿拉贡（Doña María de Córdoba y Aragón），她是奥地利的安娜皇后的侍女，也是腓力二世的御马主管唐·阿尔瓦罗·德·科多巴（Don Álvaro de Córdoba）的女儿。与往常一样，埃尔·格列柯在考虑建筑结构及其绘画与雕塑装饰之后设计了祭坛的外形。然而，我们不知道它确切是由哪些画组成的，因为祭坛的雕塑和框架结构都已佚失了。即便如此，有一点很重要：当我们观看祭坛上的一幅画时，要记住它只是组画中的一个部分，只有作为整体来观看时组画的完整意义才能显现，而被割裂之后，就丧失了部分意

图139
埃尔·格列柯
《老年绅士》，1587—1600年

图140
埃尔·格列柯
《右手置于胸前的贵族》，约1580年

1136.

义。在这个案例中，修道院历经变迁，曾经被还俗，被剥夺继承权，1814年被转用作议会辩论厅，导致祭坛被拆卸，组件四处散落。几乎所有的权威人士都认为，布加勒斯特（Bucharest）艺术博物馆的《牧羊人的朝拜》是此祭坛的一部分，此外还包括普拉多的《圣母领报》(图141）和《基督受洗》，以及另外三件作品：《耶稣受难》(*Crucifixion*)、《耶稣复活》(*Resurrection*)、《圣灵降临》(*Pentecost*)。

埃尔·格列柯在这组祭坛画中将他最典型的风格展现得淋漓尽致，这也是他艺术生涯的收官之作。直到那时，他才彻底地让自己远离同时代的绘画；他在观念上和实践中所表现出的非凡自由，激发了同辈人和后来者的好奇。埃尔·格列柯在这些垂直构图的作品中，始终保持着对解剖学的精准把握和表现运动的高超技艺，但同时也拉长了人物的比例，并大胆地尝试前缩透视法。画面清晰地描绘了从尘世到天堂的飞升，空间轻盈缥缈。刺激的色彩对比、强烈而怪异的光线和振动的笔触，都增强了人物的精神性和表现力。

《基督受洗》和同组祭坛画《圣母领报》一样，用色大胆，都运用了抽象的空间和拉长的人物，这些都是埃尔·格列柯晚期作品的典型特征。油画布的形状和前景人物的纵向排列都更进一步强化了作品的垂直性构图。

图141
埃尔·格列柯
《圣母领报》，1597—1600年

第八章 作为科学的绘画

16世纪晚期，一种新动向在意大利艺术中日渐显露，主要表现为：两种截然不同甚至背道而驰的造型趋势，却有着相同的目的——把回归真实世界和模仿自然作为艺术创造的基本原则。这一过程抛弃了以往的学院主义、精致炫技和繁缛复杂。

米开朗基罗·梅里西（Michelangelo Merisi，1517—1610年），因其出生地（米兰附近的小镇）而得名“卡拉瓦乔”(Caravaggio)，成为16世纪末反对学院主义和精致矫饰风格的领袖人物。卡拉瓦乔变革的起点之一，就是回到对真实世界的研究和对自然的模仿 [之前崇尚理想化艺术典范的画家是反对这种做法的，吉安·保罗·洛马佐（Gian Paolo Lomazzo，1538—1592年）和费德里科·祖卡罗曾在专著中将艺术典范奉为圭臬]。这场变革成为西方绘画史上极其重要且持久的运动之一。变革的另一个参照点来自特利腾大公会议（Council of Trent，1545—1563年）颁布的教会规定——宣扬直接、忠实地呈现《圣经》故事，教条、规范地运用绘画题材，以强化信徒们的虔诚。卡拉瓦乔最初的确是追寻早年的自然主义传统，但是他通过描绘《圣经》中关键的戏剧性瞬间，以实验性的方式把这种自然主义推到极致。他将叙事性削弱至最基本元素，还常常把构图延伸到观者的空间中，尤其关注情感，将其视为灵魂的表现——这种细致剖析可追溯到列奥纳多在米兰期间的作品。《手提哥利亚头的大卫》(*David with the Head of Goliath*)(图143）就是运用这种方法的范例。大卫与哥利亚的故事源自以色列反抗腓力斯丁人（Philistines）的传说，讲述一位年轻的牧羊人如何仅用一件投

石机和五块石头杀死巨人哥利亚，并击退了腓力斯丁人。这幅画可能与罗马圣路易吉（San luigi dei Francesi）教堂中卡拉瓦乔的作品是同一时期的，它关注的这一瞬间是以前艺术作品和《圣经》叙述中都从未出现过的。画面中大卫正在把哥利亚的头发扎起来，以便把头颅带回希伯来军队，将这件可怕的战利品公之于众。宏伟的构图是高度原创的，整个前景被占满，美丽与丑陋、光明与黑暗、宁静与残酷并置，两颗人头被安排在一条垂直线上。

卡拉瓦乔的作品在他那个时代具有强烈的冲击力，时至今日仍然影响深远，还有一个原因：他对光线的创造性运用。这种光线并非为了营造空间或氛围，而是凸显人物。暗色调主义（Tenebrism）——就像这种特殊绘画形式的名称所指——把观众置于神迹面前，它的显灵无须任何中介，这种非常规的方式导致他的画作常常被赞助人拒绝。

卡拉瓦乔并没有创造一种严格术语意义上的画派，但的确有大量追随者挪用这位大师的造型模式。从丹尼尔·克雷斯皮（Daniele Crespi，1598/1599—1630年）的《哀悼基督》(*Pietà*)（图142）可以看出，静物元素显露出内敛的自然主义，画面强烈的感染力体现了他的叙事技巧，他因此成为米兰反宗教改革艺术中的关键人物。另一个类似的例子来自奥拉齐奥·真蒂莱斯基（Orazio Gentileschi，1563—1639年）。尽管他受卡拉瓦乔的影响，但并没有忘记自己在托斯卡纳的训练。在他的《发现摩西》(*Finding of Moses*)（图144）中，丝织物的反光与透明、形体的高贵典雅，可显

图142
丹尼尔·克雷斯皮
《哀悼基督》，1626年

图143
卡拉瓦乔
《手提哥利亚头的大卫》，约1600年

见这种特质；自信带来的大胆笔法，也构成了普拉多极美画作之一的显著特征。

虽然卡拉瓦乔在传统上被认为更革命、更大胆，但阿戈斯蒂诺（Agostino，1557—1602年）和安尼巴尔·卡拉奇（Annibale Carracci，1560—1609年）兄弟以及他们的堂兄卢多维科（Ludovico，1555—1619年）也做出了重要贡献，他们在博洛尼亚创建了希望学院（Accademia dei Desiderosi）——1590年之后被称为启迪学院（Accademia degli Incamminati）。这所美术学院在16世纪末到17世纪初的画坛上扮演着至关重要的角色，因为它赋予艺术家完全的自由去复兴卡拉奇兄弟所谓“真正的自然”，从而在巴洛克时代开启了古典主义风尚。卡拉奇兄弟尤其受卡拉瓦乔的感官自然主义和威尼斯画派的影响，又特别崇拜拉斐尔，他们的风格唤起了人们对意大利绘画古典传统的记忆，并更容易理解。对他们来说，最高意义的真实就是模特的“完美”；同时他们又引入了被早期绘画所鄙弃的主题，例如日常生活场景，甚至怪诞或丑陋的主题。结果，他们的作品，尤其是在安尼巴尔持续不断的艺术创作中，呈现出一种自然写实主义和理想古典主义之间的明显张力。

《维纳斯、阿多尼斯和丘比特》（*Venus, Adonis and Cupid*）（图145）就是一个明显的例子。这幅画迥异于普拉多其他同类题材的作品，尤其是提香和委罗内塞的。安尼巴尔选择了狩猎过程中的一个瞬间，英俊青年阿多尼斯偶遇女神，而女神刚被丘比特的爱之箭射中，还在轻微流血。艺术家省略了叙事性和戏剧性的元素，将焦点集中在情绪上，并通过两人的互动姿势强化这种情绪——维纳斯的裸体温暖灿烂，显得慵懒而内敛，阿多尼斯则精力充沛。这种相遇的感官愉悦通过立体感及光影的柔和对比（这正是安尼巴尔受卡拉瓦乔影响的特征）传达出来。

卡拉奇最出色的学生是多美尼基诺和圭多·雷尼。多美尼基诺的《以撒的献祭》（*Sacrifice of Isaac*）正好与他在罗马圣安德烈大教堂（Sant' Andrea della Valle）的作品是同时完成的。这是理想古典主义的杰出范例。他曾在卢多维科·卡拉奇的博洛尼亚工作室学习理想古典主义，1602年之后在阿尼巴尔·卡拉奇的罗马工作室继续深造。他宁静雅致的风格也颇受拉斐尔启发，对后来的艺术家如尼古拉斯·普桑影响深远。这幅画取材于《创世纪》中的片段（往往被理解为基督受难的预兆），讲述了以色列第一位伟大的先知亚伯拉罕，准备遵从上帝的旨意，将儿子以撒献祭的故事。同时，雷尼的《圣塞巴斯蒂安》（*Saint Sebastian*）（图147）以手法严谨和强烈的明暗对比著称，此画作于他在罗马期间（1601年至1614年），仍然表现出与卡拉瓦乔作品的密切关系。后来，他逐渐抛弃了卡拉瓦乔的戏剧性表现方式，转而青睐更接近古典理想主义的抒情和宁静。雷尼描绘了这位圣徒——因违背基督教义被宣判死刑的罗马士兵——被罗马执政官禁卫军同伴用箭射伤之后，被和平女神发现并治愈之前的情景。在壮丽的风景中，夜光衬托出圣徒的裸露身躯，面部的阴影投射在脖子上，与右肩的亮部形成对比。

图144
奥拉齐奥·真蒂莱斯基
《发现摩西》，1633年

图145
安尼巴尔·卡拉奇
《维纳斯、阿多尼斯和丘比特》，约1590年

图146
圭多·雷尼
《希波墨涅斯与阿塔兰忒》，1618—1619年

图147
圭多·雷尼
《圣塞巴斯蒂安》，1617—1619年

雷尼也画神话场景。《希波墨涅斯与阿塔兰忒》(*Hippomenes and Atalanta*)（图146）源自这样一个神话故事：阿塔兰忒不愿意结婚，因为神谕警示，如果她嫁给凡人将身处险境。但迫于父亲的压力，她宣布，谁能在赛跑中战胜她，就能与她结婚，但手下败将会被她杀死。她以此方式清除了诸多求婚者之后，遇到了希波墨涅斯。每次阿塔兰忒即将追上他时，他都会抛下一个阿佛洛狄忒给他的金苹果，阿塔兰忒就会停下来拾起金苹果。最终，希波墨涅斯赢了比赛，也赢得了美人的芳心。这幅画因其对裸体的描绘、清晰的叙事和微妙的动感成为博洛尼亚古典主义杰作，也被视为雷尼的代表作。

因为卡拉奇与卡拉瓦乔的存在，17世纪早期的罗马成为绘画革新的中心。在罗马之外，地方画派继续繁荣，并从卡罗·里多尔菲（Carlo Ridolfi，1594—1658年）和切萨雷·马尔瓦西亚（Cesare Malvasia，1616—1693年）的艺术理论中找到支持。然而，与罗马画派相比，这些画派规模较小。

634.

不论如何，他们艺术探索的目的与卡拉瓦乔或卡拉奇类似：结束16世纪晚期对空洞形式的强调。佛罗伦萨、热那亚和博洛尼亚的画家们在作品中以一种全新的情感活力将完全贴合天主教堂理念的形式与色彩极大地解放出来。

热亚那这个小型的海上共和国因其高度活跃的金融活动，一直保持着富庶与繁荣，并带有一定程度的世界主义，这在乔阿基诺·阿塞雷托（Gioacchino Assereto，1600—1640年）和贝尔纳多·斯特罗齐（Bernardo Strozzi，1581—1644年）的作品中都有所体现。受鲁本斯和卡拉瓦乔的影响，斯特罗齐运用明亮和谐的色调，革新了17世纪前半叶的威尼斯画派，例如《圣维罗妮卡与面纱》（*Saint Veronica and the Veil*）。这是他在热亚那时期的作品，画面充满了温暖灿烂的色彩和焕发活力的肤色。

圭尔奇诺作品的色调是与众不同的。他在出生地琴托（Cento, 费拉拉附近）发展了一种创新风格：暖色调、巴洛克式动感和惊人的大气效果。1621年至1623年在罗马期间，尤其是1642年迁往博洛尼亚之后，因受新的古典主义影响，他作品中的这些特点变得更柔和。《苏珊娜与长老》（*Susannah and the Elders*）（图148）一画中，圭尔奇诺实现了图绘与叙事的和谐，使画面呈现出格外强烈的情感张力。自然主义与精心设计的构图并不矛盾，长老们摆出令人厌恶的猥琐姿势，他们被阴暗的背景所笼罩，与之形成鲜明对比的是宁静美丽的苏珊娜——根据马尔瓦西亚的说法——她的形象源自博洛尼亚主教监狱中的一位女囚。不论真实与否，这段轶事表明了圭尔奇诺的自然主义，而他在1621年到达罗马之前可能从未见过卡拉瓦乔的作品。

彼得罗·达·科尔托纳（Pietro da Cortona，1596—1669年）史诗般华丽的巴洛克风格与安德烈亚·萨基更谨慎的方法，关于二者的相对优点在兴起了一场白热化的争辩之后，古典主义最终在罗马扎根。萨基最出色的学生卡罗·马拉塔，也是1650年之后罗马极著名、极受欢迎的画家之一。他回顾了16世纪画家的作品以及安尼巴尔·卡拉奇和圭多·雷尼的变革，创造出一种怀旧的诗意风格。

艺术领域中有一些发展通常被归功于卡拉瓦乔和卡拉奇兄弟，比如对自然前所未有的关注、将绘画视为一种以科学术语来分析现实的学科——早在16世纪，某些威尼斯画家和埃尔·格列柯（他的作品也源自威尼斯的自然主义绘画）已经从理论和实践两方面预示了这些趋势。这并非巧合，同一时期在西班牙的画家，比如路易斯·崔斯坦（Luis Tristán，1580/1585—1624年）后来成了他的学生，本应该在这个方向上更进一步，因为他们都曾经游历意大利，亲眼看见了卡拉奇，尤其是卡拉瓦乔的作品。另一个例子是兼具米兰和葡萄牙血统的西班牙艺术家胡安·包蒂斯塔·马伊诺（Juan Bautista Maíno，1581—1649年）。马伊诺的作品数量不多，因为他1613年加入奥斯定会之后就疏于绘画了。普拉多博物馆收藏了他所有最出色的作品：构成四圣日祭坛的十幅画；他唯一的男子肖像画《绅士像》（*Portrait of a Gentleman*）（图150），画中人物身份不明；为马德里丽池宫的王国大厅绘制的《收复巴伊亚托多斯桑托斯海湾》（*Recapture of Bahía de Todos los Santos*）（图234）；还有堪称具有图像学意义的《索里亚诺的圣多米尼克》（*Saint Dominic in Soriano*），此画大获成功，在诸多场所被复制。他最初师承何人还无从知晓，可能首先在马德里当学徒，到了意大利之后，接触到卡拉瓦乔及其追随者的自然主义，还有卡拉奇和雷尼的古典主义。迫于西班牙绘画对端庄礼仪的要求，不允许像卡拉瓦乔晚期作品那样采取大胆的现实主义，马伊诺的自然主义有所调整。他趋向于形体更明亮、色彩更丰富的卡拉瓦乔式，这一风格的奠基人是奥拉齐奥·真蒂莱斯基和卡洛·萨拉切尼

图148
圭尔奇诺
《苏珊娜与长老》，1617年

（Carlo Saraceni，1579—1620年）。大约在1620年，他被任命为未来的腓力四世的绘画导师，从而在宫廷中确立了自己的地位，且深刻影响到西班牙宫廷绘画。有件事情可证明这一点：1626年的一场《驱逐摩尔人》（*Expulsion of Moors*）命题绘画竞赛，他是获得委拉斯贵支认可的人选之一（可惜画作佚失）。

马伊诺重要的作品之一是《博士来朝》（*Adoration of the Magi*）（图149），这幅画将自然主义引入西班牙画坛，并且成为17世纪的主导风格。此画属于上述四圣日祭坛，置于祭坛首层，毗邻《牧羊人的朝拜》（*Adoration of the Shepherds*）。祭坛第二层包括《基督复活》（*Resurrection*）和《圣灵降临》（*Pentecost*）。此外，还有四件水平构图的作品，表现广阔风景中的圣徒。现在这些作品都藏于普拉多，除了风景画，都呈垂直构图。代表作《博士来朝》充分展现了马伊诺的技法，其特点在于：紧密简洁的笔触和坚定有力的叙事语言，精湛地呈现出材料质感和静物细节，比如国王们用来装礼物的那些容器。整个场景被一束强光照亮，甚至有点唐突，充实了体量感，也勾勒出阴影——尽管并不像最纯粹的卡拉瓦乔主义那样让人物从笼罩的黑暗处浮现出来。马伊诺在这件作品中对绚丽色彩的强化集中在服饰上，比如巴尔塔萨（Balthasar）的彩色披肩和梅尔基奥（Melchior）的锦缎披风。

图149
胡安·包蒂斯塔·马伊诺
《博士来朝》，1612—1614年

图150
胡安·包蒂斯塔·马伊诺
《绅士像》，1618—1623年

作为西班牙伟大的画家之一，胡塞佩·德·里贝拉的职业道路与马伊诺完全相反，他出生于瓦伦西亚省的哈蒂瓦（Játiva），但不久就迁居至意大利追求余生的事业。他也是那个时代极有影响力的西班牙画家，此外，他还是著名的制图人和雕刻师——这使得他的作品在欧洲广为流传。里贝拉偶尔也被归为暗色调自然主义和反宗教改革的典型代表，他大力宣扬殉道和蒙难，以及血腥品位。但这种刻板成见忽略了艺术家其他方面的优势——他在17世纪30年代之后实现了自然主义和理想主义的高度个性化的融合。

里贝拉在17世纪初前往意大利，1613年到达罗马，在那里接受了卡拉瓦乔式传统的训练。2001年，普拉多博物馆获得了他的《拉撒路的复活》(*Raising of Lazarus*)（图151），此画作于1616年，他在罗马的最后阶段。这不仅仅是普拉多所藏里贝拉画作中纪年最早的，也是唯一一幅他在那不勒斯时期之前的作品。与许多前往罗马的艺术家（他们当中的大多数来自法国或荷兰）一样，里贝拉的早期创作恪守卡拉瓦乔的信条。拉撒路复活的奇迹是严格按照自然主义的方式来讲述的，画中角色以普通人为模特。一束戏剧性的强光强调了基督指向拉撒路的手，并突出拉撒路复生时的姿势，从而有助于叙事表达。

1616年，里贝拉定居于西班牙统治下的那不勒斯，他的整个绘画生涯由此全面展开，其作品成为意大利南部绘画的标志。那不勒斯教会组织和居于城中的西班牙要人纷纷与他签署订单，其中包括那不勒斯总督及其僚署。尽管里贝拉在意大利度过了大半生，但他始终自视为西班牙人，也在西班牙备受推崇，他所影响的同时代艺术家包括委拉斯贵支、苏巴朝和穆立罗。这也解释了为什么普拉多保存了他如此多的油画，其中有好几幅杰作都源自皇家收藏。《德谟克利特斯》(*Democritus*)（图152）是一个极好的例子，展现了里贝拉如何用真实的模特去塑造人物——他经常被认为是西西里的数学家阿基米德，因为他右手拿着圆规，左手握着几何图表。也有人认定他是德谟克利特斯，因为他通常面带笑容。这可能是里贝拉表现“衣衫褴褛的哲学家”的作品中最早的一幅，他开创的这种样式在17世纪的意大利非常流行。衬衣的白色边缘从主导画面的棕色调中凸显出来，左下角的稿纸构成了静物的一部分。在细节方面，他擅长自然主义的处理技巧——哲学家皮肤苍老、布满皱纹但充满尊严；那身破烂衣衫隐含着大美。他追随着卡拉瓦乔的步伐，从普通人身上获得灵感去描绘基督圣徒和其他人物。《圣雅各》(*Saint James the Greater*)（图154）可能与普拉多另一件尺幅和构图都很相似的《圣洛克》(*Saint Roch*）是配对的。画中的圣雅各以些许写实主义手法描绘，虽然衣

图151
胡塞佩·德·里贝拉
《拉撒路的复活》，约1616年

图152
胡塞佩·德·里贝拉
《德谟克利特斯》，1630年

着简朴，却带有一种高贵气质甚至近乎英雄的气概——这部分归功于他的姿势和肃穆的石阶。

《以撒与雅各》(*Isaac and Jacob*)（图153）表现了这样一个瞬间：雅各的手臂包裹着羊皮，模仿兄长以扫长毛的皮肤，试图欺骗他的盲眼父亲以撒，获得他的祝福，保障他用一锅肉羹买来的长子权。里贝拉强调了每个人物的个性化姿势和表情。母亲怂恿雅各继续行骗，她却看着观众，并用手指向这一行为，这真是一个非常巴洛克式的主题。雅各把手臂伸向父亲，父亲用双手抚摸着它，表情看起来非常专注；而画面左边的以扫刚刚狩猎归来，似乎还没有意识到正在发生什么。这幅画仍然呈现出17世纪早期自然主义的一些特征，比如光影对比。然而，也显露出明显的革新征兆——里贝拉将根植于威尼斯画派的色彩，与他所深爱的真实世界相结合。在织物的质感、羔羊的皮毛和肉体色调上，可察觉到这一点，尤其是在画面右边的静物组合上表现到极致。

《圣菲利普的殉道》(*Martyrdom of Saint Philip*)（图156）表现出类似的特点。直到20世纪下半叶，这幅画一直被认为描绘的是圣巴多罗买（Saint Batholomew）的殉道（他被活生生地剥皮），这也是里贝拉作品内在残酷性的一个有力例证。实际上，圣菲利普（被缚在十字架而死）这一人物形象和整个场景既不血腥也没有明显的暴力。艺术家并没有选择更具戏剧性的殉难瞬间，而是之前的准备阶段，从而充分展现了他通过短缩透视和斜线构图营造复杂环境的高超能力。主体斜线是由圣徒引人注目的躯体构成的，他似乎无意与这苦难抗争。与之相对应的，是刽子手努力将他升起而形成的张力。画面采用了低视点，人物形象呈现纪念碑式的宏伟气势，背景是灿烂阳光照耀下的大面积湛蓝天空。这件作品展示了艺术家极为丰富的图像资源，表现为绚丽的色彩、奔放的笔触，这对里贝拉来说是一种新颖的方式，在《雅各之梦》(*Jacob's Dream*)（图155）中也运用了类似的手法。此画也藏于普拉多，与《被天使释放的圣彼得》(*Saint Peter freed by an Angel*）配成一对，曾经被归在穆立罗名下，因为其色彩运用和静谧氛围与通常概念中里贝拉的风格是不相符的。途经哈兰（Haran）的雅各因旅途劳顿，在路边打盹，梦见了通往天堂的梯子，天使们正由此上下攀爬。艺术

图153
胡塞佩·德·里贝拉
《以撒与雅各》，1637年

图154
胡塞佩·德·里贝拉
《圣雅各》，1631年

图155
胡塞佩·德·里贝拉
《雅各之梦》，1639年

家们在描绘此场景时，往往会着重表现天使，营造一种非凡的景象。但里贝拉反其道而行之，聚焦于圣徒这一充满活力的人物形象，他看起来就像一位疲倦的旅行者，斜倚在石头上，用披风作靠垫。而天梯和天使消融在雅各头顶上方的金色光晕之中，升向占据画面大半的蓝天里。

里贝拉的《圣三位一体》(*Trinity*)(图157）是国王费尔南多七世于1820年得到的，也就是普拉多博物馆开幕一年之后。与馆藏的埃尔·格列柯的《圣三位一体》(*Trinity*)(图137）一样，它也是受丢勒版画的启发。然而，与版画不同的是，这幅画中沉着冷静的圣父正在向观众展示圣子的牺牲。作品显然分为两个部分，在图像处理手法上截然不同。上半部分，超然永恒的上帝被温暖华丽的色彩所包围；下半部分，基督僵硬的尸体则呈现为强烈的光影对比。圣父脸色的红润与基督的苍白灰暗形成鲜明对照。从伤口流出来几道细细的血迹，玷污了净白的衣料和裹尸布，形成微妙的戏剧效果。

普拉多博物馆也保存了里贝拉的一套四联组画系列，主题是在风景中忏悔的圣徒。这些作品表现了17世纪天主教团体对圣徒生平的痴迷，结合了祈祷、赎罪、隐居以及自然中的生命等题材。四幅画分别描绘了儿童——《施洗约翰》(*Saint John the Baptist*)、老者——《圣巴多罗买》(*Saint Bartholomew*)、老妇——《埃及的圣玛丽》(*Saint Mary of Egypt*)，以及女子——《忏悔者抹大拉》(*Penitent Magdalene*)(图158)，因罪孽而忏悔苦修、与世隔绝的美女。四幅画都采用斜线构图，用树干加以强调，宏伟的人体在黑暗背景的映衬之下与画面一角的天空形成鲜明对比。这种对比在四幅画中光线最明亮的《忏悔者抹大拉》中尤其突出。织物色彩饱满，尤其是圣徒披风华丽的红色，衬托出她虔诚的表情和精致的容颜，与粗陋的忏悔者长袍形成强烈反差。

里贝拉作为黄金时期的艺术家之一，极大地推动了西班牙绘画的发展，并留存有超过一百五十幅作品。绘画对于他来说不仅仅是追求完美的构图，还是一种自由表达观念与想象的媒介。例如，《圣则济利亚》(*Saint Cecilia*)(图159）表现的是传统题材，却迥异于以往的任何画作。画中展现了一位美丽端庄的女圣徒，被认为是音乐主保神则济利亚，她正在演奏立式钢琴，同时陶醉地看着陪伴她的小天使。微妙的云彩、流畅的长袍和不可见的音乐，增加了画面的精神感染力。这幅画是1993年获得的，被视为里贝拉最可爱、最和谐的素描之一，属于成熟时期的作品——这一时期他深受罗马和博罗尼亚古典主义影响。

图156
胡塞佩·德·里贝拉
《圣菲利普的殉道》
1639年

图157
胡塞佩·德·里贝拉
《圣三位一体》，约1635年

17世纪早期的自然主义在两大主要艺术区域——瓦伦西亚和塞维利亚——产生了特别反响。早在16世纪，瓦伦西亚就是西班牙文艺复兴的中心，在17世纪也保持着其地位，与塞维利亚和马德里一起，成为伊比利亚半岛艺术创造的重要据点。该地区经济发达，吸引了大批艺术家前来承接宗教画业务。在17世纪上半叶，整个瓦伦西亚受胡安·德·里贝拉反宗教改革精神的影响，他是路易斯·德·莫拉莱斯重要的客户之一。1569年，胡安·德·里贝拉从巴达霍斯来到瓦伦西亚就任大主教，直到去世。受其影响，这座城市的艺术带有严苛的教条主义印记，呈现特定的倾向，总是试图通过对角色的人性化处理，拉近崇拜者与基督的距离。尽管受到保持传统惯例的压力，瓦伦西亚的宗教艺术却历经了复杂的衍化过程：从胡安·德·里贝拉虔诚的天主教教义走向自然主义，变为这座城市的主流风格。这一时期的代表人物是弗朗西斯科·里瓦尔塔，他出生于加泰罗尼亚，在埃尔埃斯科里亚尔修道院接受训练，受雇于此的艺术家们对他影响很大，比如佩莱格里诺·蒂巴尔迪、罗莫洛·辛西纳托（Romolo Cincinato，约1540—1597年）、维森特·卡尔多卓，尤其是“哑巴”胡安·费尔南德斯·纳瓦雷特。里瓦尔塔1599年定居瓦伦西亚，几乎可以肯定是受里贝拉主教的邀请。他的作品越来越具有个人特色，将自己在埃尔埃斯科里亚尔所学到的，与卡拉瓦乔和塞巴斯蒂亚诺·德·皮翁博（在城市里可以看到他们的画作）的影响相结合。《基督拥抱圣伯纳德》（*Christ embracing Saint Bernard*）（图160）或许堪称其代表作。此画是为瓦伦西亚附近波尔塔卡利

图158
胡塞佩·德·里贝拉
《忏悔者抹大拉》，1641年

图159
胡塞佩·德·里贝拉
《圣则济利亚》，约1647年

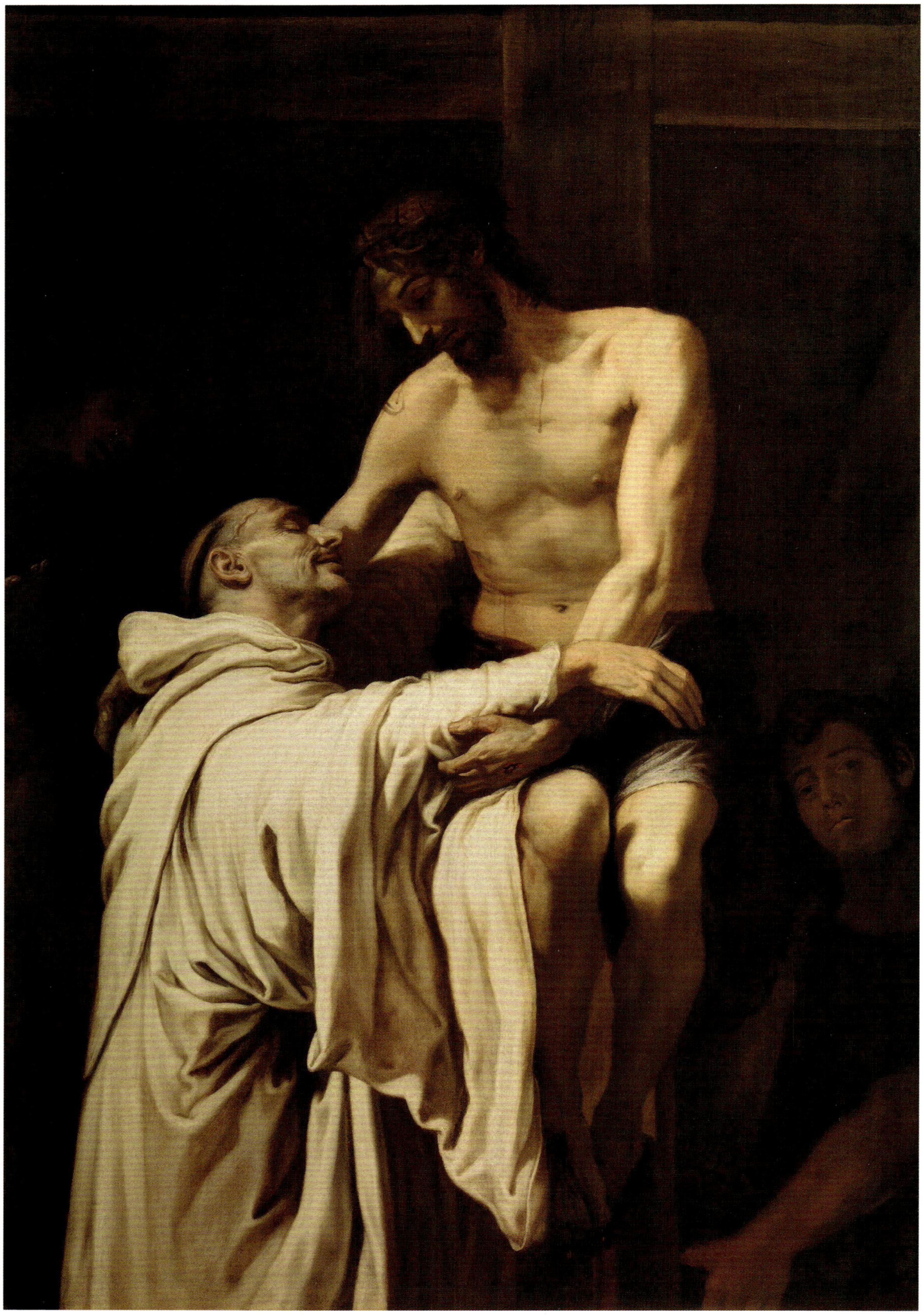

图160
弗朗西斯科·里瓦尔塔
《基督拥抱圣伯纳德》，1625—1627年

（Portacoeli）的卡尔特修道院所作，充分展示了艺术家表现极度虔诚信仰的能力。画面描绘了西多会（Cistercian Order）创始人圣伯纳德的神秘幻觉，取材于17世纪流行的祈祷书之一，佩德罗·德·里瓦德内拉（Pedro de Ribadeneyra，约1526—1611年）所著《圣徒生平》（*Book of the Lives of the Saints*）。在幻象中，基督的双手挣脱了十字架的束缚，拥抱着圣徒，象征着对他的爱。里瓦尔塔通

过基督关爱的目光和圣徒的喜悦，创造了一个充满温情与欢愉的场景。基督理想化的力量之美（这一风格从米开朗基罗式的范式经皮翁博传承下来），搭配着自然主义风格的圣徒，暗色调主义的光线突出了主要人物的体量感和圣徒的衣褶。

另一位画家佩德罗·德·奥伦特在瓦伦西亚只住了几年，却成为地方画派的重要代表。奥伦特在当时是一位非常成功的艺术家。1600年他已经定居于托莱多，在那里颇受埃尔·格列柯赏识。他被称为“西班牙的巴萨诺”，因继承了威尼斯著名艺术家族的传统而广受赞誉——他曾经于1602年至1605年在威尼斯停留期间接触到这些作品。他的《基督受难》(*Crucifixion*)(图161）从丽池宫来到普拉多博物馆，画中的基督已经死去，天空象征性地笼罩在黑暗中。整个画面变为夜景，暗色调手法造成了强烈的明暗对比，光线集中于耶稣和面朝他的义贼的身体，以及圣母的面部。相比之下，左边阴影中的恶贼转过脸不敢面对耶稣。圣母、抹大拉与圣约翰的悲悯姿势强化了画面的戏剧性。

16世纪，塞维利亚成为欧洲的重要港口和西班牙经济、社会及文化中心，从而吸引了大批艺术

图161
佩德罗·德·奥伦特
《基督受难》，约1630年

家，他们当中有的人怀揣着前往新世界的梦想，有的人希望能从这座城市的修道院和宗教团体获得订单。这些艺术家大多来自佛兰德斯，所以塞维利亚画派（拓展到安达卢西亚地区）的特点是绘图严谨，偏好细节和光滑的笔触，还具有高度虔诚的特质，在描绘宗教事件方面恪守礼仪。因此，在形式和图像方面都严格受制于教会权威——他们不允许这座位于通往西印度群岛大门的城市出现任何偏离教条的行为。

17世纪前半叶塞维利亚的重要人物是画家兼理论家弗朗西斯科·帕切科（Francisco Pacheco，1564—1644年）。作为一位秉承佛兰德传统、注重现实主义细节表现的践行者，帕切科是委拉斯贵支和阿隆索·卡诺（Alonso Cano，1601—1667年）的老师，后来还成了委拉斯贵支的岳父。当时另一位代表画家胡安·德·罗埃拉斯，曾在威尼斯学画，后来成为塞维利亚的画坛领袖。他引入了威尼斯画派的感性、一定程度的明暗对比，对真实世界更具敏感度，从而为自然主义铺垫道路。他的某些风格特征，比如威尼斯画派的笔触、对真实世界和日常生活的关注，都传递给了老弗朗西斯科·赫雷拉（Francisco Herrera the Elder，约1590—约1654年）。但赫雷拉与前辈们不同，他明显地表露出对卡拉瓦乔自然主义的吸收，将其逐渐融入早期创作中，并成为塞维利亚时期的主导风格。例如《圣文德接受圣方济各赐予的法衣》(*Saint Bonaventure receiving the Habit from Saint Francis*)(图162）就展示出赫雷拉粗放而富于表现力的自然主义，他将一定程度的暗色调主义与源自威尼斯画派的奔放松散的笔触相结合。这幅画表现了圣方济各亲自见证圣徒被纳入教会的场景，属于赫雷拉与年轻的苏巴朗共同承接的塞维利亚圣文德天主教学院教堂的装饰组画。威尼斯画派也注重色调和谐，

图162
老弗朗西斯科·赫雷拉
《圣文德接受圣方济各赐予的法衣》，1628年

图163
迭戈·委拉斯贵支
《博士来朝》，1619年

在此表现为栗色与金色的有限色域与圣方济各椅背的那一抹红色形成对比。一排排僧侣渐隐于背景中，形成明显的水平构图。

那时候，西班牙宫廷对塞维利亚风格兴趣寥寥，因此，普拉多没有出自皇家收藏的该画派作品。现在博物馆中能见到的作品要么是近年才收入，要么是当时的重要画家在塞维利亚以外的地方所作。无论如何，弗朗西斯科·德·苏巴朗、阿隆索·卡诺和迭戈·委拉斯贵支正是在自然主义风行的塞维利亚开始了他们的职业生涯。委拉斯贵支最初在塞维利亚师从他未来的岳父、画家兼理论家帕切科。有证据表明，委拉斯贵支才华横溢，画风新颖，异于时人，正是基于他所了解的自然主义绘画。在那期间，他为塞维利亚的圣路易斯耶稣会（Jesuit novitiate of San Luis）创作了《博士来朝》（*Adoration of the Magi*）（图163）。这是普拉多所藏委拉斯贵支1623年迁往马德里之前的三幅画作中最早的一件。委拉斯贵支早年塞维利亚阶段的风格特征在画中清晰可辨，体现在明暗对比法和对每件物品一丝不苟的描绘。画家创造了一种冥想画，通过前景人物的表情和特征，明确直接地传递出宗教内容。而对画中的模特来说，这件作品或许是一幅隐秘的全家福。画家可能将自己扮作前景中的年轻国王，而圣母这一形象是以他的妻子胡安娜·帕切科（Juana Pacheco，1602—1660年）为模特，圣子是他的女儿弗朗西斯卡（Francisca），而老国王是他的岳父和老师弗朗西斯科·帕切科。同期他也为托莱多的圣伊莎贝尔修道院的院长画了一幅肖像《修女赫若妮玛》（*Nun Jerónima de la Fuente*）（图164），当时她65岁，正在塞维利亚准备登船前往菲律宾去创办岛上的首家修道院。这是委拉斯贵支存世肖像画中早期的作品之一，画家在抓取人物心理方面已有大师风范。修女那犀利的目光流露出勇敢和刚毅，矢志不渝地去完成自己的神圣使命。她稳固站立，手握十字架——仿佛把它作为一件武器。委拉斯贵支运用卡拉瓦乔式技法，通过定向的强光凸显细节，并以坚定的现实主义使人物更有表现力。这不仅仅是一幅宏伟的个人肖像，也塑造了西班牙教士的原型。

与欧洲其他国家一样，法国也受到卡拉瓦乔的影响。16世纪的宗教战争让法国的经济和政治陷入分崩离析，挽救其于水火之中的是接连几任雄心勃勃的君主，且每一位都有能臣相辅——亨利四世（Henry IV，1553—1610年）与苏利（Sully，1560—1641年）、路易十三（Louis XIII，1601—1643年）与黎塞留（Richelieu，1584—1642年）、路易十四（Louis XIV，1638—1715年）与科尔贝（Colbert，1619—1683年），最终迎来辉煌的新时代，对艺术影响深远。路易十四在位的七十二年，巴黎开始取代罗马成为欧洲的艺术中心，此种地位一直持续到20世纪。然而，17世纪前半叶，法国艺术显然受到意大利影响。法国17世纪最早的重要画家乔治·德·拉·图尔（Georges de La Tour，1593—1652年），他的履历鲜为人知。他的作品显然是现实主义的，但又渗透着某种神秘性。据载，他主要在法国东北部的洛林地区活动，较少在巴黎露面。但是，他作品中明显的卡拉瓦乔式风格导致艺术史学者们推测他曾经到过意大利。他的画通常以流行的样式展现非常个性化的特质，比如《盲人手摇琴师》（*Blind Hurdy-Gurdy Player*）（图166）。关于这位可怜的盲人音乐家，拉·图尔画过几种不同场景。普拉多这个版本最初是一幅全身像，所以看起来画面空间显得如此紧迫。人物呈侧面，稍稍强调了他的盲眼。与之相比，画面其余部分充满了细节：额头深深的皱纹、木质乐器的温润肌理、粗糙的棕色披风，所有细节都表明了他的卑微身份、年龄和职业，并且以一种极为和谐的方式融为一体。然而，此画背后的意图尚不明了，可能它只是表现了日常生活，或是带有道德含意的寓言。

图164
迭戈·委拉斯贵支
《修女赫若妮玛》，1620年

BONVM EST PRESTOLARI CVM SILENTIO SALVTARE DEI·

拉·图尔最为人所知的是风俗画和宗教画。这位艺术家总是忠实于自己的艺术眼光，以相同的现实主义手法来描绘乞丐和圣人，似乎世俗生活侵入了神的领域。在《读信的圣杰罗姆》(*Saint Jerome Reading a Letter*)(图165) 中，圣徒被描绘成一位年老的红衣主教，因老眼昏花需要眼镜才能阅读。红色的披肩暗示了他的神职身份，前额的皱纹和满头银发表明了他的年龄。虽然圣杰罗姆经常以冥想或书写的形象出现，但拉·图尔选择了他读信的场景，那信上还残留着封蜡，写信人的笔迹清晰可见。强光突出了每一处细节的重要性。就像拉·图尔惯用的手法，光线来自两个不同的光源，形成交错的复杂阴影，在人物面部和折叠的纸张上产生渐变，最后重重地落在背景中。这幅画

图165
乔治·德·拉·图尔
《读信的圣杰罗姆》，1626—1629年

于2005年被意外地发现。

同时，在民主与加尔文主义占主导的17世纪的荷兰，社会和经济环境导致对艺术的偏好在许多方面皆不同于佛兰德斯。加尔文主义是反对在教堂中呈现宗教形象的。荷兰本身并非君主政体，奥兰治王朝在共和政体内的功能更大程度上是作为军事组织而存在；它更关注佛兰德斯或意大利艺术家，因为卡拉瓦乔对荷兰画家如赫里特·凡·洪特霍斯特（Gerrit van Honthorst，1592—1656年）和亨德里克·特尔·布吕根（Hendrick ter Brugghen，1588—1629年）的影响是不容忽视的；此外，也没有世袭的贵族。这都意味着荷兰艺术家早在16世纪时的工作环境就不同于欧洲其他国家。结果出

图166
乔治·德·拉·图尔
《盲人手摇琴师》，约1640—1645年

现了艺术市场，并由此产生巨大影响。尽管曾与西班牙、法国和英格兰开战，但荷兰仍然持续繁荣发展，成为国际商业中心，新兴的富裕市民阶层希望拥有自己的绘画。为了满足这种不断增长的需要，荷兰艺术家创作出尺幅适合室内家居的画作，选择描绘客户熟悉的日常生活场景。这些新的绘画可被视为15世纪尼德兰自然主义传统的延续，但也具有自己的特点，即对中产阶级富裕生活的写照。大量静物画中的器皿和食物、丰饶的景物、考究的人物服饰，甚至在《圣经》或神话题材中都体现出这些特点。

通常认为，在16世纪和17世纪，几乎没有荷兰画家到过西班牙。但在皇家收藏的目录清单中，却有大量可能来自荷兰的画作，其中包括扬·戴维茨·德·希姆（Jan Davidsz de Heem，1606—1683年）的静物画和其他一些旅居罗马的荷兰画家的各类作品，比如扬·博斯（Jan Both，1618/1622—1652年）和赫尔曼·凡·斯瓦内韦特（Herman van Swanevelt，1603/1604—1655年）为马德里丽池宫承制的风景画。当时，有一些荷兰画家的作品被归于意大利画家名下，像马蒂亚斯·斯托姆或斯托梅尔（Matthias Stom或Stomer，约1600—1650年之后）的《圣托马斯的怀疑》（Incredulity of

图167
马蒂亚斯·斯托姆
《圣托马斯的怀疑》，约1641—1649年

Saint Thomas)(图167) 也来到了西班牙。斯托姆与卡拉瓦乔并未谋面，但他主要通过其绘画以及他的北方追随者如赫里特·凡·洪特霍斯特的作品，充分吸收其创作手法。在描绘这个《福音书》中的故事时，斯托姆以真实的，甚至是粗俗的人物为模特，强光打在人物身上，他们从周围的阴影中凸显出来。此表现方式强化了戏剧性的时刻——复活的基督出现在使徒面前。当圣托马斯触碰基督身体一侧裂开的伤口以验证他的身份时，时间仿佛静止了。人物的姿势与目光形成内敛的交流，圣托马斯不同寻常的位置（背对观众）和压抑的氛围，以最大限度的现实主义与内在张力，传达出“辨认”这一瞬间。

直到18世纪王朝更迭，西班牙君主才表现出对荷兰艺术的兴趣。腓力五世和伊莎贝拉·法尔内塞得到了以下画家的作品：科内利斯·凡·普伦堡（Cornelis van Poelenburgh，1594/1595—1667年）、阿德里安·凡·奥斯塔德（Adriaen van Ostade，1610—1685年）、约斯特·德鲁什洛特（Joost Droochsloot，1585/1596—1666年）、约翰·舍夫（Johan Schoeff）等，还包括菲利普·沃沃曼

图168
菲利普·沃沃曼
《猎兔》，约1665年

Rembrandt
f. 1634

（Philips Wouwerman，1619—1668年）的一组重要风景画。乡村生活和狩猎场景在荷兰风景画中表现得尤其成功。这些画里通常包含造型精准的动物，尤其是马。沃沃曼在他的巅峰时期被视为最出色的马匹画家，享誉整个欧洲。欧洲所有重要的收藏家都竞相拥有他的作品——通常是小幅绘画，以宫廷般的高雅表现乡村生活。《猎兔》（*Hare Hunting*）（图168）一画中，诸位骑马的侍臣们带着一群猎犬追捕一只野兔。在画面中景，另一群贵族在女士们的陪伴下欢乐地享用野餐，而第三组人物在塔顶眺望着这一场景。沃沃曼以虚构的历史遗迹创造出一种完全理想化的风景，比如，河中央的巴洛克喷泉，给自然景观增添了一丝寓意。温和、明亮的色彩赋予整个场景愉悦的情调，狩猎在这里变成一种高雅的活动，供贵族们娱乐消遣。

普拉多的珍藏《朱迪斯在荷罗孚尼的宴会上》（*Judith at the Banquet of Holofernes*）（图169）是由卡洛斯三世购置的，作者为17世纪伟大的荷兰画家伦勃朗（Rembrandt，1606—1669年），也是伟大的巴洛克画家之一。他将对光与色的非凡掌控和对主题的独特处理都融合在画面中。这幅画属于1633年到1635年间创作的表现古代和《旧约》女英雄题材的组画。直到最近，这幅画一直被解读为阿尔泰米西娅（Artemisia）皇后喝下她丈夫摩索拉斯（Mausolus）的骨灰。然而，豪华的服装、奢侈的鹦鹉螺杯、背景中手持麻袋的老妇人和帷幔（在大概1887年拍摄的这幅画的照片中可以看到），让我们认为这一场景表现的是朱迪斯在荷罗孚尼的宴会上，当时她的仆人正在帐篷外等候，手中的麻袋是准备装敌军将领的头颅（就像《旧约》中描述的那样）的。翻开的书暗示《圣经》。对荷兰人来说，朱迪斯和以斯帖（Esther）都是《圣经》中的女英雄，最能代表他们反抗西班牙人的爱国之心。普拉多还藏有萨洛蒙·德·布雷（Salomon de Bray，1597—1664年）表现同一主题的作品。伦勃朗画中的女主角通常被认为是他的妻子萨斯基亚·凡·乌伦堡（Saskia van Uylenburgh，1612—1642年），但是画中人的特征与萨斯基亚的现存肖像并不完全相符。而且，在强光的照射下，面部的造型缺乏细节，表明这并非肖像而是原型。

图169
伦勃朗
《朱迪斯在荷罗孚尼的宴会上》，1634年

第九章 物质的欢愉

在16世纪末到17世纪初的诸多变革中，对真实世界、自然现象和日常生活的新关注，导致静物画成为一种独立的题材，几乎同时出现于意大利北部、尼德兰和西班牙。这一发展跟两方面因素有关：一是忠实再现自然的审美品位不断增长；二是古代世界博物学的复兴，尤其是试图模仿甚至超越著名的古希腊画家宙克西斯（Zeuxis，公元前约470—前约400年）——据说他画的葡萄能以假乱真，引来鸟儿啄食。西班牙有记载的第一批静物画出自布拉斯·德·普拉多（Blas de Prado，约1545—1599年）之手，但他没有公认的作品存世。西班牙现有最早静物画留存的画家胡安·桑切斯·科坦，似乎曾在托莱多接受训练。17世纪初，桑切斯·科坦定义了西班牙的静物画，并赋予其自身的特点——这种特点几乎贯穿了整个西班牙画派的发展历史，使之区别于更奔放夸张的意大利典型风格，也不同于冷静精确的法国样式和情感充沛的佛兰德斯画派。桑切斯·科坦的静物画以纪念性手法描绘简陋的物品，体现其自身的高贵与深度，并通过戏剧性的光照强化体量感。因为桑切斯·科坦是一名加尔都西会修士，有些评论者在他的作品中看到了某种超绝的宗教价值，但是画家本人并没有刻意为之，他同时代的人们也没有察觉到这一点。他们所仰慕的是他的高超技艺和对真实世界的精准再现。虽然画家在特定的文化圈享受到一些成功，但静物画仍然被视为一种次要题材。普拉多博物馆收藏了桑切斯·科坦为数不多的存世作品中的一幅——《有野味、蔬菜和水果的静物》（*Still Life with Game, Vegetables and Fruit*）（图171），其特点在于严格的几何形构图，这是由画面中橱柜的结构决定的。一束强光投射在简单的食物（水果、蔬菜和小型猎物）上，使它们从橱柜背面深沉而神秘的黑暗中凸显出来，这种强烈的光影对比与卡拉瓦乔的暗色调手法是同时出现的。画家尤其擅长捕捉逼真的物体细节，并结合了精心设计的抽象构图。画面中的主体元素是菜蓟——这也是他所有作品的典型特征——植物弯曲的线条与橱柜的刚性直角形成对比。这是画家早期代表作之一，画面中出现的复杂多样的物品，在他后期作品中逐渐减少。

《有菜蓟、鹧鸪、葡萄和鸢尾花的静物》(*Still Life with Cardoon, Francolin, Grapes and Irises*)（图170）的作者是费利佩·拉米雷斯（Felipe Ramírez），关于他的生平记述很少，只有他在1628年至1632年间的记载。这幅画显然受到桑切斯·科坦的影响。在长达四分之一世纪的时间里，拉米雷斯忠实地复制桑切斯·科坦早期静物作品中的所有特征，甚至可能画了很多摹本，只是原作已佚。然而，拉米雷斯运用了完全不同的笔法：短促的平行笔触。他的画中还有两种元素是桑切斯·科坦所有存世作品中都不具备的，即百合花与金杯，与前辈艺术家作品中简陋的物品形成鲜明对照。

图170
费利佩·拉米雷斯
《有菜蓟、鹧鸪、葡萄和鸢尾花的静物》，
1628年

图171

胡安·桑切斯·科坦

《有野味、蔬菜和水果的静物》，1602年

普拉多博物馆也保存了胡安·凡·德尔·哈门（Juan van der Hamen，1596—1631年）的静物画。他以桑切斯·科坦简朴的静物为样板，创造了一种微妙而精巧的空间构图，展现宫廷封闭生活的雅致。《有糖果和玻璃容器的静物》（*Still Life with Sweetmeats and Glass Vessels*）（图173）作于1622年，强烈的光线使物品从黑暗背景中浮现出来，这明显是受桑切斯·科坦静物画的影响。显然，构图也是经过精心设计的，且在凡·德尔·哈门晚期的作品中变得更加复杂。他与桑切斯·科坦的不同之处在于所描绘物品的种类。它们不再是单纯的食物，而是宫廷宴会上的丰盛佳肴，呈现在材质和形体各异的精美容器中。这给了艺术家更多的机会去展示他表现不同肌理的才华，不仅仅是玻璃与瓷器的光泽与通透，还有水果结晶的黏稠和饼干的松脆。两只苍蝇围绕着细颈瓶，瓶中装满蜂蜜水——这是摩尔人的一种甜味饮品，用水、蜂蜜和芳香剂制成。1626年之后，凡·德尔·哈门的构图更加复杂，物品更繁多，常常按照高度和深度进行阶梯分层，就像在《有洋蓟、花卉和玻璃容器的静物》（*Still Life with Artichokes, Flowers and Glass Vessels*）（图174）中那样，这种布局在古罗马遗迹中可以找到先例。背景不再那么暗沉，花卉使构图少了几分冷峻，这是凡·德尔·哈门与桑切斯·科坦的区别所在。另一方面，凡·德尔·哈门保留了对细节的品位、描绘肌理的精湛技艺和对每件物品的个性化处理。在艺术家的生涯中，这幅画也代表了一个完美的平衡点——在他早期静物画的严肃构图和晚期作品的复杂布局之间。它可以归于画家最精美的作品之列，也是最令人满意的作品之一。

普拉多博物馆所藏桑切斯·科坦和拉米雷斯的画作都是在现代获得的，因为除了凡·德尔·哈门的作品，西班牙国王更偏爱尼德兰静物画，如约阿希姆·博伊克雷尔（Joachim Beuckelaer，约1530—约1575年）的作品，他对17世纪初塞维利亚画派影响颇深。

博伊克雷尔最初在他叔叔的工作坊学画。他的叔叔皮耶特·埃特森（Pieter Aertsen，约1508—1575年）专门画厨房和风俗场景。《基督在马大和玛利亚的家中》(*Christ in the House of Martha and Mary*)(图172）是一幅宗教画，尽管从处理手法和空间布局来看，画面的焦点都是物品；作品以概念上的戏剧形式，颠覆了传统的叙事，非常符合佛兰德斯艺术家的品位。观众的目光首先被塞满食物的厨房内景所吸引，而背景处于古典建筑的框架里，其中的人物正是基督和拉撒路姐妹：马大和玛利亚。博伊克雷尔在这逆转的叙述视角中，巧妙地运用光线，以明暗对比来突出前景中的物品，以明亮的窗口衬托人物的轮廓，强调神圣场景。这种带有宗教主题的厨房场景影响到委拉斯贵支在塞维利亚的早期作品，那里汇集了众多此类型的画作。

在17世纪，静物画开始在整个欧洲变得更加重要。它的发展与诸多因素有关，包括关注偶然性的巴洛克品位。艺术家渴望展示他们表现幻觉艺术的技巧，以及追求新主题、新图式的城市中产阶级客户的出现。总之，西班牙黄金时期的静物画追随着桑切斯·科坦建立的样式，保持着朴素、克制、物品神圣化等特点，并通过强烈的光线增强体量感。这种样式又受苏巴朗高度个性化的处理手法所影响，并持续了大半个世纪。因此西班牙静物画显然不同于热情洋溢的佛兰德斯静物画——色彩的律动深受鲁本斯绘画的影响，这种风格更符合西班牙国王的喜好，被选来装饰皇宫。结果，几乎没有西班牙静物画进入皇家收藏。特立尼达博物馆（主要收藏宗教画）中的此类画作更是寥寥。基于以上事实，为什么20世纪中期以前普拉多博物馆的静物画数量如此之少，答案就很明显了。直

图172
约阿希姆·博伊克雷尔
《基督在马大和玛利亚的家中》，1568年

图173
胡安·凡·德尔·哈门
《有糖果和玻璃容器的静物》，1622年

109

图174
胡安·凡·德尔·哈门
《有洋蓟、花卉和玻璃容器的静物》，1627年

图175
胡安·费尔南德斯
《有四串葡萄的静物》，约1636年

图176
米格尔·德·普利特
《两串葡萄与一只苍蝇》(*Two Bunches of Grapes with a Fly*)，1630—1644年

图177
米格尔·德·普利特
《两串葡萄》(*Two Bunches of Grapes*)，1630—1644年

到20世纪中叶，西班牙静物画的原创性与高品质才开始受到重视，普拉多也努力填补这项馆藏空白。其中引人注目的举措之一是2006年从罗森多·纳塞罗（Rosendo Naseiro，生于1935年）的藏品中获得四十幅西班牙静物画，从而形成了强大的阵容。这批画作主要来自17世纪前半叶的艺术家，如胡安·费尔南德斯（Juan Fernández，据记载1629—1657年）、米格尔·德·普利特（Miguel de Pret，1595—1644年，其作品以前曾归在胡安·费尔南德斯名下）、胡安·德·埃斯皮诺萨（Juan de Espinosa，据记载1628—1659年）和托马斯·希普斯（Tomás Hiepes），这些作品充分展示了西班牙静物画的独特魅力和自然主义倾向。

据记载，胡安·费尔南德斯在1630年至1636年间专画水果，尤其是葡萄。普拉多有几件作品，如《有四串葡萄的静物》(*Still Life with Four Bunches of Grapes*)(图175)。画家用严谨的笔法和对比

鲜明的光线营造出强烈的视觉效果。在米格尔·德·普利特的作品（图176和图177）中，成串的葡萄是用绳子挂起来的（就像在桑切斯·科坦的画中那样），而不是吊在葡萄藤上。他在其中一串葡萄上画了只苍蝇，以强调葡萄的成熟。见多识广的观众可能将这个细节理解为暗示生命的短暂。

胡安·德·埃斯皮诺萨——不要把他与另一位静物画家胡安·巴蒂斯塔·德埃斯皮诺萨（Juan Bautista de Espinosa）弄混了，有一幅作于1624年的精致静物就是他画的——也很擅长描绘水果，但不像胡安·费尔南德斯画得那么朴素，也更少依赖明暗对比法。在《有葡萄、苹果和梅子的静物》（*Still life with Grapes*，*Apples and Plums*）（图180）中，他把梅子、苹果和几种不同的葡萄放在一起，那些葡萄像透明的宝石一样散发着光泽。再加上暗红色的墨西哥陶罐和倒映出苹果的金属盘，画家营造出一幅质感丰富、光色交织的场景。

托马斯·希普斯是瓦伦西亚静物画派的主要代表，然而他的作品与同时代马德里的画相比显得带有某种古意。在当时的静物画领域，这位画家的个性体现于以下两幅作品：《代尔夫特果盆和两瓶花

图178
托马斯·希普斯
《桌上的两盆水果》，1642年

图179
托马斯·希普斯
《代尔夫特果盆和两瓶花卉》，1642年

图180
胡安·德·埃斯皮诺萨
《有葡萄、苹果和梅子的静物》，约1630年

卉》(*Delft Fruit Bowl and Two Vases of Flowers*)和《桌上的两盆水果》(*Two Fruit Bowls on a Table*)(图179和图178)。画面呈严格的对称构图，他所有作品几乎都采用此种样式，极少改变，并以中性色背景衬托丰富的陶瓷容器、水果和花卉。高视角和近距离贴近观众的处理手法，赋予前景中的物品以宏伟气质，艺术家精细地描绘它们，使每一颗水果、每一片叶子、每一朵花都极具个性。每一个细节都得到同等的重视，比如，一丝不苟地复制瓷器上的图案，细致入微地呈现蕾丝桌布的褶皱。

然而，也有一些作品，比如胡安·德·阿雷里亚诺（Juan de Arellano，1614—1676年）的花卉，显示出17世纪后半叶西班牙静物画所受的外来影响，尤其是佛兰德斯花卉作品和丹尼尔·希斯格（Daniel Seghers，1590—1661年）画的花环，以及意大利画家马里奥·努齐[Mario Nuzzi，又名马里奥·德·费奥里（Mario de'Fiori，1603—1673年）]的画作，结果导致倾向于更热情奔放的巴洛克风格。《玻璃瓶中的花卉》(*Flowers in a Glass Vase*)(图182）是17世纪西班牙最伟大的花卉画家阿雷里亚诺成熟时期的作品。作为静物画的一个分支，花卉题材首先在佛兰德斯受到重视，并由此传播到欧洲各国的宫廷，尤其是西班牙。阿雷里亚诺受杰出的佛兰德斯花卉画家启发，但他设计的构图体现出自己的创造性。填满整个画面的花卉看似杂乱无序，实则经过精心研究，达到微妙的平衡。花卉品种繁多，形态各异，花朵新鲜饱满，看似刚刚采摘，整个画面色彩绚烂，栩栩如生。

图181
弗朗西斯科·德·苏巴朗
《有容器的静物》(*Still Life with Vessels*)，
约1650年

图182
胡安·德·阿雷里亚诺
《玻璃瓶中的花卉》，1668年

图183（第262—263页）
弗朗西斯科·德·苏巴朗
《羔羊颂》(*Agnus Dei*)，1635—1640年

图184

彼得·克莱兹（Pieter Claesz，1596/1597—1660年）

《有玻璃酒杯、银杯和面包的静物》(*Still Life with Römer, Silver Tazza and Bread*)，1637年

然而，17世纪西班牙最杰出的静物画家当数弗朗西斯科·德·苏巴朗，他天赋异禀，能让无生命的物体变成神秘之所在。他还擅长描绘触觉质感，用色微妙而丰富，也因此而成为一位卓越的静物画家，《羔羊颂》(图183）就是极好的例证。苏巴朗曾在几幅画中都将羔羊描绘成牺牲品，因而象征着基督——他以死救赎人类的原罪。这是其中最精致的一幅。画中年轻的公羊四肢被缚，温顺的表情显得那样无助。画家将画面精简至最基本的元素，色域也被压缩至灰色模糊表面上的光斑，在黑暗背景的映衬下浮现出来。此画也体现了苏巴朗描绘细节与肌理的技法，比如羊羔湿润的口鼻、带有纤细睫毛的眼睛、粗糙的羊角、有弹性的羊毛——稍微被弄脏了，更具现实主义意味。

苏巴朗的静物画不多，却属于最受欢迎的西班牙绘画之列。普拉多藏有他最具标志性的作品

《有容器的静物》(图181)，其特殊之处在于画中并没有当时流行的水果、花卉或其他易逝的元素，也没有显露出任何可辨识的象征意义，尽管陶瓷可能暗示塞维利亚的守护神——制陶工的女儿圣胡斯塔（Saint Justa）和圣鲁菲娜（Saint Rufina）。然而，更有可能的是，艺术家选择这些容器是因为它们的叙事中立性，从而有机会将平凡之物变得非凡。光线或许可以说是画面的主角，它让陶瓷容器从黑暗的背景中赫然而出，并以苏巴朗特有的方式使它们具有雕塑般的体量感，进一步使画面对观众产生神秘的魔力。

图185
皮耶特·施腾维伊克（Pieter Steenwijck，约1615—1656年之后）
《死亡的象征》(*Emblem of Death*)，1635—1640年

静物是荷兰绘画中最成功的题材之一。物体的近距离视角和对肌理与形体细节的精确描绘，使作品具有高度装饰性，因而受到共和国商人和市民的热烈追捧，被用来装饰居室。许多画家专门从

事此领域的创作，彼得·克莱兹就是其中最著名的一位。普拉多的《有玻璃酒杯、银杯和面包的静物》(图184）体现了他作品的所有特征。杂乱的桌面上散落着盛宴之后的残余。玻璃和银器的光泽与破碎的面包片、装饰性去皮的柠檬及坚果形成对比。光线从画外射入，强化了阴影和立体效果。总之，这幅画挑战了观众的感知能力，他们不该被这种看似逼真的表象所欺骗。

在静物画中，所谓的“虚空”(*vanitas*）画，意指人间所有事物的短暂本质，令观众反省物质的浮华而集中关注更重要的精神价值。这正是《死亡的象征》(图185）一画的意义所在。皮耶特·施腾维伊克属于莱顿画派，生平鲜为人知。画家将物体排列成为一条上升的对角线，但留出大片空间，强调孤独与寂静的感觉。尽管画幅不大，但每件物品刻画得细致入微、特色鲜明。一堆文稿、乐谱、熄灭的烟枪、食物残余、可能装着珠宝的小匣子，凌乱无序。每一种能给人带来愉悦或放松的事物，比如阅读、音乐或抽烟，在人死之后却毫无价值，恐怖的骷髅和燃尽的蜡烛恰是这死亡的象征。

另一位出色的静物画家是克莱拉·佩特斯（Clara Peeters，约1594—约1659年），普拉多也藏有她画的桌面静物（图186和图187）。丰富的质感和材料证明佩特斯擅长表现各种不同的表面，画中的橄榄和蓬松的点心也显示了她的高超技巧。这种类型的作品被称为“轻巧早餐”画，描绘了愉快的日常生活，很受当时的收藏家喜爱，17世纪中期的佛兰德斯和荷兰画家对此也颇为重视。尽管题材是新式的，但这两幅画的呈现方式显然与荷兰传统有关。实际上，作为当时少有的女画家之一，艺术家在金属壶上画出了自己的肖像——通过反光，让观众瞥见了站在画面之外的她。

16世纪晚期到17世纪，在尼德兰南部还盛行一种与静物画有关的画种——橱柜画，即专门用于家居室内的小型绘画。在佛兰德斯也兴起此类收藏，其中一些作品出自著名的宏伟题材画家之手，如鲁本斯和约丹斯（Jordaens，1593—1678年）。橱柜画包含了多种题材：风景、小型寓言、厨房习作和日常生活。许多画家专攻这些题材中的某一种，几位画家联手创作一幅画也很常见。扬·勃鲁盖尔（Jan Brueghel，1568—1625年）成为这种小型画的代表画家。他的父亲老彼得·勃鲁盖尔在这个绘画方向上已经有初步的探索。扬·勃鲁盖尔因其作品的典雅与美丽，得了一个绰号：“天鹅绒”勃鲁盖尔。他曾在安特卫普服务于当权者奥地利的阿尔伯特（Albert of Austria，1559—1621年）和伊莎贝拉·克拉拉·尤金妮娅，也在意大利享受费德里科·博罗梅奥（Federico Borromeo，1564—1631年）的庇护，这位米兰大主教也是他的仰慕者。他产量丰沃，普拉多博物馆收藏了他涉猎题材的所有代表作。他与其他艺术家如鲁本斯、亨德里克·凡·巴伦（Hendrick van Balen，1575—1632年）或亨德里克·德·科勒克（Hendrick de Clerck，约1570—1630年）一起合作过关于自然与季节的寓言画。在风景画领域，他在佛兰德斯传统的基础上建立了一种新的视角，有时候是与约斯特·德·蒙佩尔二世（Joost de Momper II，约1564—1635年）合作完成的。他也描绘了一些别出心裁的生活场景，展现乡村民俗和普通人日常劳作的画面，色彩丰富，具有装饰风格，往往还带有讽刺意味。大卫·特尼尔斯（David Teniers，约1610—1690年）的作品和艾缀因·布劳尔（Adriaen Brouwer，约1605—1638年）的怪异画面中延续了这些主题。例如，在《佛兰德斯市场和洗衣场》(*Flemish Market and Washing Place*)(图188）中，勃鲁盖尔描绘日常生活细节的才能与蒙佩尔的风景画专长相结合，画面上洋溢着佛兰德斯乡村生活的淳朴风情。蒙佩尔以他富于想象力的全景式视图，展现了真实的尼德兰生活场景。勃鲁盖尔笔下的市民群像源自父亲老彼得·勃鲁盖尔著名的乡村景象

图186
克莱拉·佩特斯
《桌子》(*Table*)，1611年

图187
克莱拉·佩特斯
《桌子》(*Table*)，1610—1615年

中的人物形象。画面左侧，艺术家准确地捕捉了小镇市场的喧闹嘈杂，与画面右侧洗衣场的平和有序形成对比。远处开阔的风景给画面注入了宁静的感觉。

艺术家们极其出色的合作范例之一是勃鲁盖尔和彼得·保罗·鲁本斯共同完成的阐释五种感官的系列组画。鲁本斯在勃鲁盖尔描绘的华丽宫廷背景中添加人物，结果产生了审美丰富、寓意深刻的一组高质量作品。象征性的人物在天使的陪伴下，做出与她们所代表感官有关的动作，并附有标志其身份的各种物品。例如，《视觉》(*Sight*)(图191) 在一间摆满绘画、雕塑及其他与视力有关之物品的房间中，凝视着一幅画。其中包含宗教题材的作品，比如表现耶稣治愈盲人。《听觉》(*Hearing*)(图190) 在演奏鲁特琴，周围是其他乐器和暗示听觉这一主题的绘画作品，像俄耳甫斯与动物的故事——代表音乐对动物的影响力。《嗅觉》(*Smell*)(图189) 被芬芳的鲜花围绕着，还有一只安哥拉猫——邪恶气味的象征。萨提尔正在服侍享用奢华盛宴的《味觉》(*Taste*)(图193)，四周堆满各种美味，墙上挂着宗教和道德题材的宴饮绘画，比如关于迦南的婚宴。《触觉》(*Touch*)(图192) 的化身被各式不同的盔甲和战争题材绘画围绕着。这一系列证明勃鲁盖尔在表现每种物体的属性方面具备惊人的才华，也再次证明了鲁本斯尤其擅长呈现人体的肉感。整个组画在17世纪时就已经闻名于世，相继属于纽伯格公爵 (Duke of Neobury)、奥地利的红衣主教费尔南德亲王 (Cardinal-Infante Ferdinand of Austria) 和托雷斯的梅迪纳公爵 (Duke of Medina de las Torres)，后者将其献给腓力四世。1636年时，它被悬挂于马德里阿尔卡萨宫中。

勃鲁盖尔也创立了一种新的主题：花园中的祷告图像，他可以借此展示描绘自然精微细节的才华。在《水果与鲜花环绕的画中圣母子》(*Virgin and Child in a Painting surrounded by Fruit and Flowers*)(图194) 中，鲁本斯画的人物玛利亚和耶稣被树上悬挂的鲜花、水果和蔬菜所环绕。四周还有一些动物，包括长角的野兔这样奇特的生物，这代表一种完全的创新。所有的元素丰富而美丽，意在反映神圣的自然。

图188
扬·勃鲁盖尔与约斯特·德·蒙佩尔二世
《佛兰德斯市场和洗衣场》，约1620年

图189
扬·勃鲁盖尔
与彼得·保罗·鲁本斯
《嗅觉》，1617—1618年

图190
扬·勃鲁盖尔
与彼得·保罗·鲁本斯
《听觉》，1617—1618年

图191
扬·勃鲁盖尔
与彼得·保罗·鲁本斯
《视觉》，1617年

图192
扬·勃鲁盖尔
与彼得·保罗·鲁本斯
《触觉》，1618年

图193
扬·勃鲁盖尔
与彼得·保罗·鲁本斯
《味觉》，1618年

鲁本斯还与扬合作完成《圣休伯特的幻象》(*Vision of Saint Hubert*)(图195)，描绘了画中的人物。这些形象在艺术、寓意和宗教方面都对当时的文化精英们产生了极大影响。不可否认，这些高度写实的花簇也让勃鲁盖尔成为佛兰德斯静物画的奠基者。总之，他尝试过小型家居室内绘画的所有可能性，其作品受到17世纪佛兰德斯收藏家们的欢迎。接下来出现的新画种反映了这一现象：表现收藏家画廊的场景，其中许多画面展示了挂在墙上的勃鲁盖尔的作品。

对画廊的描绘成为一种新的题材，在17世纪的佛兰德斯艺术爱好者中十分盛行。它们经过精心设计，以展示主人们在文化和艺术上的高深造诣，并成为巴洛克宫廷环境中的重要元素。哈布斯堡皇室的利奥波德·威廉大公（Archduke Leopold Wilhelm，1614—1662年），是1647年至1656年间尼德兰的统治者，他希望把在位期间的自己与在布鲁塞尔积累的丰富藏品画在一起。这些画后来被带到了维也纳，大部分作品至今还保存在那儿（图196）。这一任务委托给了大公的宫廷画师大卫·特尼尔斯，他擅长在日常生活场景中描绘小型人物。后来这幅画被当作礼物送给大公的叔叔腓力四世，以证明他们对绘画和艺术收藏的共同爱好。

西班牙的静物画传统在18世纪达到顶峰，出现了路易斯·埃希吉奥·梅伦德斯（Luis Egidio Meléndez，1716—1780年）这位天赋异禀的艺术家。然而，由于他的父亲被皇家艺术学院筹备委员会开除，也或许因为与导师路易-米歇尔·范洛（Louis-Michel van Loo，1707—1771年）的分歧，他在西班牙的学习被中断，被迫在意大利继续受训。这在很大程度上决定了他后来的职业生涯，尽管在肖像画方面颇有天资，但他两次拒绝了卡洛斯三世宫廷画师的职位。退而求其次，1772年，他

图194
扬·勃鲁盖尔与彼得·保罗·鲁本斯
《水果与鲜花环绕的画中圣母子》，
1617—1620年

图195
扬·勃鲁盖尔与彼得·保罗·鲁本斯
《圣休伯特的幻象》，1617—1620年

图196

大卫·特尼尔斯

《利奥波德·威廉大公在他布鲁塞尔的画廊里》，

1647—1651年

受阿斯图里亚斯王子（将来的卡洛斯四世）的委托创作静物组画，但没有全部完工。这组作品最初是在阿兰胡埃斯宫，现存于普拉多博物馆。《有甜点盒、面包圈和其他物品的静物》(*Still Life with a Box of Sweets, Bread Ring and Other Objects*)、《有巧克力用具的静物》(*Still Life with a Chocolate Service*)（图197）和《有鲑鱼、柠檬和三个容器的静物》(*Still Life with Salmon, Lemon and Three Vessels*)，这三幅画属于未完成的四十四幅静物组画的一部分，是为了装饰阿斯图里亚斯王子的自然历史陈列室而订制的。画家声称此系列“呈现了西班牙气候所生产的每一种食物”，而实际上这些作品与自然历史插图没什么关系，倒与西班牙静物画传统颇有渊源。可能也是出于这个原因，该项目于1778年被取消，这些静物画被挪到了埃尔埃斯科里亚尔的太子行宫，在那儿，它们扮演着更合适的角色：装饰乡村别墅。就像在其所有的静物画中一样，梅伦德斯在此将他的静物模特安排成刻板甚至建筑式的构图中，高光投射在物品上，在黑暗背景的映衬下，极富表现力。在其中第二幅画中，他描绘了一套巧克力用具，表明当时这种源自美洲的饮料在西班牙非常盛行。

因为冷静的构图和坚实的造型，梅伦德斯作品的强烈表现力使他成为西班牙静物画传统的继承者，尤其是延续了桑切斯·科坦和苏巴朗的风格。然而，他对自然的精确描绘显示出他与法国启蒙思想有着更密切的关系。梅伦德斯的大部分静物画都展现了室内桌面上的物品，但有时候他也会画背景简洁的户外写生。例如《有西瓜、苹果和风景的静物》(*Still Life with Watermelon, Apples and Landscape*)，前景被诱人的新鲜水果所占据。这种设计可能是受那不勒斯静物画传统（梅伦德斯对此非常了解）的启发，但也有人认为与他为皇家教堂合唱本作的全景插图有关——梅伦德斯在那里也采用了类似的构图。

巴托洛梅·蒙塔尔沃（Bartolomé Montalvo，1768—1846年）延续了17世纪西班牙静物画的严肃风格，直到19世纪。例如他的《海鲤》(*Sea-bream*)，似乎融合了梅伦德斯对物体表面属性的细致呈现和桑切斯·科坦的图像资源。虽然梅伦德斯也曾经画过动物题材，但画家对这条鱼的处理方式显然来自桑切斯·科坦的模式：孤独地悬挂在中性色的背景前，周围像是木质框架。因为蒙塔尔沃是宫廷画家，所以他成为有静物作品挂在普拉多博物馆的、为数不多的19世纪西班牙画家之一。

图197

路易斯·埃希吉奥·梅伦德斯

《有巧克力用具的静物》，1770年

第十章 围绕鲁本斯和委拉斯贵支

普拉多博物馆拥有最大规模、最优质的彼得·保罗·鲁本斯绘画藏品，这要归功于艺术家与西班牙君主政体的历史关联——他不仅是一位画家，还是一位游历欧洲各大宫廷的外交使者，这双重身份在当时的同行中是绝无仅有的。这些藏品全面展现了他的多才多艺，从肖像、风景到历史和宗教题材，囊括了他创作生涯各个阶段的作品。

鲁本斯出生于科隆附近一个佛兰德斯难民家庭，在西班牙与荷兰联省战争期间，他一直笃信天主教。其教育背景为他提供了极高水准的文化与礼仪修养，他先是在佛兰德斯各位大师的工作坊学习，之后前往意大利。他在那儿研究了文艺复兴伟大画家们的作品，古典文化造诣日益精进，创作了一批杰出画作，例如《圣乔治屠龙》(*Saint George battles the Dragon*)(图199)。根据雅各布斯·德·沃拉金所著《金色传奇》的记载，北非西林地区（Silene）的居民为了平息龙的怒火，被迫每日供奉一只羊和一个人——抽签选择，国王的女儿也不例外。当厄运降临到公主头上时，她碰巧遇到了圣乔治，他被公主的美貌所吸引，最终杀死了那条龙。鲁本斯设计了一个极富动感的构图，让圣徒的马将整个场景分为两部分。

1603年，鲁本斯在曼图亚为贡扎加家族工作期间，第一次前往西班牙。结果，他的第一批作品得以进入皇家收藏。就在那时，他绘制了《莱尔马公爵骑马像》(*Equestrian Portrait of the Duke of Lerma*)(图198)。这位公爵，弗朗西斯科·戈麦斯·德·桑多瓦尔，是腓力三世最宠信之人，也是这个王国真正的统治者。画中的他骑在马背上，手握权杖，半身铠甲，暗示他作为军队统帅的身份。围绕衣领的圣地亚哥骑士团扇贝壳是唯一的贵族标志，因此，这更像是一幅军人肖像，背景中的骑兵之战证实了这一点。这幅画展示了鲁本斯笔下人物的力量与气势，以及他捕捉模特特征的能力——此画中的公爵显得傲慢不逊。艺术家将莱尔马公爵置于前景，朝向观众，这是古典雕塑的方

图198
彼得·保罗·鲁本斯
《莱尔马公爵骑马像》，1603年

图199
彼得·保罗·鲁本斯
《圣乔治屠龙》，1606—1608年

图200

彼得·保罗·鲁本斯

《博士来朝》，1609—1628/1629年

3

式。然而，他利用棕榈树衬托人物，获得了一种现代效果，更具巴洛克风格和戏剧性。这幅画树立了骑马像的典范，极大地影响了后来的艺术家，如安东尼·凡·戴克（Anthony van Dyck，1599—1641年）和加斯帕·德·克雷尔（Gaspar de Crayer，1584—1669年）。

回到安特卫普之后，鲁本斯很快又服务于奥地利的阿尔伯特大公和伊莎贝拉大公夫人，他们正着手在尼德兰实施意义深远的政治改革。画家为他们创作了多幅肖像，其中一部分被理所应当地送给了西班牙国王腓力四世。1628年至1629年间，鲁本斯以画家兼经纪人和外交官的身份，第二次出访西班牙，并参与了同英格兰的和平谈判。他在马德里建立起与委拉斯贵支的联系，对其产生重大影响，并获得了整个西班牙艺术界的认可。他也利用这次机会修改了一些之前已经进入西班牙皇家收藏的画作，比如《博士来朝》(*Adoration of the Magi*)(图200)。这是安特卫普市在1609年为纪念西班牙与荷兰联省的休战而委托定制的，挂在市政大厅，直到它被这座城市当作礼物赠送给莱尔马公爵的大臣——奥利瓦伯爵罗德里格·卡尔德隆（Rodrigo Calderón，1576?—1621年）。当这位贵族于1621年去世之后，画作被纳入腓力四世的藏品。它展现了鲁本斯的早期风格——深受其近期意大利之行的影响——活力四射的人物、强烈的光线和紧凑的构图，但是他在1628年到1629年间，修改并扩大了画幅，形成现在的尺寸。在画面上部的狭长空间，他添加了两个天使，显示出威尼斯的影响。在画面的右侧，他加入了自己的骑马像，以表明身份。这些增补的部分现在还清晰可见，让画作的尺幅更宽，扩展了原有的构图，也展示出鲁本斯艺术的演变。

他离开西班牙之后，接到了大量订单，为国王腓力四世的宫殿创作系列绘画和装饰。在马德里的阿尔卡萨宫、丽池宫，尤其是托雷德拉帕拉达狩猎行宫挂满了鲁本斯及其追随者在安特卫普完成的画作，对西班牙艺术家产生了深远影响。例如，《珀耳修斯解救安德洛墨达》(*Perseus freeing Andromeda*)(图202) 本是用来装饰阿尔卡萨宫的新厅，在此可解读为西班牙君主政体权力的政治寓言。据神话所载，海神波塞冬派遣怪物去埃塞俄比亚，以惩罚皇后卡西奥佩娅（Cassiopeia）的虚荣——她认为自己比海仙女涅瑞伊得斯（Nereids）更美丽。只有牺牲她的女儿安德洛墨达才能平息海神的狂怒。她最终被绑在石头上。画面表现了这一时刻：年轻的珀耳修斯已经杀死怪物，正松开束缚女子的绳索，并爱上了她——背着箭袋的丘比特表明此意。婚姻之神许墨奈俄斯（Hymenaeus）的形象预示着他们将来的婚礼。身着16世纪盔甲的英雄，将被视为君主威严及战胜邪恶的象征。

当时，腓力四世成为鲁本斯最大的拥趸，他的品位被众多贵族和尼德兰南部的西班牙官员所效仿。结果，鲁本斯的画作大量涌入西班牙。自1634年开始统治低地国家的腓力四世的弟弟红衣主教费尔南德亲王，也同样是这位佛兰德斯艺术家的仰慕者。肖像画《奥地利的红衣主教费尔南德亲王在讷德林根战役中》(*Cardinal-Infante Ferdinand of Austria at the Battle of Nördlingen*)(图201) 是他战胜新教势力的纪念。指挥棒和红腰带标示了费尔南德的统帅身份。在他上方，狂暴的化身带着朱庇特的鹰和霹雳，暗示其力量与勇气。他的身后是军队的冲突场景。画家选择了一个极具张力的形象，骑手的宁静与坐骑的激动形成了对比。马匹奋蹄而起的姿势在骑马像中很普遍，成为这位统治者力量与技巧的视觉隐喻，他的美德则被列在画面底部的题字中。这幅肖像被国王腓力四世获得，作为哈布斯堡王朝权倾欧洲的象征，被悬挂在马德里的阿尔卡萨宫。

除了不容置疑的艺术质量，鲁本斯的作品之所以受人欣赏，因其以性感而优雅的方式表现神话，表达对自然与人体的颂扬，也通过宗教人物传达出虔诚信仰。他还是一位不知疲倦的收藏家与学者，

图201
彼得·保罗·鲁本斯
《奥地利的红衣主教费尔南德亲王在讷德林根战役中》，1634—1635年

FERDINANDVS
DEI·GRATIA HISPANIARVM INFANS
PHILIPPI FILIVS PII PHILIPPI PRVDENTIS NEPOS. INVICTI CAROLI PRONEPOS.
PHILIPPI MAGNI FRATRIS AVSPICIIS. AQVILA CESAREA COMITE. VLTIONIS DIVINÆ FVLMEN
DVM VIAM SIBI FERRO AD BELGAS APERIT SVECIS ET PERDVELIBVS ROMANI IMPERII DELETIS
CAMPIS NEROLINGÆ AD ARAS FLAVIAS. VIII.IDVS SEPTEMBRIS

积累了丰富的绘画藏品，既有其他艺术家的作品，也有自己的创作——其中有多幅画作后来被腓力四世获得，构成了普拉多完整的鲁本斯绘画藏品。

其中最著名的杰作是《美惠三女神》(*Three Graces*)(图203)。根据赫西俄德（Hesiod）的《神谱》(*Theogony*) 记载，美惠三女神即阿格莱亚（Aglaia），意为“光辉”；欧佛洛绪涅(Euphrosyne)，代表“欢乐”；塔利亚（Thalia），意为“鲜花盛开”。她们是宙斯的私生女，是纯洁的处女，与诸神共处，参加飨宴，激发生活的乐趣。她们是爱神阿佛洛狄忒的随从，从不知烦恼。鲁本斯将她们描绘在花环之下的喷泉旁，背景是旖旎的风光。尽管人物受古典雕塑影响，环形的韵律和优美的波动却是这位艺术家晚年作品的共同特征；充满画面的温暖与性感，常常被归结为他第二次婚姻生活的幸福。左边的人物甚至直接以他的妻子海伦娜·芙尔曼（Hélène Fourment，1614—

图202
彼得·保罗·鲁本斯
《珀耳修斯解救安德洛墨达》，1639—1640年

图203
彼得·保罗·鲁本斯
《美惠三女神》，1630—1635年

1673年）为模特。这幅画一直由画家本人持有，直到他去世，之后很快成为腓力四世的收藏。

类似的作品还有《爱之花园》(*Garden of Love*)(图204) 和《神话人物与村民的舞蹈》(*Dance of Mythological Characters and Villagers*)(图205)。前者描绘了以田园风光般的花园为背景的宫廷场景，带有一种轻松的享乐氛围：情侣们在求爱，悬停在半空中的天使们带着夫妇之爱的象征，比如成对的白鸽和牛轭。喷泉或美惠女神与爱神哺乳的雕像暗示着幸福的婚姻与丰产。孔雀是婚姻主保圣人朱诺的象征。鲁本斯是伟大的古典文化鉴赏家，在此，他借用了文艺复兴雕塑题材，以他自己在安特卫普住宅的门廊为建筑背景。有人认为，这是一幅自画像，表现了画家和他的朋友们，所以有时候被称为《鲁本斯之家》(*Family of Rubens*)。无论如何，这是一幅关于爱与婚姻福祉的热情欢愉的寓言画，当时鲁本斯正品味着第二次婚姻的幸福。在《神话人物与村民的舞蹈》中，一群村民正喧闹地起舞，坐在树上的音乐家吹着长笛为他们伴奏。这场景，尤其是背景中的乡村别墅，令人想起意大利。裸露躯干的萨提尔在脚踝上戴着常春藤和铃铛做成的花环，那个身着豹皮的人物可能是酒神巴库斯。这两个人物为画面增添了一种神话氛围，使之更显神秘性和享乐性。鲁本斯以极富动态的构图高超地捕捉了环形运动的韵律感，并以一只追随舞者的奔犬，进一步强化了这种感觉。这幅画可以在老彼得·勃鲁盖尔的乡村场景中找到先例，它传达出画家晚年的幸福感。与《爱之花园》一样，画作一直由鲁本斯本人保存，直到他去世，被腓力四世收购。

普拉多也持有许多鲁本斯与其他画家共同完成的杰作。他的合作者除了扬·勃鲁盖尔，还有弗兰斯·斯奈德斯和保罗·布里尔（Paul Bril，约1554—1626年）等。他与前者的合作诞生了作品《认出菲洛皮门》(图206)。根据普鲁塔克（Plutarch）的记载，著名的希腊将军菲洛皮门秘密访问迈加

图204
彼得·保罗·鲁本斯
《爱之花园》，1630—1635年

图205
彼得·保罗·鲁本斯
《神话人物与村民的舞蹈》，1630—1635年

图206

彼得·保罗·鲁本斯与弗兰斯·斯奈德斯（Frans Snyders，1579—1657年）

《认出菲洛皮门》（*The Recognition of Philopoemen*），约1609年

拉城（Megara）。他笨拙、卑微的外表使其被一个老妇人误认为仆人，命令他做家务活。画面表现了老妇人的丈夫认出来访者真实身份的瞬间。他谦逊的外表掩盖了将军的威严。这幅画是鲁本斯与斯奈德斯丰硕合作成果中的第一件。鲁本斯在表现人物身体力量时，显然受到他最近意大利之旅的影响。前景的静物是斯奈德斯的手笔，他是这个领域的专家。其中有一些动物，例如天鹅和孔雀，曾在他的几幅发人深思的静物画中反复出现——这样的作品贯穿其创作生涯。由此，他赋予古典故事以更平易近人的现实主义色彩。

普拉多还收藏了鲁本斯的高徒安东尼·凡·戴克和雅各布·约丹斯的大量画作。他们的画作来到西班牙，尤其是凡·戴克的画，将会影响到17世纪下半叶一些最重要的西班牙画家，比如胡安·卡雷尼奥·德·米兰达（Juan Carreño de Miranda，1614—1685年）、小弗朗西斯科·德·赫雷拉和克劳迪奥·科埃略（Claudio Coello，1642—1693年）。安东尼·凡·戴克出生在安特卫普，是鲁本斯的得意门生，尽管当他进入鲁本斯的工作坊时已经基本上完成了艺术培训。他曾经求学于亨德里克·凡·巴伦——一位前辈画家，也是意大利化风格的代表，这种风格在16世纪的转折点改变了佛兰德斯绘画。学成之后，凡·戴克继续跟着鲁本斯工作，参与了一些最重要的装饰项目。在英格兰的短暂停留让他结识了重要的艺术赞助者，接着，凡·戴克在安特卫普度过了他的第二个艺术创作阶段，他在那里画了大量的肖像和重要的宗教作品，如《捉拿基督》(*Taking of Christ*)(图208)。这幅画呈现了他早期作品的特点，威尼斯画派的色彩和构图尤其引人注意。低视角和单一光源的运用，使画面具有戏剧性张力，非常适合表现这一事件。在黑暗的橄榄山中，耶稣接受犹大之吻而暴露了自己的身份。前景中，彼得趁着罗马士兵的暴乱，砍下了大祭司仆人马勒古的耳朵。这幅画和他的另一件作品《戴荆冠的基督》(*Christ Crowned with Thorns*)(图211）都被鲁本斯持有，又在其死后被腓力四世获得。《戴荆冠的基督》是画家最感人的宗教画之一。围绕着基督的几个人把他装扮成犹太人的国王，将荆冠戴在他头上，用一根芦苇假扮权杖。画面左下方一只吠犬象征了这些嘲讽耶稣之人的无知侵犯。这件早期的作品展现出从鲁本斯那里获得的意大利艺术的强烈影响。画家由此描绘出人物的力量和威尼斯人的外貌，而基督的形象是直接受提香的启发。凡·戴克熟练地运用了鲁本斯式明暗比对法以营造戏剧化氛围，而作品的先例源自卡拉瓦乔的作品，从中借鉴了这一构思：让两位目击者在窗外惊愕地注视着这一场景。

1621年末，凡·戴克离开安特卫普前往意大利，在那里进一步完善了他的绘画风格。接下来的六年，他游历了威尼斯、罗马、西西里，主要待在热那亚。他创作了巴洛克时期最出色的肖像画，以宏伟的形象提升了模特的地位，这要归功于画家赋予对象的尊严和对威尼斯画派色彩的运用。他于1627年回到安特卫普，服务于伊莎贝拉·克拉拉·尤金妮娅女大公，并树立了这位统治者（当时是一位寡妇）官方肖像的样本。画家在这一时期最出色的肖像画结合了威尼斯样式和佛兰德斯的精确，比如《画家马廷·里杰卡特》(*Painter Marteen Rijkaert*)(图209)。这件作品可能作于凡·戴克前往英格兰之前，是他极其动人的肖像之一。画家里杰卡特是他的同龄人，失去了左手。凡·戴克并没有隐藏其缺陷，而是坦然呈现于画面，以一种非同寻常的正面姿势，传达出模特的活力与个性。画家以源自安东尼斯·莫尔的北欧肖像画传统为基础，将人物置于深沉的黑暗背景前。此画也显示出提香的影响，尤其体现在色彩运用、奔放的笔触和人物姿势方面。

这些年凡·戴克也创作了具有强烈精神性的重要宗教画和祈祷像，在整个欧洲备受尊崇。1632

年，他因声名卓著而被举荐给英格兰国王查理一世，前往伦敦。这段时期的作品包括双人肖像《恩迪米恩·波特和安东尼·凡·戴克》(*Endymion Porter and Anthony van Dyck*)(图207)。作为英国宫廷中重要的外交官和出色的艺术爱好者，波特（1587—1649年）也是凡·戴克在旅居伦敦期间最坚定的赞助人之一，画家创作此画以示感谢。英国人正面对着观众，身着白色的缎面礼服，而画家则黑衣侧身，站得稍矮一点，以免抢了这位贵族的风头。这幅与众不同的双人肖像表现了画家与赞助人之间的感情，他们将手放在石头上，象征其友谊的坚不可摧。艺术家将自己画在一位名流身旁，彰显自己的社会地位，暗示画家的工作是一种高贵的职业。

图207
安东尼·凡·戴克
《恩迪米恩·波特和安东尼·凡·戴克》，约1635年

图208
安东尼·凡·戴克
《捉拿基督》，1618—1620年

凡·戴克的户外肖像画刷新了英国社会的面貌，对当地画派的影响一直持续到18世纪。与国王查理一世的亲密关系给他带来了骑士身份和类似于老师鲁本斯那样的社会地位。从1634年到1635年，凡·戴克在安特卫普度过了第三段为期两年的时光，创作了一批最杰出的佛兰德斯中产阶级肖像画，之后便一直留在伦敦直到去世。

凡·戴克极有深度的肖像画之一是以妻子为模特的《凡·戴克夫人玛丽》(*Mary, Lady Van Dyck*)(图210)。1639年，凡·戴克与生于苏格兰的玛丽（卒于1645年）结婚。画家与模特的亲密关系使他抛弃了在英格兰创立的宫廷肖像风格，通过抚弄念珠的手势和女子的眼神，赋予她一种亲切感。另一位与鲁本斯有关的画家是雅各布·约丹斯。他与鲁本斯师出同门——画家阿达姆·凡·诺尔特(Adam van Noort，1562—1641年)。他在安特卫普因历史画而出名，后来把女儿嫁给了约丹斯，这

图209
安东尼·凡·戴克
《画家马廷·里杰卡特》，约1631年

图210
安东尼·凡·戴克
《凡·戴克夫人玛丽》，约1640年

694 2362

图211
安东尼·凡·戴克
《戴荆冠的基督》，1618—1620年

图212
雅各布·约丹斯
《墨勒阿革洛斯与阿塔兰忒》，1620—1623年

种艺术之家的联姻在佛兰德斯十分普遍。约丹斯比鲁本斯年轻，很快就与他建立起工作关系，并参与到大量的安特卫普教堂的装饰项目之中，例如道明会和奥斯定会的教堂。在《墨勒阿革洛斯与阿塔兰忒》（*Meleager and Atalanta*）（图212）一画中可以明显察觉出鲁本斯对约丹斯的影响。墨勒阿革洛斯捕获了为害卡吕冬王国的巨大野猪之后，把它的头献给了心爱的阿塔兰忒。而他的叔叔们认为自己更有资格获得这份战利品，于是将其掠走，最终被愤怒的男主人公杀死。约丹斯用图像表现了奥维德在《变形记》中讲述的这个故事，画面分为两个截然不同的部分，是在不同的时期完成的。右边表现了墨勒阿革洛斯准备拔剑而出的紧张时刻，害怕的阿塔兰忒试图阻止他。这部分仍然显露出鲁本斯宏伟人物的影响。约丹斯后来增加了一些随从的猎人以调整画面的节奏，比如他们武器的位置、伸出的手臂和猎犬的运动，都将观众的视线吸引到中心事件上来。

1634年，约丹斯参与完成了鲁本斯设计的凯旋门装饰画，此工程是为了纪念新的统治者奥地利的红衣主教费尔南德亲王入驻尼德兰。这标志着两位艺术家合作的开始。其中重要的一次合作是为

腓力四世的狩猎行宫托雷德拉帕拉达创作的几幅画。这是约丹斯初到西班牙的第一批作品，鲁本斯只负责设计。1640年，随着鲁本斯离世，凡·戴克又供职于英国皇宫，约丹斯成为尼德兰的画坛领袖。尽管他从未离开祖国，但声名远播，很快接到来自一些重要的皇家艺术爱好者的委托，比如瑞典的克里斯蒂娜和奥兰治家族。艺术家曾秘密效忠新教，最终于1671年改变了信仰，但他继续创作私人与宗教组织定制的天主教主题绘画。

约丹斯成为一位富有的画家，在社会上也颇受尊重，就像普拉多博物馆里他那幅《画家之家》（*Painter's Family*）（图213）所传达的。画家及其家人位于优雅的花园中，带着自在漫步的宠物，园中还有几尊雕塑，表明上流社会的地位。豪华精致的服装也暗示着某种高贵。画家以一种传统的姿势把手放在扶手椅上，被各种象征元素所围绕。他手持的鲁特琴代表音乐，这被视为一种有教养的贵族娱乐形式。狗代表忠诚，手捧葡萄果篮的仆人代表家庭的繁荣。这件作品令人联想到佛兰德斯艺术家一直以来热衷于抬高他们的职业，彰显自身的社会精英地位。约丹斯的这幅画开启了他创作的成熟期，也处于他职业生涯的巅峰。

无论如何，鲁本斯对西班牙绘画及普拉多博物馆本身历史的重要性，与他对博物馆中最具代表性艺术家的影响也密切相关，这位佛兰德斯艺术家在他艺术生涯的决定性转变中扮演了重要角色。普拉多保存了许多大师如博斯、提香、鲁本斯和戈雅的重要作品，但如果博物馆要挑出一位最具代表性的艺术家，那一定是迭戈·委拉斯贵支。他名下大约有一百二十幅绘画，普拉多保存了其中的五十幅，包括最杰出、最著名的作品。从空间意义上来说，委拉斯贵支也占据了普拉多的中心——博物馆最重要的位置。主楼的巴西利卡式大厅，从1899年之后一直奉献给了这位大师。其余藏品都以他的名作《宫娥》（*Las Meninas*）为中心而组织陈列，仿佛委拉斯贵支的作品代表着它们的总和与巅峰。这位画家生于塞维利亚，在马德里研究皇家收藏的作品。多亏了莫尔、埃尔·格列柯、提香、丁托列托、里贝拉和鲁本斯的杰作，他得以极大地丰富自己的绘画，创造出高度个性化的风格——自由而微妙的笔触和诠释绘画题材的全新方式。现在他的作品与前辈大师的作品比肩悬挂在普拉多。除了早年在塞维利亚和两次去意大利，委拉斯贵支的大部分绘画都是在皇宫中为腓力四世本人或他的亲随们创作的。从1819年博物馆落成以来，这位艺术家的名誉与这座机构的威望是密不可分的，因为，正是在这座画廊中，世界发现了委拉斯贵支。他的拥护者，有的视他为伟大的现实主义画家，有的认为他的绘画突破了学院模式的窠臼。

虽然委拉斯贵支成长于塞维利亚，但他在宫廷中建立了自己真正的绘画风格。1622年，他第一次去马德里，当时腓力四世即位不久。在奥利瓦雷斯伯-公爵（Count-Duke of Olivares）加斯帕尔·德·古斯曼（Don Gaspar de Guzmán，1587—1645年）的召唤下，他在第二年回来并很快被任命为宫廷画师，永久定居于此。这一身份决定了他的绘画题材以肖像为主，尤其是他早年在宫廷期间。普拉多保存了委拉斯贵支为国王画的许多肖像，在将近四十年的职业生涯中，他多次以国王为模特。其中包括他的首幅等身肖像《腓力四世》（*Philip IV*）（图214）。艺术家将这位君主表现在一个不确定的空间中，通过有限的棕色与灰色系和紧凑而精确的笔触（这种笔触在他晚期的作品中发生了转变），达到了一种更令人信服的真实感。画面通过一些传统的象征物来暗示国王的责任，比如金羊毛徽章（西班牙君主政体的标志）、放帽子的桌子（代表公正）、右手所持文件（代表行政）及佩剑（代表保卫领土）。我们可以看出委拉斯贵支后来进行过一些修改，让君主的腿并拢，并缩短了披风。

图213
雅各布·约丹斯
《画家之家》，1621—1622年

1627年，委拉斯贵支凭借《驱逐摩里斯科人》(*Expulsion of the Moriscos*)(已佚）一画在竞争中获胜，这是阿尔卡萨宫的新大厅订制的。这幅画证明他具备在历史画题材（被认为是重要画种）中采用复杂构图的能力。在《饮酒者》(*Drinkers*）或《酒神的飨宴》(*Feast of Bacchus*)(图215）中，他出色地复兴了一种绘画题材，即采用西班牙绘画中很少见的神话题材，并以一种现实主义手法将其呈现出来。画面把酒神及其朝臣们表现得好似马德里酒馆里的老主顾，就像卡拉瓦乔处理宗教场景和里贝拉表现哲学家们那样。这一主题的选择可能受鲁本斯影响，但作品完全不同于他的理想化。在塞维利亚时，委拉斯贵支就已经沿着这条创作路线，完成了《在马大和玛利亚家中的基督》(*Christ in the House of Martha and Mary*）等画作，将宗教题材隐藏于日常生活场景中。委拉斯贵支在此保持着他对朴实色调、大众服装和坚韧面孔的品位，但是风景、亮度、人体和精心安排的构图，表明他已经从皇家收藏的鲁本斯和威尼斯画家作品里吸收了经验。

图214
迭戈·委拉斯贵支
《腓力四世》，1623年

图215
迭戈·委拉斯贵支
《酒神的飨宴》，1628—1629年

图216

迭戈·委拉斯贵支

《伏尔甘的铁匠铺》（*Vulcan's Forge*），1630年

1628年，国王指派委拉斯贵支为皇家内侍房掌门官。这个职位标志着他宫廷生涯的开端，并从此一路高升：1633年担任皇室及宫廷执行官，1634年担任司服，1643年成为皇家艺术品主管和国王侍从，直到1652年出任王宫总管。这些职务占据了他的创作时间，尤其是在晚年，但也让他有机会跻身于贵族，并提升了整个画家职业的社会地位。委拉斯贵支的偶像是鲁本斯，二人于1628年相遇，那次鲁本斯以大使身份出访马德里，商议西班牙与英格兰之间的和平问题。这位佛兰德斯画家在马德里期间，与委拉斯贵支共享一间工作室。几乎可以肯定，是他鼓励这位西班牙画家去访问意大利。委拉斯贵支也在托雷德拉帕拉达行宫的装饰项目中与鲁本斯一起工作过。他们还曾在丽池宫合作，这是腓力四世统治期间最重要的艺术工程。

1629年8月，委拉斯贵支第一次前往意大利。他随身带着几封推荐信，还有皇家的许可——他可以在离开的两年期间继续领取国内职务的薪水。画家先后拜访了热那亚、米兰、威尼斯、费拉拉、琴托、洛雷托和罗马，并在罗马待了一年。他后来从罗马经那不勒斯（可能在那儿遇到了胡塞佩·德·里贝拉）回到西班牙。这趟意大利之旅为委拉斯贵支的绘画发展奠定了基础，为他打开了新的天地。在罗马，他有机会看到古代和文艺复兴时期的伟大作品，以及当代大师的杰作，这些在西班牙皇家藏品中是没有的。而且，他亲眼见证了卡拉奇古典主义的支持者与彼得罗·达·科尔托瓦装饰性巴洛克风格的拥护者之间的辩论，这场论战再次让他确信：绘画在根本上是一种智力活动。委拉斯贵支在意大利吸收的古典主义不是学院派的样式，也没有转移他对真实世界的热爱。威尼斯画派的色彩对他影响很大。在意大利期间，他的作品变得更宏伟，对裸体和姿势理论表现出更浓厚的兴趣——这一点体现在以下作品中：现存于埃尔埃斯科里亚尔修道院的《约瑟的血衣被带给雅各》（*Joseph's Bloody Coat brought to Jacob*）和普拉多博物馆的《伏尔甘的铁匠铺》(图216)，其表现方式接近于科尔托瓦、雷尼和圭尔奇诺。最后这幅画证明委拉斯贵支广泛吸收了希腊罗马雕塑、米开朗基罗、罗马-博洛尼亚古典主义和17世纪早期盛行于罗马的新威尼斯主义。奥维德的《变形记》中有一段记载：阿波罗拜访火神伏尔甘的铁匠铺，告诉他，他的妻子维纳斯和马尔斯一起欺骗了他。委拉斯贵支将文字转化成为一幅复杂的绘画，通过戏剧性的姿势和诧异怀疑的表情塑造了鲜明生动的形象。场景如此逼真，观众似乎可以走进人物之间的空间，光线准确地塑造了他们的身体结构。空气似乎在物体之间流动，这些细致呈现的静物包括盔甲、工具和火红的铸铁。

就这一点来说，委拉斯贵支利用此次旅行，不仅达到了学习的顶峰，而且用自己的作品回应了在意大利的历史画、风景画和肖像画领域相继而起的这场重要辩论。他在罗马期间，遇见了两位永久定居于此的法国画家，尼古拉斯·普桑和克劳德·洛兰（Claude Lorraine，约1600—1682年）。在巴洛克绘画中，普桑代表了古典主义的范例，他对后来法国绘画的影响是显著而持久的。他最初在诺曼底和巴黎学画，但他于1624年到达罗马之后，其作品发生了根本性的变化。从此，在绘画和学识领域，他一直保持着对古典主义的兴趣，并将从古代作品中直接学到的东西与文艺复兴大师如拉斐尔和提香作品中的榜样相结合，形成了他自己的典型风格：唤起人们对希腊-罗马世界的回忆，寻求平衡与理想之美。当然，也体现了对人类情感的研究。在意大利的初期，普桑受到巴贝里尼（Barberini）家族和红衣主教弗朗西斯科·巴贝里尼（Francesco Barberni，1597—1679年）的秘书——文化艺术赞助人卡西亚诺·达尔·波佐（Cassiano dal Pozzo，1588—1657年）的庇护。不论是在罗马还是法国，他服务于有教养的客户，他们要求体现博学多才的主题，而这正是他的专长。因为他在本地声名显赫，所以被路易十三召唤到巴黎。1640年至1642年间，他在那里从事卢浮宫的画廊装饰等重要工程。回到罗马时，普桑的作品变得更谨慎内敛，表现出一种优雅的诗意之美。

普拉多博物馆收藏了他的八幅油画和两幅素描。这是很全面的一组作品，覆盖了普桑涉猎的所有题材，并包含几件名作。《风景与隐士圣保罗》（*Landscape with Saint Paul the Hermit*）（图217）是腓力四世在罗马的代理人为装饰马德里丽池宫定制的。这是艺术家于1637年左右在罗马创作的风景与隐士题材系列组画之一。普桑在风景画的发展中扮演了重要角色，因为他将风景视为作品的重要组成部分，必然影响到整体氛围。在这幅画中，荒凉的戏剧性背景与普桑更常用的精美风景截然不同，这是为了体现隐士圣保罗的神秘主义激情——他为了独处冥想，隐遁于密林中。交替出现的光线和阴影构成的画面，直接源自普桑景仰的大师提香。《有建筑的风景》（*Landscape with Buildings*）

图217
尼古拉斯·普桑
《风景与隐士圣保罗》，1637—1638年

图218

尼古拉斯·普桑

《有建筑的风景》，1648—1651年

图219
尼古拉斯·普桑
《帕纳索斯山》，1630—1631年

（图218）也提供了普桑审美理想的极好例证。画中的人物比例都很小，真正的主题是河流蜿蜒而过的宽阔峡谷。从明亮的色彩到各种精心构思、平衡布局的不同元素，整个画面洋溢着安静和谐的氛围。唯一突出的是与两位步行者交谈的男人衣服上的一抹红色。他可能是希腊哲学家锡诺普的第欧根尼（Diogenes of Sinope，约公元前404/412—前323年），他在从斯巴达走到向往的城邦雅典的途中被人询问。普桑在此表现了一幅理想化的自然景象，建筑与人物的服装都有复古之风，这种感觉也弥漫于普拉多收藏的或许堪称普桑最精美的绘画《帕纳索斯山》（*Parnassus*）（图219），此画作于委拉斯贵支在意大利期间。因为对希腊人和罗马人来说，帕纳索斯山是文艺之神阿波罗的家乡，他与庇护科学、戏剧和文学的九位缪斯女神居住于此。普桑再现了田园风光，描绘出九位诗人到达阿波罗想象王国的景象。美丽的仙女代表了人格化的卡斯塔利亚泉（Castalian Spring），喷涌的泉水可以给饮水者带来灵感。阿波罗的随行小天使将这些水带给他们。他似乎在主持某种仪式，其中一位诗人头戴桂冠。这种灌木的叶子是阿波罗的象征，而桂冠是为最杰出的艺术家订制的。有人认为画中接受加冕的人物可能是史诗《被解救的耶路撒冷》(*Jerusalem Delivered*) 的作者托尔夸托·塔索(Torquato Tasso，1544—1595年)。普桑在这件作品中参考了古典雕塑和拉斐尔在梵蒂冈宫的同主题著名壁画。柔和的色彩与协调的构图表现出对这位意大利画家的致敬，画中的人物似乎有点像委拉斯贵支《伏尔甘的铁匠铺》中的阿波罗，这也并非巧合。

普桑也利用古典风格来呈现希腊或罗马传统之外的题材。《大卫的胜利》(*Triumph of David*)(图220）这个故事源自《旧约》。但我们在画中似乎见证了这位神话英雄的崛起。画家并没有描绘年轻的牧羊人与哥利亚之间的搏斗，却虚构了一个在《圣经》中并未记载的瞬间，利用寓言形象赋予这场景不同的意义。胜利者大卫焦虑地看着敌人残骸旁成堆的战利品。我们可以看到投石器射出石头造成的创伤，这也是巨人命丧大卫之手的原因。然而，哥利亚的盔甲更合适于罗马士兵而不是腓力斯丁人。同样具有古典风的是异教的胜利女神形象，她正在给大卫戴上桂冠。伴随她的丘比特正在拨弄一架竖琴——这是大卫演奏的乐器，而另一个小天使取来金冠，预示着大卫成为以色列王的命运。背景中的古典建筑呈现出高雅的灰色调，完成了这一深刻的陈述——大卫正在反思自己行为的后果。

另一位重要的法国古典主义画家是克劳德·热莱（Claude Gellée)，也就是以法国地区（他的出生地）而得名的克劳德·洛兰。与普桑一样，他一生的大部分时间都是在意大利度过的。1618年，

图220
尼古拉斯·普桑
《大卫的胜利》，约1630年

他在罗马拜师于风景画家阿戈斯蒂诺·塔西（Agostino Tassi，1566—1644年）。通过塔西，克劳德熟悉了湿壁画的技法。他曾经在短期内运用此技法进行创作，主要体现了北方风景画的传统。洛兰一生致力于这种题材，成为当时重要的风景画家。对自然的兴趣和对光线的研究成为他诠释风景的特征，在此画种的发展过程中扮演了关键角色，以往遭受鄙视的风景画被重新评估。17世纪30年代，克劳德在罗马贵族圈获得了职业上的成功，享誉整个欧洲。

洛兰的风景画从直接观察自然出发，作为他和谐而精细构图的基础。1640年左右，他的风景呈现更古典的倾向，以田园牧歌式的场景表现历史和宗教主题。对安尼巴尔·卡拉奇和多美尼基诺的兴趣直接导致其创作方向的改变，他与罗马人文主义文学界的密切关系也是重要影响因素。尽管获得了学院荣誉，克劳德仍然忠实于自己的艺术追求，将余生奉献给绘画。

普拉多收藏有洛兰的十幅杰出油画，大部分是马德里宫廷的直接订单。他为丽池宫绘制的四幅

图221
克劳德·洛兰
《圣保拉登船》，约1639年

图222
克劳德·洛兰
《发现摩西》，1639—1640年

图223
克劳德·洛兰
《风景中的塞拉皮亚葬礼》，约1639年

图224
克劳德·洛兰
《大天使拉斐尔与托比亚斯》，1639—1640年

画具有某种共同的特点。每一件都是垂直构图，对应一天的四个时间，所有画的重点都在于理想化的风景，包括大面积的天空，故事场景被限定在画面下部，似乎描绘自然世界才是主题。在《圣保拉登船》(*Embarkation of Saint Paula*)(图221)中，虚构的环境是最引人注目的因素。保拉，一位高贵的罗马妇女，也是圣杰罗姆的朋友，在女儿的陪伴下，离开罗马前往圣地，希望归隐在沙漠中。背景主要描绘了古代的奥斯蒂亚港口，强调了这样的对比：两位女子即将离开文明世界，寂寞的将来在等待她们。这幅画的真正主题是研究黎明的光线，它沐浴着整个场景，形成微妙的金色调。第二幅画《发现摩西》(*Finding of Moses*)(图222)描绘了《出埃及记》中的故事，法老的女儿从尼罗河中救起了婴儿摩西，但画面上只有棕榈树暗示了埃及的异国情调。克劳德将场景转换到广阔的意大利平原上，加上中世纪建筑，完成了17世纪人们眼中的理想幻象。第三幅画《风景中的塞拉皮亚葬礼》(*Landscape with the Burial of Saint Serapia*)(图223)，洛兰选择这位仆人的悲伤故事，以此

为媒介来描绘带有古典遗迹的风景。瓦伦廷（Valentinus）议员的妻子圣萨拜娜（Saint Sabina）参加了她的女仆塞拉皮亚的葬礼，是女仆让她改信基督教，却不知她也将因新的信仰而殉难。第四幅画《大天使拉斐尔与托比亚斯》（*Archangel Raphael and Tobias*）（图224），故事发生在黄昏时分。大天使拉斐尔命令托比亚斯去捉一条鱼，它的内脏可以治愈他父亲的失明。画中的风景再次被转化为带有浓郁意大利乡村情调的理想化景象。

作为对法国风景画家的亲自回应，委拉斯贵支在第一次意大利旅行期间，画了两幅美第奇别墅的外景，皆题名为《罗马美第奇别墅的花园风景》（*View of the Gardens of the Villa Medici, Rome*）（图225）——1630年夏天他住在那里，直到年末回国。这两幅罗马景观不仅在他自己的作品中独树一帜，也与同辈风格迥异。不仅因为它们缺乏某种可辨识的主题——在当时，风景被认为需要故事的支撑——而且因为其对光线的运用和颤抖的笔触，在后人看来，堪称印象主义先驱。另一个经常被提及的现代特征是，委拉斯贵支更大的兴趣显然在于描绘自然的变化，而非强调它的永恒，因为他通过对比大气环境，展示了两个截然不同的时刻。暂且不提作品先驱性的问题，或者人物身上是否发生了故事，这两幅小型杰作的真正主角是光与流逝的时间，其灵感来自罗马别墅的花园。委拉斯贵支在这里住了两个月，是受其雕塑藏品和优美环境的吸引。

二十年之后，1649年1月，委拉斯贵支再次回到意大利，是受国王委托为装饰皇宫而搜集艺术品。他也渴望在罗马证明自己的价值，这里仍然是欧洲的艺术中心。几大事件证明了他的成功：他被选入圣路加艺术学院，并成为万神殿圣德会的成员；他的《胡安·德·帕雷哈肖像》（*Portrait of Juan de Pareja*）（现存纽约大都会艺术博物馆）备受赞誉；教皇英诺森十世允许他为其画像，现藏于罗马多利亚潘菲利美术馆（Galleria Doria Pamphilj），这也是艺术史上最令人惊叹的肖像画之一。从1649年到1651年，委拉斯贵支在他第二次意大利旅行期间，画了许多与宗教法庭有关的人物肖像。其中包括长久以来被称为《教皇的理发师》（*Pope's Barber*）的作品，而实际上是银行家费迪南多·布兰达尼（Ferdinando Brandani，1603?—1654年）的肖像。他与胡安·德·科尔多瓦（Juan de Córdoba，这位西班牙代理人是委拉斯贵支在罗马的助理）关系密切。

委拉斯贵支职业生涯的主要时期是在宫廷度过的，这对他的作品产生了重要影响。17世纪30年代是皇家收藏的狂热时代。此时这个国家还没有完全陷入政治和经济危机，国王腓力四世仍然被视为欧洲最有权势的君主，他坚信自己拥有与自己的权势相匹配的财富。那时，为了修建和装饰丽池宫，以及翻新马德里阿尔卡萨宫的部分区域，发出了大量订单。其中最独特的作品是委拉斯贵支为丽池宫花园圣巴勃罗礼拜堂画的《圣安东尼·阿博特与隐士圣保罗》（*Saint Anthony Abbot and Saint Paul the Hermit*）（图227）。这幅画对风景相当重视，占据了将近一半的画面。也许是从北方前辈风景画家如帕提尼尔或丢勒的作品中获得灵感，它在一幅背景中讲述了两位圣徒生命中的不同故事。我们看到圣安东尼正在向马人和萨提尔询问方向；圣安东尼正在拜访圣保罗的洞穴，乌鸦衔来他每日定量的面包，还给圣安东尼多带了一份；最后圣安东尼在他朋友尸体前祈祷。尽管这种叙事技巧有点过时，委拉斯贵支在画中却展现出笔触的极大自由和透明度。

图225
迭戈·委拉斯贵支
《罗马美第奇别墅的花园风景》，约1630年

图226
乔瓦尼·兰弗朗科
《一位罗马皇帝的葬礼》，约1636年

图227
迭戈·委拉斯贵支
《圣安东尼·阿博特与隐士圣保罗》，约1634年

虽然丽池宫（意为“好的休息寓所”）最初打算作为君主在圣赫罗尼莫教堂静修的皇家寓所，但最终变成了马德里郊区一座巨大的欢乐宫殿，供皇室休闲娱乐。建筑的外观看起来非常朴素，因为使用的建材很普通，建造速度也很快，仅用三年就完工了。但是，内部装饰却十分奢华。这里原有的一些画作现在收藏于普拉多，其中包括乔瓦尼·兰弗朗科（Giovanni Lanfranco，1582—1647年）的《一位罗马皇帝的葬礼》(*Funeral of a Roman Emperor*)(图226)、马西莫·斯坦齐奥内（Massimo Stanzione，1585—1656年）的《向酒神献祭》(*Sacrifice to Bacchus*)(图228）和阿尔泰米西亚·真蒂莱斯基（Artemisia Gentileschi）的《施洗约翰的诞生》(*Birth of Saint John the Baptist*)——这也是画家非常精美的作品之一，画面左边一张虚构的纸上有她的签名。这幅画与另外四幅马西莫·斯坦齐奥内的画作一起构成了表现施洗约翰生平的系列，是为丽池宫花园中的小礼拜堂定制的，现存于普拉多。据说这是17世纪绘画中最精妙的室内场景。斯坦齐奥内的《向酒神献祭》表现出提香和安尼巴尔·卡拉奇对意大利画家的持续影响。最后，兰弗朗科的《一位罗马皇帝的葬礼》也是丽池宫装饰工程定制的三十四幅罗马历史和风俗画系列中的重要作品。效力于西班牙君主的代理人是曼纽尔·德·丰塞卡·祖尼加（Manuel de Fonseca y Zúñiga，1586—1653年），即第六代蒙特雷伯爵，也是1631年至1637年间的那不勒斯总督。他不遗余力地提供当时意大利最著名艺术家的服务。兰弗朗

图228
马西莫·斯坦齐奥内
《向酒神献祭》，约1634年

科交给他的画作似乎并非成品，主要因为他作为壁画家的职业影响到他的油画风格，为此他在19世纪遭到严重批判。丽池宫项目的象征意图尚未有令人满意的解释。这座巨大复杂的宫殿，只有花园保留至今，现在成为公园；原来的舞厅成为普拉多博物馆的组成部分；中心广场的北翼曾经被称为王国大厅，直到最近才改为陆军博物馆（Museo del Ejército）。这是丽池宫举办宴会和庆典的大厅。为了与其重要功能相匹配，它经历过复杂的修饰工程，令人想到哈布斯堡王朝的权势。天顶绘有西班牙君主国二十四个领地的盾牌，这也是大厅名称的由来，墙上挂着二十七幅专门订制的绘画：由不同画家绘制的十二件巨幅战争场景，苏巴朗画的十幅赫拉克勒斯生平，还有五幅骑马像，分别画的是腓力三世、腓力四世和他们的妻子及皇位继承人巴尔塔萨·卡洛斯（Baltasar Carlos，1629—1646年），都出自委拉斯贵支之手。

为了象征王朝的延续，国王的父母，腓力三世与王后奥地利的玛格丽特的骑马像被安排在王国大厅的西墙上，对面挂着腓力四世与他的妻子法国的伊丽莎白（Elisabeth of France，1602—1644年）的肖像（图230和图231）。他的继承人巴尔塔萨·卡洛斯王子肖像（图229）位于两面墙之间的大门上方，这也解释了马的比例问题，因为这画是要从下往上看的。在腓力四世的肖像中，委拉斯贵支成功地迎接了皇家收藏中其他伟大骑马像的挑战，比如提香的卡洛斯四世像、鲁本斯的腓力四世像（已佚）。画中的国王轮廓严谨，身着绅士服装，背景是连绵的瓜达拉玛山脉。他看似轻松地控制着自己的坐骑，从而象征着统治王国的能力。而在法国的伊丽莎白肖像中，略带僵硬的线条和服饰上近乎苛刻的细节表现让人想到继承北方传统的画家，比如潘托哈·德·拉·克鲁兹，也暗示了可能有其他画家与委拉斯贵支合作完成了这件作品。最后一幅，腓力四世盼望许久的长子巴尔塔萨·卡洛斯被描绘成军队的统帅，表明他已经准备好接掌君主的统治权。孰料他不幸夭折，未能如愿。

在战争场景中，特别值得一提的是委拉斯贵支、苏巴朗和马伊诺的作品。从《布雷达的投降》（*Surrender of Breda*）（图232）中可以看出委拉斯贵支表现主题的另一种个性方法。他所面临的任务是描绘大厅里所有战争场景中最重要的一场胜利——通往荷兰的门户布雷达市，被安布罗西奥·斯皮诺拉（Ambrosio Spínola，约1569—1630年）率领的西班牙军队围困之后，于1625年6月5日投降。他从佩德罗·卡尔德隆·德·拉·巴尔卡（Pedro Calderón de la Barca）的戏剧《围攻布雷达》（*El sitio de Breda*，1626年）中汲取灵感，并没有庆祝战争的胜利，而是重点强调西班牙军队的宽容与仁慈。这幅画的中心是斯皮诺拉的姿势，他下了马，以平等的姿态接见投降城市的统治者拿骚的贾斯廷（Justin of Nassau, 1559—1631年），阻止其下跪。伴随左右的是荷兰和西班牙士兵——他们身后的队伍手持长矛，列队整齐，这是力量和秩序的象征，也赐予这幅画一个更通俗的西班牙名《长矛》（*Las Lanzas*），背景中展开的是宏伟的风景。尤其值得注意的是战场上升腾的硝烟逐渐消散，完美地与前景相融合，也证明了委拉斯贵支十分擅长呈现空间与距离感。苏巴朗同时创作了两幅画表现加的斯（Cadiz）保卫战。《加的斯抵御英国人》（*Defence of Cadiz against the English*）（图233）描绘了西班牙军队击退英国舰队始于1625年11月1日的进攻。另一幅现在已经遗失，描绘的是英国人的对手印度舰队安然无恙地进入加的斯。作品沿用了与大厅中其他大多数战争场景一样的构图，但是戏剧性的空间表现稍有夸张。对前景和背景中战争的处理差异非常明显，整个战场看起来就像是背景幕布。苏巴朗以高超技巧和丰富色彩呈现了前景人物的服装和物品特性，塑造了宏伟的人物肖像，包括阅历丰富的城市统治者费尔南多·希龙·德·萨尔塞多·布尔戈斯（Fernando Girón

图229
迭戈·委拉斯贵支
《巴尔塔萨·卡洛斯王子骑马像》(*Prince Baltasar Carlos on Horseback*)，约1635年

图230（第320页）
迭戈·委拉斯贵支
《腓力四世骑马像》(*Philip IV on Horseback*)，约1635年

图231（第321页）
迭戈·委拉斯贵支
《法国的伊丽莎白皇后骑马像》(*Queen Elisabeth of France on Horseback*)，约1635年

266

248

图232
迭戈·委拉斯贵支
《布雷达的投降》，约1635年

de Salcedo y Briviesca，1564—1631年），以及围绕在他身边的人物。这位统治者因痛风而不能走动，在椅子上向他的战场元帅迭戈·鲁伊兹（Diego Ruiz）发出指令。与之形成鲜明对照的是，马伊诺在《收复巴伊亚托多斯桑托斯海湾》（*Recapture of Bahía de Todos los Santos*）（图234）的前景中并没有表现凯旋的统帅，却描绘了照顾伤员的妇女，因此强调的是受害者的痛苦，而把对胜利的象征性表现置于次要地位。1625年5月1日，法德里克·德·托莱多（Fadrique de Toledo，1580—1634年）领导西班牙军队夺回了前一年被荷兰人占领的萨尔瓦多海湾。他出现在画面的右侧，指引被征服者看向表现密涅瓦女神和奥利瓦雷斯伯-公爵为腓力四世戴上胜利花冠的挂毯。马伊诺的灵感来自费利克斯·洛佩·德·维加（Félix Lope de Vega）的戏剧《重建巴西》（*El Brasil restituido*，1625年）。在剧中，将军对着国王的半身雕像发问，他是否应该宽恕被征服者，君主的回答是肯定的。画中各色人物位于一系列紧密相连的平面上。就像马伊诺作品中常见的那样，前景的处理体现出极灵敏的触感。

王国大厅正是以这种方式呈现了三条平行而互补的信息。第一条，王国的盾徽暗示了西班牙君主国在世界范围的扩张。第二条，十幅赫拉克勒斯生平场景展现了国君应有的美德，并进一步完善了骑马像所建立的“王朝延续”这一主题，因为大力神正是神话中西班牙王国的创建者。最后一条，战争场面代表了西班牙军队从1625年到1633年间所取得的胜利，试图强调这一急剧衰退的王国

图233
弗朗西斯科·德·苏巴朗
《加的斯抵御英国人》，1634—1635年

仍然保持着强大的军事力量。

另一处受益于17世纪30年代高涨的艺术活动的地方是托雷德拉帕拉达宫，这座位于帕尔多荒野中的狩猎行宫在1635年至1638年间进行了修缮。这里保存着当时最重要的神话题材绘画系列，是在鲁本斯的指导和委拉斯贵支的参与下完成的，还包括弗兰斯·斯奈德斯和马丁·德·福斯（Martin de Vos，1532—1603年）的狩猎画。向委拉斯贵支定制的几幅肖像，分别描绘了腓力四世（图235）、他的弟弟红衣主教奥地利的费尔南德亲王（图236）、他的儿子巴尔塔萨·卡洛斯作为猎人的形象，显示出即使是君主用于休闲和狩猎的宫殿，也要被赋予具有代表性的价值观。《身着猎装的巴尔塔萨·卡洛斯王子》(*Prince Baltasar Carlos in Hunting Dress*)（图237）与王国大厅中的肖像相比，显得没那么正式，未突出他的皇室特征。画中六岁的他，尽管年幼，但仍然为了狩猎全副武装，这项活

图234
胡安·包蒂斯塔·马伊诺
《收复巴伊亚托多斯桑托斯海湾》，
1634—1635年

动被认为是王子教育的基础，因为这是为战争而做准备。年幼的王子面貌逼真并充满人性，背后是辽阔而明亮的风景，可见远处的瓜达拉玛山脉。这幅肖像画笔法自由多变，银色调占据主体。

《战神》(*Mars*)(图238) 也是为这座行宫绘制的。就像早期的《酒神的飨宴》一样，艺术家在此以自己的方式再现了神话主题。战神马尔斯是一位疲惫而沮丧的战士，正在沉思战争，他的盔甲和盾牌放在脚下，忧郁的眼神凝望着观众。有人认为这幅画是西班牙的象征，这个曾经称霸世界的国家现在开始走向政治与军事的长期衰落。这件作品可能与行宫定制的哲学家画像《伊索》(*Aesop*)和《梅尼普斯》(*Menippus*) 有些关联，这样就使其处于一种怀疑论与幻灭论的语境中。无论如何，《战神》证明了画家如何有效而恰当地运用宽阔自由的笔触来描绘武器的金属光泽、织物的纹理和裸

图235
迭戈·委拉斯贵支
《身着猎装的腓力四世》(*Philip IV in Hunting Dress*)，1632—1634年

图236
迭戈·委拉斯贵支
《身着猎装的红衣主教奥地利的费尔南德亲王》(*Cardinal-Infante Ferdinand of Austria in Hunting Dress*)，1632—1634年

图237
迭戈·委拉斯贵支
《身着猎装的巴尔塔萨·卡洛斯王子》(*Prince Balstasar Carlos in Hunting Dress*)，1635—1636年

体战神的强健肉体。

除了表现皇室和当时的一些大臣与艺术家，委拉斯贵支在这段时间还为腓力四世最宠幸的奥利瓦雷斯伯-公爵创作了肖像，可能他正是画家进入宫廷的引荐人。意味深长的是，奥利瓦雷斯摆出的姿势与国王肖像颇为相似，这也暗示了他在1643年倒台之前曾经权倾朝野。例如，在他的骑马像《奥利瓦雷斯伯-公爵加斯帕尔·德·古斯曼骑马像》(*Gaspar de Guzmán*, *Count-Duke of Olivares, on Horseback*)（图239）中，这位伯-公爵让国王的御用画家把标志其身份的特征全都表现出来，而且是以一种类似君主本人的势态，就像委拉斯贵支不久前为丽池宫王国大厅绘制的画像那样。奥利瓦雷

图238
迭戈·委拉斯贵支
《战神》，约1638年

图239
迭戈·委拉斯贵支
《奥利瓦雷斯伯-公爵加斯帕尔·德·古斯曼骑马像》，约1636年

斯出现在前蹄扬起的马匹上，显得傲慢而鲁莽。这种姿势是君主独有的，代表着至高无上的军事与政治权力。委拉斯贵支使马匹倾斜着立于画面上，面朝背景中的战场，而骑手转过脸面对观众，这一姿势让画家得以掩饰他这个不讨喜的角色，并赋予其力量与动感，与皇室画像中的宁静形成对比。

委拉斯贵支与宫廷的密切关系导致他的宗教画在数量上不及当时其他任何西班牙艺术家。皇室与贵族主要让他画肖像以装饰宫殿，偶尔让他画宗教场景。在他为数不多的宗教画中，有些人看到的是一些信仰淡漠的符号，而自相矛盾的是，他的一些绘画，尤其是《基督受难》(*Crucified Christ*)(图240)，又表现得如此强烈，导致另一些人认为，委拉斯贵支在传达复杂的宗教情感方面极具天赋。这件作品是为马德里圣普拉西多（San Plácido）修道院画的，通常认为是腓力四世亲自下令所作。画面极为简洁，基督与四颗钉子的构图借鉴了其老师帕切科的图像模式。背景中并没有风景，十字架在墨绿色的幕布映衬下，如同一尊雕塑。基督的身体已无生命但比例完美，完全脱离了米开朗基罗建立的肌肉发达的裸体标准，而将他受难的标记缩减到最低限度。一束微弱的光线柔和地勾勒出他的形体，光线在其头顶的光环处最为明显，而他的脸被下垂的头发挡住了一半。基督的宁静之美与委拉斯贵支呈现的内敛和冥想的氛围，使这幅画成为被频繁讨论和复制的西班牙祈祷像。

同时，委拉斯贵支有一部分作品表现了所谓的“弄臣”——小丑、侏儒、患者或残疾人，在早期的现代欧洲宫廷或贵族住宅里大多可以找到这些人。从15世纪晚期费尔南多五世和伊莎贝拉统治时期到18世纪初，他们一直陪伴着西班牙国王和贵族。他们的形象通常被认为是可笑的，反衬着贵族所谓的优雅与完美。他们也提供了一些娱乐，贵族们把他们带回家，以此证明其对弱者的慷慨。在委拉斯贵支之前，已经存在这些人物肖像的传统，普拉多收藏了安东尼斯·莫尔、胡安·桑切斯·科坦和胡安·凡·德尔·哈门的一些代表作。然而，委拉斯贵支更频繁地将他们作为模特。实际上，这是他喜爱的题材之一，普拉多有七件作品可以作证。他第一次拜访意大利之后就开始画他们，那时他已经到达了艺术的成熟期，作为国王的首席画师稳固地立足于宫廷。他在表现他们时，愈加自由地运用宽阔的笔触，几乎消解了颜料的物质性，以极为简约的方式塑造了现实主义的逼真形象。委拉斯贵支发挥了他的神奇天赋，将人物置于冷静的背景中，营造出一种极为微妙的虚构空间。他回避了任何病态的表现，而是满怀同情与喜爱，将尊严赋予这些特殊的人物，就像他对皇室那样，穿透了他们的内心深处，展现出普遍的人性。这些肖像也可能具有讽刺意味，委拉斯贵支内涵复杂的绘画中往往保持着这一特点。在当时，缺乏象征内容的现实主义肖像极为少见，此番事实进一步证实了上述理论。而且，这些肖像画中的所有人物都具备某些特征或采取一些行动使他们的外在形象增加某种意义。

画家爱德华·马奈（Edouard Manet，1832—1883年）认为《帕勃罗·德·巴利亚多利德》(*Pablo de Valladolid*)(图241)“可能是有史以来最惊人的画作”，这是对委拉斯贵支惊世发明的颂词。他在这里创造了一个没有几何参照的空间，没有地板也没有墙。帕勃罗从1632年开始就职于宫廷，直到1648年去世，这个人物形象是绝对逼真的，但只有他的影子和光线的渐变暗示了他所处的空间。他摆出一种朗诵的姿势，就像是虚拟舞台上的演员，很可能他将自己在宫廷中的存在归结于他的喜剧天赋或表演才能。整个作品的表现手法极为简洁，但确实也体现了委拉斯贵支成熟时期的艺术特征：笔触坚实。

图240
迭戈·委拉斯贵支
《基督受难》，约1632年

ΙΗΣΟΥΣ ΝΑΖΟΊΟΣ ΒΑΣΙΛΕΥΣ ΙΟΥΔΑΙΩΝ
IESVS NAZARÆNVS REX IVDÆORVM

图241

迭戈·委拉斯贵支

《帕勃罗·德·巴利亚多利德》，约1635年

图242
迭戈·委拉斯贵支
《巴列卡斯男孩》(*The Boy from Vallecas*),
1635—1645年

图243
迭戈·委拉斯贵支
《小丑卡拉瓦西亚斯》(*Buffoon Calabacillas*),
1635—1639年

图244
迭戈·委拉斯贵支
《小丑普里莫》(*The Buffoon el Primo*),
1644年

委拉斯贵支画的两幅哲学家肖像《伊索》(图248) 和《梅尼普斯》(图247), 与他的 "弄臣" 系列存在关联, 不仅是画面的风格相似, 而且也并非贵族肖像画。作为托雷德拉帕拉达行宫的定制作品, 鲁本斯已经画了哲学家像《哭泣的哲学家赫拉克利特》(*Heraclitus, the Crying Philosopher*) 和《带笑的哲学家德谟克利特》(*Democritus, the Laughing Philosopher*) (图246和图245), 这两个近乎滑稽的人物倒是与委拉斯贵支笔下侏儒和小丑的尊贵相一致。伊索被表现成一个衣衫褴褛的角色, 简直像个乞丐, 暗示他的奴隶出身。这可以在胡塞佩·德·里贝拉的作品中找到这一先例, 他曾以乞丐为模特来表现古代哲学家。这幅画在19世纪时受到现实主义画家的特别赞赏, 因为它的绘画价值

图245
彼得·保罗·鲁本斯
《带笑的哲学家德谟克利特》, 1636—1638年

图246
彼得·保罗·鲁本斯
《哭泣的哲学家赫拉克利特》, 1636—1638年

图247
迭戈·委拉斯贵支
《梅尼普斯》, 约1638年

图248
迭戈·委拉斯贵支
《伊索》, 约1638年

观与审美信条是相契合的。

与“哲学家”一样，委拉斯贵支的一些小丑像也是专门为托雷德拉帕拉达行宫画的。例如《小丑卡拉瓦西亚斯》(图243）和弗朗西斯科·莱斯卡诺（Francisco Lezcano）的肖像《巴列卡斯男孩》(图242)。后者是巴尔塔萨·卡洛斯王子的侍从，就像塞巴斯蒂安·德·莫拉（Sebastián de Morra）一样，他也一直被确认为委拉斯贵支的模特之一。然而，最近的研究表明，1644年的肖像《小丑普里莫》(图244）可能是委拉斯贵支所画的最令人注目的小丑。艺术家在此将带着挑衅而又忧郁的紧张凝视，与纯粹朴素的空间营造相结合。

委拉斯贵支在腓力四世的庇护下生活了三十多年，这位国王是历史上最伟大的收藏家之一，也是一位能够理解其绘画深度与创新的鉴赏家。当他达到艺术创作的成熟期时，为国王创作了一幅新的肖像（图249），以惊人的简练笔法传达出复杂的人性。腓力四世因为失去男性继承人，也因为西班牙王国的衰落而陷入深深的痛苦中，他显得疲倦而苍老，尽管此时还不到五十岁。在黑暗背景的映衬之下，这位君王身着严肃的黑色服装，用倦怠的眼神沮丧地看着我们。艺术家曾经画过另一幅非常类似的肖像，现存于伦敦的英国国家画廊。在那幅画中，这位君主穿着镀金扣子的套装，袖子上带有刺绣，还戴着有金羊毛徽章的链子。然而，普拉多的这幅肖像，没有任何表明人物皇室身份的特征，模特的个性也不是很强烈。画家还创作了《奥地利的玛丽安娜皇后》（*Queen Mariana of Austria*）（图250），这是应她父亲费尔南多三世皇帝的要求而画的，他希望拥有一幅女儿青春期的肖像。她原本被安排与西班牙王位的继承者巴尔塔萨·卡洛斯结婚，但是因为王子的早逝，她嫁给了国王本人，也就是她的亲叔叔腓力四世。这是一幅官方肖像，保持着哈布斯堡王朝女性的早期形象，也具备了官方肖像的典型特征，比如豪华的幕布和她右手扶持的“修士椅”。委拉斯贵支的这幅画技法丰富而奔放，这也是他晚年作品的特征。他运用细小的笔触在宽阔的色域上涂抹，成功地表现了人物的面部和奢华的服饰。

图249
迭戈·委拉斯贵支
《腓力四世》（*Philip IV*），约1653年

图250
迭戈·委拉斯贵支
《奥地利的玛丽安娜皇后》，1652—1653年

委拉斯贵支于1660年8月6日在马德里去世，那时他刚从法国边境上的费桑岛（Los Faisanes）回来不久——腓力四世的女儿玛利亚·特里萨公主（Infanta María Teresa，1638—1715年）与法国路易十四在那里举行了婚礼。画家履行宫廷管家的职责，参加了庆典。1651年他从意大利回来之后，他的宫廷职位占据了他越来越多的绘画时间。然而，他正是在生命的最后时光完成了令人震惊的画作。其中两幅杰作绝对可以位列于绘画史上极伟大的作品：《纺织工》(*Spinners*）或《阿拉克涅的寓言》(*Fable of Arachne*)(图252）以及重要的《宫娥》(图253)，都被收藏在普拉多博物馆。也正是在这段时间，他付出了巨大的努力，历经漫长而烦琐的过程去争取圣地亚哥骑士团的骑士头衔。在腓力四世的支持和英诺森十世（画家在第二次逗留于意大利期间完成了他的肖像）的帮助下，他终于在1659年得偿所愿。在《纺织工》和《宫娥》中，委拉斯贵支展现了纯熟的绘画技巧和忠实再现视觉经验的高超能力。这些作品充满了生命力和空气感，他创造了充满微妙气氛的可信可居的空间。色彩运用十分精妙，表现耀眼光芒的简练技法已入巅峰之境。但是画的内涵相当复杂，可以从多个层面来解读。它们更像是一项智力工程，或是观念的图像，而不仅仅是模仿真实的世界。委拉斯贵支通过它们再次体现了他的观念：绘画是一种高贵脱俗而睿智超凡的艺术。

图251
彼得·保罗·鲁本斯
《掠夺欧罗巴》(*The Rape of Europe*)，
1628—1629年

图252

迭戈·委拉斯贵支

《纺织工》或《阿拉克涅的寓言》,

1655—1660年

很长一段时间以来，《纺织工》或《阿拉克涅的寓言》被视为风俗画，表现了一群纺织工在马德里圣伊莎贝尔皇家挂毯厂（Royal Tapestry Factory of Santa Isabel）里劳作。因为委拉斯贵支把次要的活动置于前景，而主要场面则以更小的比例在背景中展开。加上原作的上方扩充了至少五十厘米，两边扩充了三十七厘米，破坏了原来的构图，使观众的注意力从背景里明亮的小房间转移开，而且那场景也显得距离更远了。在那里，我们可以找到这幅画的主题：立于挂毯前的三个人物扮演了一出神话场景。阿拉克涅，区区凡人，竟敢挑战艺术女神密涅瓦，比试手工的灵巧。当密涅瓦发现阿拉克涅编织挂毯的技巧像自己一样高超时，就把她变成了一只蜘蛛。阿拉克涅的挂毯复制了鲁本斯模仿提香的一幅画《掠夺欧罗巴》(图251)[现藏于波士顿伊莎贝拉·斯图尔特·加德纳博物馆(Isabella Stewart Gardner Museum)]。委拉斯贵支将大师的画等同于神作，暗示了对佛兰德斯和意大利前辈们的敬意。他显然也有意识地抬高了自己作品的地位，将自己与绘画史上这两位巨擘并列，因为他们的作品已经进入皇家收藏，并将最终成就了今天的普拉多博物馆。

然而，毫无疑问，《宫娥》是这博物馆中最广为人知的作品，是委拉斯贵支最著名的作品，也是最集中体现其艺术特征的画作。这幅画很复杂，它似乎向我们呈现了一个生活片段，但在清晰表面的背后隐藏着多层次的解读。在马德里阿尔卡萨宫里的一个房间，我们看到玛格丽特公主（Infanta Margarita，1651—1673年），伴随她身旁的是两位宫娥。其中一位是玛利亚·阿古斯蒂纳·萨米恩托（María Agustina Sarmiento），她用一个小瓷壶为公主供水；另一位是伊莎贝尔·德·贝拉斯科（Isabel de Velasco）。在她左手边，稍往前一点，我们看到了侏儒玛丽巴勃拉（Maribárbola）和一只正被小丑尼古拉西科·佩图萨托（Nicolasico Pertusato）戏弄的狗。再往后，微弱的阴影中，是一位身份不明的男侍者和玛塞拉·德·乌略亚（Marcela de Ulloa），画面的另一边是委拉斯贵支自己。房间的后方，我们可以看到皇室管家何塞·涅托（José Nieto），他站在敞开的大门口，光线勾勒出他的轮廓。镜子中反射出国王和王后——他们站在画面之外，正处于观众的空间。众多人物组织在平衡的构图中，并且具有如此特别的空间深度，似乎已延伸至画外。委拉斯贵支小心地掌控着线条与空气透视，他对光线的处理营造出一种真实的空间和空气感。画面的解释方式有很多种，其中许多是可以互补的。以玛格丽特公主为中心而将国王和王后以镜面反射的方式呈现出来，似乎带有某种政治和王朝的意义。委拉斯贵支像国王、王后和公主一样出现在相同的环境中，戴着象征其社会地位的圣地亚哥骑士团十字架和宫廷管家的钥匙，大概以此确认他的高贵，并认证画作本身。画中的他处于沉思状态，表明其将艺术活动视为智力生产而并非手工技术。挂在背面墙上的绘画也传递了相同的信息。可以识别出这些画包括委拉斯贵支的女婿胡安·包蒂斯塔·马丁内斯·德尔·梅佐（Juan Bautista Martínez del Mazo）的作品，还有鲁本斯的《密涅瓦与阿拉克涅》(*Minerva and Arachne*）以及约丹斯的《阿波罗与玛尔叙阿斯》(*Appollo and Marsyas*）——这两幅画都表现了强调绘画高贵性和自由特征的神话题材。

委拉斯贵支的声望与地位部分掩盖了当时其他重要西班牙画家的光芒，而且，他们与这位塞维利亚画家在个人和工作关系上都存在着关联——在他们各自职业生涯的某些阶段。例如弗朗西斯科·德·苏巴朗和阿隆索·卡诺。在西班牙黄金时期的所有大师中，苏巴朗可能是变化最小的。他的整个职业生涯都深受卡拉瓦乔的影响，自他在塞维利亚当学徒时期就这样。这段时间，委拉斯贵支和卡诺也在塞维利亚。他的技法——坦率的场景呈现和表现宗教情感的技巧——使其成为塞

图253
迭戈·委拉斯贵支
《宫娥》，1656年

图254
弗朗西斯科·德·苏巴朗
《圣彼得在圣彼得·诺拉斯科面前显灵》，
1629年

图255
弗朗西斯科·德·苏巴朗
《钉在十字架上的基督与画家》（*The Crucified Christ with a Painter*），约1650年

维利亚反宗教改革的最虔诚的解释者。这令他获得了安达卢西亚（Andalusia）和埃斯特雷马杜拉（Extremadura）几乎所有宗教团体的订单，并且被认为是表现圣徒与僧侣生平的卓越画家。《圣彼得在圣彼得·诺拉斯科面前显灵》（*Apparition of Saint Peter to Saint Peter Nolasco*）（图254）是苏巴朗和他的工作坊受塞维利亚仁慈圣母会（Calced Mercedarians）修道院委托完成的双联画之一，现存于普拉多。它叙述了此团体的创始人圣彼得·诺拉斯科的生平，在绘画完成的这一年，他被封为圣徒。普拉多的这两幅画描绘了圣徒的两个幻觉，一个是关于神圣的耶路撒冷（Celestial Jerusalem），即《圣彼得·诺拉斯科的幻象》（*The Vision of Saint Peter Nolasco*），另一个是十字架上的圣彼得。在第二幅画中，圣徒在陋室中惊异地看到他的主保圣人使徒圣彼得显灵——他倒立着出现（这是他被钉在十字架上的方式）——为了安慰他不能去罗马拜访他的墓，并鼓励他在西班牙完成使徒的使命。这幅画是苏巴朗在职业生涯的第一个阶段完成的，尽管如此，仍然体现了艺术家成熟风格的两个基

INRI

本特征：一是自然形体的超自然显现，另一个是对织物纹理的敏感处理，尤其是圣徒穿的白色法衣。

1634年，他受宫廷邀请（可能是委拉斯贵支的建议），参与丽池宫的装饰工程，为此完成了两幅战争场景（其中一幅已经遗失）和十幅关于赫拉克勒斯功绩的作品。所有这些都是为王国大厅定制的，并由皇家收藏进入普拉多博物馆。这些年间他还创作了《钉在十字架上的基督与画家》（图255）。与苏巴朗的许多作品一样，这幅画是以其他画家的版画或图像为基础。然而，艺术家在这里用另一个人物取代了赞助者的形象（他们通常会出现在十字架旁），他可能是画家的自画像，传统上被认为是福音传道者圣路加——画家的主保圣人。

西班牙国王并不十分看重苏巴朗的作品，而更偏爱戏剧化的风格，所以从17世纪晚期到18世纪，他的画几乎被遗忘了。普拉多现存苏巴朗的其余作品，除了《匈牙利的圣伊丽莎白》（*Saint Elisabeth of Hungary*），都是现代收购或捐赠的。与那幅画一样，《葡萄牙的圣伊丽莎白》（*Saint Elisabeth of Portugal*）（图256）也是苏巴朗生平所绘著名的女圣徒系列中的一幅。葡萄牙的圣伊丽莎白（1271—1336年）是阿拉贡的彼得三世之女，也是葡萄牙的丹尼斯国王（1279—1325年）之妻，她的象征性标志就是“玫瑰奇迹”，这一奇妙事件与匈牙利的圣伊丽莎白和圣卡西利达（Saint Casilda）有关。这位葡萄牙王后常常随身携带钱币去救济穷人，她的丈夫一直想阻止她布施。有一次，当她与国王偶遇，被迫向他展示裙子下面藏着什么时，那些钱币竟然奇迹般地变成了玫瑰花。

苏巴朗接触皇家收藏的绘画之后，将更明亮、更鲜艳的画风从马德里带回了塞维利亚。这种新风格在某种程度上受到博罗尼亚古典主义的影响，尽管变化程度比里贝拉或委拉斯贵支要少得多。然而，他从未放弃明暗对比或人物静态的纪念性，在处理复杂构图和线性透视的时候，他的局限也很明显。因此，他最著名作品的构图都很简单，尤其是圣徒或僧侣形象，要么单独，要么成对。例如普拉西多·阿兰戈2015年捐赠给普拉多的《祈祷的圣方济各》（*Saint Francis at Prayer*）（图257），跟它一起的还有苏巴朗的另外两幅作品，《圣灵感孕》（*Immaculate Conception*）和《童贞女圣灵感孕》（*Immaculate Conception as a Child*）。关于圣方济各的这幅画于1659年作于马德里，是该主题作品中的典型范例，其叙述模式和表现技法代表了苏巴朗晚期创作的特征——削弱了明暗对比，增加了色彩和光线，但对构图元素的精确描绘和对表现主题的密切关注一如既往。在为人物面部注入精神特质和为无生命对象赋予神秘形体方面，苏巴朗的确天赋异禀。这些特征，加上表现触觉特性的才能和丰富而微妙的用色，使他成为一名杰出的静物画家。17世纪50年代，穆立罗优雅而更具巴洛克风格的作品日渐成功，盖过了苏巴朗在塞维利亚的光辉，他决定回到马德里，1664年在那里去世。

多才多艺的阿隆索·卡诺虽然没有同辈的苏巴朗和委拉斯贵支那么出名，但在当时也是一位重要的雕塑家、祭坛装饰者、建筑师和画家。他在普拉多的画作数量与同时代的其他大师相比要少很多，并且都是他在马德里以绘画为主业期间的作品。卡诺最初跟着作为祭坛画师的父亲学习，后来进入弗朗西斯科·帕切科的工作坊，与稍稍年长的委拉斯贵支共事。他在塞维利亚初期的画作留传下来的极少，普拉多博物馆里一幅也没有。1638年，他已经成为塞维利亚小有名气的画家，被奥利瓦雷斯伯-公爵召唤入宫，担任宫廷画师和皇室助手。跟苏巴朗一样，这一邀请可能来自于委拉斯贵支的推荐。他在马德里期间，由于与委拉斯贵支的关系，以及作为修复者得以近距离接触皇家收藏（尤其是在1640年丽池宫大火之后），这让他对威尼斯绘画有了更深入的认识。于是，他脱离了自然主义，其作品主要受16世纪威尼斯画家和安东尼·凡·戴克作品的影响，这样就出现了一种与同辈画家截

图256
弗朗西斯科·德·苏巴朗
《葡萄牙的圣伊丽莎白》，约1635年

然不同的个人风格。他的独特在于精致细腻与和谐敏感，他对静谧之美的感悟和对完美的自觉追求，因为他是西班牙巴洛克大师中最具理想主义的，与最古典的委拉斯贵支并驾齐驱。《水井的奇迹》（*Miracle of the Well*）是他刚到马德里不久的作品。法国的伊丽莎白，也就是腓力四世的妻子，委托他创作这幅阿尔穆德娜圣母教堂（church of Nuestra Señora de la Almudena）的高祭坛画。当时它成为马德里最受赞誉的作品，部分原因在于其主题。它讲述了马德里的主保圣人圣伊西多尔（Saint Isidore）与其妻黑德的圣玛丽之子的奇迹，他掉进井里之后因阿尔穆德娜圣母而重获新生。卡诺展示了作为叙述者的技巧，他精确地描绘了人物的动作和不同人物类型与态度的内涵。虽然他到达马德里的时间不长，但已经摒弃了在塞维利亚培养起来的制图式风格，并吸收了威尼斯的范式。他自由而轻松的手法，可以看出是受委拉斯贵支的影响。

还值得注意的是卡诺对素描和裸体的表现，这从普拉多的一幅素描作品（图258）可见一斑，这是17世纪西班牙艺术中为数不多的女性裸体画之一。卡诺的这幅画流露出在当时西班牙罕见的微妙。这些作品直到波旁王朝时期才进入皇家收藏，甚至卡诺都没能受雇于宫廷。博物馆到了更晚时期才获得其他作品。《圣母子》（*Virgin and Child*）是卡诺关于玛利亚主题众多绘画中的一个极好例子，它代表了一种拉近人神之间距离的宗教形象。这种类型在西班牙很受欢迎，正如后来穆立罗所获得的成功。在这幅画中，观众可以见证圣母子之间通过眼神的交流而共享的亲昵。经典的构图源自丢勒的著名版画，卡诺将其阐释得精致细腻，充满了古典的宁静，人物面部的甜美令人联想到拉斐尔笔下的圣母。所运用的技法类似于卡诺自己的《水井的奇迹》，在用色方面可以看到提香的影响。人物被置于蓝色调的夜景中，画面中心是圣母的肌肤和外露长袍呈现的柔和粉色。普拉多还收藏了两个版本的《被天使支撑的死去的基督》（*Dead Christ supported by an Angel*）。在其中一幅作品（图259）中，天使温柔地支撑着基督优美的身躯（令人想起米开朗基罗），他忧伤地看着观众，似乎将我们也带入了这一悲剧场景。画面的右边是有城市的风景，左边是耶稣受难的象征——钉子、荆冠和黑暗背景映衬之下金光闪闪的盆子，里面放着一块海绵。艺术家将这一情节表现得克制而平衡，回避了痛苦。他将精力放在裸体表现上，这是他最钟爱的主题之一。基督的尸体上还残留着些许血迹，完美的比例与古典理想相吻合。画家运用了光线所有表现的可能性，使基督苍白无力的肉体（只是比裹尸布略浅）与天使的粉色肌肤和黑暗背景形成对比。整个场景弥漫着沉静和神秘的气氛。

普拉多还有几幅画，是由1595年到1614年间的西班牙画家在马德里完成的，要么是在委拉斯贵支掌管的宫廷中不被重视，要么是为教会客户完成的其他定件。这些沦为次要地位的画家包括胡安·凡·德·哈门，他是一位有佛兰德斯血统的西班牙画家，比委拉斯贵支年长三岁，当他1623年从塞维利亚来到马德里时，委拉斯贵支已经在那儿工作了；胡安·安德烈斯·瑞兹（Juan Andrés Rizi，1600—1680年）是一位画家和理论家，后来离开宫廷加入了本笃会；还有安东尼奥·德·佩雷达（Antonio de Pereda，1611—1678年），在他致力于静物画尤其是为私人定制的宗教画之前，曾经参与了丽池宫的装饰项目。

图257
弗朗西斯科·德·苏巴朗
《祈祷的圣方济各》，1659年

胡安·凡·德·哈门以画静物和鲜花出名，但他也是一位卓越的肖像画家。《侏儒像》(*Portrait of a Dwarf*)(图262) 可作为他擅长此领域的例证。就像委拉斯贵支那样，他也展现了一位所谓的“弄臣”。他遵循阿隆索·桑切斯·科埃略建立的西班牙宫廷肖像的传统，细致入微地描绘了服装，刻画布料的纹理，这种细节呈现也是他静物画的特征。他还将尊严赋予被表现的对象，模特着装优雅，右手握着官员的权杖，以此强调他的自信与高贵。

当时，佩雷达对佛兰德斯细密画传统的兴趣甚于鲁本斯，他还关注到威尼斯画派华丽的色彩，以及里贝拉表现圣徒的方式，这在他的《圣杰罗姆》(*Saint Jerome*)(图263) 中尤其明显。圣徒听着最后审判的号角，翻开的书本上的版画源自丢勒的作品，正表现了这一主题。圣人的身边是象征他典型特征的物品：骷髅与石头，这是他忏悔的象征；书与墨水瓶，暗示了他对写作的热爱。佩雷达以高超的技巧描绘了这些物品，难怪他和凡·德·哈门一样，都经常创作静物画。

这些画家大都继承了自然主义的传统，遵循卡拉瓦乔的图式，保持着前辈们的绘画风格。然而，他们都没有吸收鲁本斯的佛兰德斯绘画的影响，这显然将他们与同时代的其他画家分离开来，或者区别于一些稍年轻的画家——他们坚定地走向了盛期巴洛克风格。他们也没有受到委拉斯贵支的任

图258
阿隆索·卡诺
《裸女》(*Female Nude*)，1645—1650年

图259
阿隆索·卡诺
《被天使支撑的死去的基督》，1646—1652年

图260
胡安·卡雷尼奥·德·米兰达
《着衣的尤金妮娅·马丁内斯·巴列霍》
（*Eugenia Martínez Vallejo*，*Clothed*），约1680年

图261
胡安·卡雷尼奥·德·米兰达
《裸体的尤金妮娅·马丁内斯·巴列霍》
（*Eugenia Martínez Vallejo*，*Naked*），约1680年

图262
胡安·凡·德·哈门
《侏儒像》，约1626年

何影响，后者很少出现在宫廷之外，也许是因为他的客户极端受限，也因为他没有创造任何公众作品，例如大型祭坛画。他的足迹仅仅停留在肖像画领域，与其说是他的风格受人欣赏，不如说是因为他的这类作品构成了既定惯例的一部分，被其他画家广泛模仿以满足宫廷的要求。只有在那些与委拉斯贵支有直接关联的艺术家身上才体现出明显的影响。其中一位就是他的女婿胡安·包蒂斯塔·马丁内斯·德尔·梅佐——继承了他宫廷画师的职位，也是他名正言顺的学生。的确，《萨拉戈萨风景》(*View of Zaragoza*)(图264) 这样品质的作品在很长一段时间内，至少被部分人认为是马丁

图263
安东尼奥·德·佩雷达
《圣杰罗姆》，1643年

图264
胡安·包蒂斯塔·马丁内斯·德尔·梅佐
《萨拉戈萨风景》，1647年

内斯·德尔·梅佐的岳父委拉斯贵支的手笔。然而有确切的记载表明，这是由马丁内斯·德尔·梅佐在1647年随巴尔塔萨·卡洛斯王子出访萨拉戈萨时创作的。辽阔的城市风貌出现在画面背景中，让我们赞叹画家的观察力和空间表现力。前景是埃布罗河北岸的热闹景象，挤满了生动的小型人物。

到17世纪中期，西班牙绘画出现了转型。这场景变革始于17世纪30年代末，主要归因于两个方面。首先是佛兰德斯画派的影响日益增长，因为鲁本斯将大量画作带到西班牙，再加上荷兰版画的广泛传播；第二个方面，西班牙人意识到意大利全景画的变化——罗马-博罗尼亚巴洛克风格取代了卡拉瓦乔式的自然主义。由于这些影响因素，西班牙绘画迄今为止的显著面貌，比如严谨、写实和直接光源，都被动态的构图和明亮的色彩所取代了。湛蓝的天空成为普遍标准，克制让位于姿势，忏悔让位于荣耀，简朴的室内陈设让位于丰富夸张的场景。这种变化首先明显地体现在宫廷画家胡安·卡雷尼奥·德·米兰达和弗朗西斯科·瑞兹（Francisco Rizi，1614—1685年）的作品中，还有他们的后辈，在塞维利亚学画的小弗朗西斯科·德·赫雷拉。卡雷尼奥的肖像画继承了冷静的西班牙传统，也受到委拉斯贵支的影响，但融入了更世俗、更精致的鲁本斯和凡·戴克的肖像风格。优雅的《帕斯特拉纳公爵》（*Duke of Pastrana*）（图265）是这位艺术家最出色，或许也是最能体现凡·戴克影响的作品，还结合了威尼斯画派的光线与色彩。画家打破西班牙宫廷肖像的传统，采用了更大

T.1235

的动态和夸张的炫耀，这正是委拉斯贵支严峻的肖像作品中所缺乏的。这一点明显地表现在模特的姿势上。帕斯特拉纳和特雷梅拉公爵，名为格雷戈里奥·德·席尔瓦·门多萨（Gregorio de Silva y Mendoza，1640—1693年），又称梅里托王子和萨尔达尼亚伯爵，他是卡洛斯二世（1661—1700年）宫廷中极有影响力的人物之一。还有一点，他的身边有两个仆人——马夫在照料他盛装的坐骑，男侍者在调整他右边的马刺。这样的构图让人联想起凡·戴克为英格兰国王查理一世画的猎装肖像（现存于卢浮宫）。即便如此，卡雷尼奥在其他画作中的形式与主题仍然严格遵循着西班牙传统和委拉斯贵支的肖像样式。他画的尤金妮娅·马丁内斯·巴列霍，在当时被称为《怪物》（*La Monstrua*），包括着衣和裸体两幅（图260和图261），体现了当时西班牙宫廷的肖像品位——表现身体或智力上有缺陷的个体人物。实际上，是卡洛斯二世本人委任他的画师去给这个女孩画了两幅肖像。她在六岁时体重就达到了七十公斤，引起轰动，被送入宫廷。在第一幅画中，卡雷尼奥描绘她穿着带银扣的大红锦缎裙子，温暖的威尼斯式色彩和精致的笔触把模特儿变得更柔和，她的表情似乎有点烦恼和怀疑。另一幅画中的模特儿是裸体的，保留了一些葡萄藤和花冠，也许是暗指酒神巴库斯。

弗朗西斯科·瑞兹是胡安·安德烈斯·瑞兹的兄弟，也是一位画家和理论家。当卡雷尼奥于1671年被任命为国王画师时，他在宫廷中被忽略了，所以他的主要作品大多是宗教题材。他最著名的非凡之作是《马德里市政广场上的宗教审判》（*Auto-da-fé in the Plaza Mayor of Madrid*）（图266），两百年前的先例——佩德罗·贝鲁格特的《圣多米尼克·古斯曼主持宗教法庭对异端的审判》（图40）也在普拉多。瑞兹的画具有极高的纪实价值，因为它描绘了1680年6月30日在市政广场上举行宗教审判这一重要的历史事件。整个西班牙的囚犯都在这马德里的中心广场上接受审判，主持盛典的是卡洛斯二世，陪同他的有皇后奥尔良的玛丽·路易丝（Marie Louise of Orléans，1662—1689年）和皇太后奥地利的玛丽安娜。瑞兹细致地描绘了这一场景，呈现了复杂的临时建筑（专门为这一极其重要的场合而修建），并利用此机会刻画出当时西班牙社会的生动面貌。

青年画家们在卡雷尼奥和瑞兹的训练下，以更夸张的动态和更强烈的色彩融入他们的巴洛克风格，并从鲁本斯的构图和凡·戴克的优雅中汲取灵感。卡雷尼奥的学生们，包括梅特奥·塞雷佐（Mateo Cerezo），创造出更宁静、更平衡的构图，而瑞兹的弟子更关注无休止的运动，偏爱冷色调。《圣凯瑟琳的神秘婚姻》（*Mystic Marriage of Saint Catherine*）是根据《金色传奇》而画的，雅各布斯·德·沃拉金在书中讲述了圣凯瑟琳如何在皈依基督教之后梦见自己神秘地嫁给了基督。塞雷佐在画中呈现的不是传统的殉道场景，而是这个梦。他从老师卡雷尼奥那里继承的不仅仅是对提香的崇拜（反映在这幅画的色彩以及威尼斯画派的天空），还有对凡·戴克的景仰（他的同题材作品也藏于普拉多）。简洁的构图、圣徒华丽的服装、光线与流畅的笔触显然令人回忆起佛兰德斯画家。塞雷佐也是一位出色的静物画家，除了这些影响元素，在细节研究方面，他也表现出过人的天资，例如水果篮和折磨圣徒的车轮碎片。

在胡安·安东尼奥·埃斯卡兰特（Juan Antonio Escalante，1633—1669年）的作品中可以找到类似的例子。他既崇拜威尼斯画派，也仰慕个性强烈、优雅非凡的画家何塞·安托利内斯（José Antolínez，1635—1675年）。埃斯卡兰特的《信仰战胜感官》（*Triumph of Faith over the Senses*）属于由十八件作品构成的组画系列，是为马德里的拉·默塞德·卡尔扎达修道院（convent of La Merced Calzada）的圣器收藏室所作，此预示圣餐的场景出自《旧约》。这是其中唯一以寓言为题材的画

图265
胡安·卡雷尼奥·德·米兰达
《帕斯特拉纳公爵》，约1679年

图266

弗朗西斯科·瑞兹

《马德里市政广场上的宗教审判》，1683年

Reynando Carlos
Rey Catolico delas
y Emperador del Nueuo
y siendo Inquisidor
D. Diego Valladares
Obispo de Ouiedo y
del Consejo de Estado de
Año de

作，主题是信仰超越感性的至高无上。信仰手持十字架和圣杯，他身边伴随着五位妇女，象征着五种感官。画面上方，天使握着卷轴，上面用拉丁文写着：“愿信仰取代感官的缺陷。”这是出自圣托马斯·阿奎那（Saint Thomas Aquinas）的圣餐赞美诗《弥撒曲》(*Pange Lingua*) 中的诗句。

与此同时，小弗朗西斯科·德·赫雷拉建立了马德里与塞维利亚之间的联系。在《圣赫尔梅内吉尔德的胜利》(*Triumph of Saint Hermenegild*)(图267) 中，画家描绘了赫尔梅内吉尔德升上天堂的场景。他是西哥特王利奥维吉尔德（Visigoth King Leovigild，572—586年在位）的儿子，因皈依基督教而与父亲对立。6世纪晚期，他拒绝接受一位阿里乌斯派主教的圣餐之后被砍头。与巴洛克的审美和反宗教改革的意识形态相一致，赫雷拉并没有像卡拉瓦乔的追随者那样去展现圣徒在监狱中的殉道，而是描绘了他在天堂光辉中的胜利。为马德里赤足加尔默罗修道院（convent of the Discalced Carmelites）高祭坛绘制的这件巨幅画作中，圣徒手握十字架升上天堂。围绕在他身边的天使们，拿着棕榈树以及殉难的器具和皇室的象征。赫雷拉大胆地运用背光，将利奥维吉尔德和主教置于阴影中，而以透明笔触和微妙色彩塑造的赫尔梅内吉尔德与天使们在明亮的光照下熠熠生辉。

在《圣约瑟夫的梦》(*Dream of Saint Joseph*)(图270) 中可以察觉出同样的特征。这幅画来自普拉西多·阿兰戈的遗赠。该主题在西班牙黄金时期出现得相当频繁，因为它把对这位特殊圣徒的狂热、再次兴起的对阿维拉的圣特里萨（Saint Teresa of Avila）的虔诚和根基深厚的圣母玛利亚崇拜结合在一起。通常这个故事以室内为背景，但是小赫雷拉把它置于室外，这一转变带来重要的审美影响，因为艺术家得以展现他在处理光线与色彩方面的技法。通过这样的方式，赫雷拉以流畅优雅的风格表达出梦境、奇迹与神秘之缥缈。

在马德里，巴洛克风格经克劳迪奥·科埃略达到了顶峰。《圣奥古斯丁的胜利》(*Triumph of Saint Augustine*)(图268) 是一件新的杰作，因宏伟而出名，它借鉴了小赫雷拉的《圣赫尔梅内吉尔德的胜利》，包括圣徒的螺旋形上升和非凡的动态构图。与赫雷拉的作品一样，这件巨幅的祭坛画，中心是纪念碑式的、夸张的戏剧性形象——圣徒向天堂飞升——目的在于表达摄人心魄的虔诚。它是为阿尔卡拉·德·埃纳雷斯（Alcalá de Henares）的奥斯定会修道院（convent of Augustinian Recollects）创作的，后来通过特立尼达博物馆进入普拉多。这位教堂的神父飞越美丽的风景，升向湛蓝的天空，与之相伴的是鲁本斯风格的天使，手握他的主教牧杖。他一边用右手指向天堂，一边审视着被自己击败的敌人——地狱之龙和用古典雕塑代表的异教徒，大天使正用火焰之剑刺向他们。

2002年，普拉多博物馆得到了胡安·德·巴尔德斯·雷亚尔为塞维利亚的主教宫所作圣安布罗斯（Saint Ambrose）生平七联组画中的四幅。它们本来应该是祭坛画，与穆立罗的《圣母子》(*Virgin and Child*)(现存于利物浦的沃克艺术画廊）共同构成一个整体。圣安布罗斯的脸被画成了塞维利亚大主教安布罗西奥·德·埃斯皮诺拉（Ambrosio de Espínola, 1632—1684年），即这幅画的委托人，他也是王国大厅中在战争场景中屡次出现的那位著名将军的孙子。在《圣安布罗斯拒绝狄奥多西皇帝进入教堂》(*Saint Ambrose denying Emperor Theodosius Entry to the Church*) 一画中，圣徒拒绝已经被逐出教会的狄奥多西皇帝进入教堂听弥撒。作为一件成熟的作品，它及其同系列作品具备精心设计的构图，证明了艺术家的叙事技巧。充满活力的笔触和简练生动的处理在此与富于表现力的人物面部相结合。

尽管巴罗洛梅·埃斯特万·穆立罗在今天看来其声望与重要性都依附于委拉斯贵支，但他在很长

图267
小弗朗西斯科·德·赫雷拉
《圣赫尔梅内吉尔德的胜利》，1654年

一段时间内是欧洲最受推崇的西班牙画家，几乎是唯一在西班牙国境之外为人所知的画家，除了里贝拉（他几乎在意大利度过了整个职业生涯）。穆立罗的作品在他有生之年就已经流传到国外，他的国际地位在18世纪时进一步提升，被视为敏感的洛可可艺术先驱。他的声誉相当稳固，尤其是在英国，一直保持到19世纪。从那时起，随着对西班牙画派其他画家的发掘，穆立罗开始遭到质疑，因为其绘画被认为过于温柔与虔诚。例如，在《圣家族与小鸟》(*Holy Family with a Little Bird*)（图269）一画中，穆立罗将观众带入圣家族的日常生活中，呈现于朴素的室内，充满了与当时塞维利亚大众生活有关的细节。这是一幅早期作品，我们可以看到，画面以棕色为主色调，人物造型坚实，刻画严谨，笔触紧密，直接投射的光线突出了圣子及与他玩乐的小狗。圣母正在卷毛线，温柔地看着圣约瑟夫怀抱中的儿子。该主题基于费德里科·巴罗奇现存于伦敦国家画廊的一件作品，但穆立罗在此突出了圣约瑟夫——对他的崇拜从16世纪晚期以来不断增加，人们将其奉为慷慨、无私和谨慎的典范。整个画面充满了情感。穆立罗通过一些美丽的静物细节，比如圣母的工作篮和圣约瑟夫的木匠工具，暗示了对家庭生活和劳动之爱的赞美。

穆立罗的祈祷像表现了孤独的圣人和圣母子，尤其是后者广受欢迎，人们请他一次又一次地重复这样的形象。卡洛斯四世在18世纪获得《念珠圣母》(*Virgin of the Rosary*)（图272）之后将其献给了埃尔埃斯科里亚尔修道院。这幅画仍然带有在17世纪上半叶塞维利亚绘画中占主导地位的自然

图268
克劳迪奥·科埃略
《圣奥古斯丁的胜利》，1664年

图269
巴罗洛梅·埃斯特万·穆立罗
《圣家族与小鸟》，约1650年

图270

小弗朗西斯科·德·赫雷拉

《圣约瑟夫的梦》，约1662年

主义的标志，然而笔触的处理比早期作品中的更为松散，尤其是圣母的纱巾。光线将人物从黑暗的背景中凸显出来，突出了圣母脸庞的肉色和圣子的裸体，同时也造成了衣物褶皱的深色阴影。这两个人物互相拥抱着看向观众，念珠纠缠在他们之间，强调了当时信奉念珠的重要性，也把圣母子一起塑造成代祷者。

1645年，穆立罗已经成为一位独立的画家，短短几年就主宰了塞维利亚的绘画市场。1658年，他暂时离开了几个月去拜访宫廷，可能在那里得以见识皇家收藏。17世纪60年代之后，他成为塞维利亚最受欢迎的画家，接到了当地教会组织大多数的重要订单，因为他们欣赏他的柔和、自信和宏伟的风格，以及温柔的宗教场景——形象逼真而避免苦难。穆立罗的肖像画《尼古拉斯·欧玛楚尔》(*Nicolás Omazur*)(图271）表明他与城市里的知识分子交往密切。欧玛楚尔（1609—1689年）是一位佛兰德斯商人，也是一位诗人，他于1669年来到塞维利亚，成为穆立罗的主要收藏家，最终拥有他三十幅作品。1672年，他定制了这幅肖像画和他妻子的肖像（现已佚失）。穆立罗按照北方巴洛克寓言肖像的简朴样式，把这位商人置于椭圆形的画框中——跟伦敦国家画廊里他那幅自画像一样。欧玛楚尔手中所持骷髅暗指生命的脆弱，与之相对的，是另一幅肖像中他妻子所持象征美貌易逝的玫瑰。

穆立罗的《圣母在圣伯纳德面前显形》(*Apparition of the Virgin to Saint Bernard*)(图273）仍然保留了明暗对比法的传统。卡诺也画过这个主题，但他的版本（也在普拉多）与穆立罗的相比，

图271
巴罗洛梅·埃斯特万·穆立罗
《尼古拉斯·欧玛楚尔》，1672年

图272
巴罗洛梅·埃斯特万·穆立罗
《念珠圣母》，1650—1655年

在风格和图像方面存在差异。穆立罗突出了圣伯纳德昏暗的房间被金光照亮，因此导致了强烈的对比，尤其是在黑暗背景与僧侣闪光的白色法衣之间。圣母抱着圣子光芒四射地出现，周围被天使环绕，她用乳汁报答圣伯纳德的忠诚及致力于推动圣母崇拜。穆立罗展示了他将超自然现象与真实世界相关联的才能，以及创作大型祭坛画的技术。圣人是以流行的样式呈现的，他简朴的房间中有书籍、书写材料、修道院院长的牧杖和百合花（象征着他对圣母的忠诚），都描绘得十分精确而写实，与闪现于天堂之光中的圣母非常自然地并存着。

1662年，穆立罗受命装饰塞维利亚布兰卡圣母教堂（Santa María la Blanca）。这里以前是中世纪的犹太会堂，后来被改建为基督教堂。《贵族之梦》（*Patrician's Dream*）（图274）和《贵族向教皇讲述他的梦》（*Patrician recounts his Dream to the Pope*）（图275）都是装饰工程的一部分，讲述了罗马圣母玛利亚大教堂创立的神奇故事。在第一幅画里，圣母出现在4世纪罗马贵族约翰及其妻子的梦中，她指引他们在埃斯奎利诺山（Esquiline Hill）上建一座教堂。他们在那里发现了雪地里的建筑平面图。整个场景充满了困倦的感觉，显形的圣母发出神秘的光芒，艺术家用轻柔的笔触塑造了圣母的形象，体现了他的成熟风格。第二幅画表现了贵族约翰和他的妻子向教皇利贝里乌斯（Liberius）讲述他们的梦境，教皇决定带领教会成员前往埃斯奎利诺山以证实圣母的旨意。在画面左边，教皇的轮廓被光线映衬得十分清晰，他正在倾听夫妻俩的述说；右侧画面表现了叙述的后半部分，教皇正带队急速赶往后来奇迹般发现教堂平面图的地点。这两幅画在法国占领期间离开了原来的处所，被苏尔特元帅（Marshal Soult，1769—1851年）带回巴黎的拿破仑博物馆（Musée Napoléon）。在那里，它们被加上了镀金的装饰角，展示着圣母玛利亚大教堂的平面图和立面图。直到1816年，它们才回到西班牙。最初挂在马德里的圣费尔南多皇家美术学院（Academia de Bellas Artes de San Fernando），1901年被送到普拉多博物馆。

穆立罗也成功地在儿童场景中注入了亲切与真实感，他的风俗画常描绘一些喜闻乐见的类型，比如街上的顽童与乞丐。宗教画亦然，比如《好牧人》（*Good Shepherd*）（图277）和《有贝壳的小基督与施洗约翰》（*Infant Christ and Saint John the Baptist with a Shell*）（图276）可能是他最成功也最广为人知的作品了——因其作为祈祷画的价值。在第一幅画中，艺术家表现了《圣经》寓言：好牧人基督正在照顾他的羊群。孩子向外看着观众，他的手放在一只绵羊的背上，这种保护姿势告诉我们：相信他的人将无所畏惧。背景中的古典遗迹象征着基督教对异教的胜利。在《有贝壳的小基督与施洗约翰》中，一群小天使增加了场景的神圣性。在他们下方，小耶稣用贝壳给他的表哥施洗约翰喂水，预示着约旦河边的洗礼。标志圣约翰身份的是包裹他的骆驼皮和缠绕在芦苇十字架上的卷轴纸，上面写着："看啊，神的羔羊"（Ecce Agnus Dei），暗示施洗者的身份，他被挑选出来宣告救世主的出现。耶稣的身边有一只羊羔相伴，代表神的羔羊，它的牺牲将去除世界的原罪。

穆立罗画了大约二十个版本的圣灵感孕题材，普拉多博物馆收藏了其中的四幅，《无玷圣母》（*Immaculate Conception of Los Venerables*）（图278）或许是其中最著名的。西班牙，尤其是塞维利亚，成为圣母无玷受胎教义的主要拥护者，这反映在塞维利亚重要艺术家的大量绘画作品中，包括帕切科、罗埃拉斯、大赫雷拉、苏巴朗和委拉斯贵支。虽然穆立罗不是第一个处理此主题的画家，但他创造的样式在信徒中获得了最高的威望。他笔下的圣母比苏巴朗和委拉斯贵支的少了几分

图273
巴罗洛梅·埃斯特万·穆立罗
《圣母在圣伯纳德面前显形》，约1655年

JOANN
E REX
BASILIC
CCCLII.
EPISCOP.
PATRIC.
HANC
ANN. D.
LIBERIUS
ROMÆ.

女性感，但在升向天堂的动态中散发出美丽与光辉。这件《无玷圣母》是塞维利亚大教堂的教士胡斯蒂诺·德·内韦（Justino de Neve，1625—1685年）定制的，他将其捐赠给了城里的教士医院（Hospital de Venerables Sacerdotes）——他是那里教士们的教会导师。后来医院遭到拿破仑的元帅苏尔特的抢劫，他把这幅画带回巴黎的住所。苏尔特去世后，此画在1852年被拍卖，卢浮宫以有史以来的油画最高价将它买下。1941年，通过置换的方式，这幅画变为普拉多的藏品。

穆立罗的画总是非常有个性，最初受罗埃拉斯、大赫雷拉、苏巴朗的影响，带有自然主义的特征，后来被鲁本斯和凡·戴克的巴洛克元素所取代——这些元素经由小赫雷拉传入塞维利亚。他晚年的作品呈现出一种轻松透明的风格，色调明亮，笔触流畅生动，受到18世纪法国和英国画家的推崇。即便如此，穆立罗可谓一直以来遭受歧视，直到20世纪中叶，他的作品被重新评估，再次被认可为西班牙极伟大的画家之一。在所有17世纪的艺术家之中，除了委拉斯贵支，或许他是最具现代性的。尽管穆立罗在世时功成名就，但在哈布斯堡王朝时代，他的作品没有进入皇家收藏。然而，1729年至1733年间，波旁王朝进驻塞维利亚，腓力五世的妻子伊莎贝拉·法尔内塞获得了大量穆立罗的画作，现存普拉多博物馆。总体来看，这些画证明了这位艺术家的成长历程。

图274
巴罗洛梅·埃斯特万·穆立罗
《贵族之梦》，1664—1665年

图275
巴罗洛梅·埃斯特万·穆立罗
《贵族向教皇讲述他的梦》，1664—1665年

图276
巴罗洛梅·埃斯特万·穆立罗
《有贝壳的小基督与施洗约翰》，约1670年

图277
巴罗洛梅·埃斯特万·穆立罗
《好牧人》，约1660年

831 46.

17世纪末西班牙最后一位伟大的画家是那不勒斯人卢卡·焦尔达诺（Luca Giordano，1634—1705年）。他的作品结合了威尼斯色彩的理念与彼得罗·达·科尔托瓦的宏大构图，在这方面堪称成功的继承者。作为一名流动艺术家，焦尔达诺先后在罗马、佛罗伦萨、威尼斯、贝加莫和马德里工作，以快速和多产而著称，而且他吸收了复杂的图像传统。自相矛盾的是，风格上的多样性形成了他最具辨识度的风格，即夸张、隆重和华丽。1692年，焦尔达诺被任命为卡洛斯二世的宫廷画师，在马德里和埃尔埃斯科里亚尔修道院创作了一大批杰作。这批作品对西班牙画家产生了深远影响，从帕洛米诺（Palomino，1655—1726年）到戈雅。焦尔达诺的影响也波及意大利画家，如索利梅纳（Solimena，1657—1747年）、吉安昆托和阿米戈尼（Amigoni，约1680/1682—1752年）。《鲁本斯画〈和平的寓言〉》（*Rubens painting 'The Allegory of Peace'*）（图279）表现出焦尔达诺在同化、接受和转变图像传统上的多才多艺。在这幅画中，以鲁本斯的作品为焦点。他几近完美地模仿鲁本斯的风格，证实了这一假设：对这位佛兰德斯画家才华的致敬。然而，这幅画在传统上被解读为和平的寓言——鲁本斯坐在迪斯科尔（Discord）山顶，正在为一位女士作画，她似乎正把狂暴者推开，想让他飞走。

作为一名出色的壁画家，焦尔达诺也完成了丽池宫宏伟的壁画装饰工程（图280）。这幅画约作于1697年，是为了装饰大使厅的天顶，表现了对西班牙君主政体的神化。焦尔达诺建立了一套复杂的图像，充满象征符号与历史、神话或寓言人物，都与君主政体有关。他用这种方式展现了欧洲最卓越的古代皇室的军事力量。

图278
巴罗洛梅·埃斯特万·穆立罗
《无玷圣母》，约1678年

图279
卢卡·焦尔达诺
《鲁本斯画〈和平的寓言〉》，约1660年

图280（第374—375页）
卢卡·焦尔达诺
天顶画《金羊毛的寓言》（*The Allegory of The Golden Fleece*）或《西班牙君主政体的礼赞》（*Apotheosis of the Spanish Monarchy*），约1697年

第十一章 从意大利到法国

1700年，西班牙哈布斯堡王朝的最后一任统治者卡洛斯二世无嗣而终。法王路易十四的孙子腓力五世继任，从此开启了波旁王朝在西班牙的统治。王朝的更迭带来了趣味的转变，波旁王朝的君主们向西班牙宫廷引进了新的、非常不同的艺术模式。他们召集外国艺术家来马德里绘制官方肖像、装饰宫殿宅邸，然而波旁王朝的艺术鉴赏力传播到宫廷之外还有待时日，那些饱含17世纪马德里巴洛克精神的西班牙画家仍然被排斥在官方委托之外。

从1701年路易十四的“首席画家”亚森特·里戈（Hyacinthe Rigaud，1659—1743年）为腓力五世绘制的身穿西班牙服饰的肖像（现藏普拉多博物馆，这是吸收了西班牙趣味的第一幅图像）到1743年路易-米歇尔·范洛创作的伟大家族肖像，四十二年的时间，哈布斯堡王朝的图像已经被波旁王朝的图像所取代。除了在马德里出现了法国艺术家，历史事件也促成了图像趣味的转变。腓力五世的支持者在西班牙王位继承战（1701—1714年）中的胜利导致了整个国家在结构上的逐步调整。1712年，腓力五世的第一任妻子萨沃伊的玛利亚·路易莎（Maria Luisa of Savoy，1688—1714年）跟长公主（Madame Royale）抱怨，马德里没有艺术家为皇室成员作画。显然，自1685年胡安·卡雷尼奥·德·米兰达去世后，西班牙画家创作的作品并不具有最优秀的品质，尽管这主要是品位问题。

里戈的宏伟风格和他所创造的《太阳王》(*Roi Soleil*）的强大形象为整个欧洲提供了典范，现在西班牙正式采用了这一模式。里戈年事已高且声名显赫，不宜有所变动，所以来到马德里的都是他的追随者。1715年，米歇尔-安热·胡安斯（Michel-Ange Houasse，1680—1730年）率先来到马德里，他的风俗画挂满了圣伊尔德丰索宫中那些不太正式的小房间，但其克制的肖像画似乎并不符合新皇室的要求。米歇尔-安热的父亲是法国画家勒内-安托万·胡安斯（René-Antoine Houasse，1645—1710年），他从小在父亲的工作室接受训练，1699—1705年生活在罗马，1706年进入巴黎皇家美术学院。1715年，在腓力五世的首相让·奥里（Jean Orry，1652—1719年）的邀请下来到西班牙。米歇尔-安热曾经为西班牙君主绘制了七年的肖像画，但几乎没有幸存下来。表现路易一世（Louis I，1707—1724年）的肖像画（图281）是他的杰作之一。这是一幅全身像，将十岁的王子描绘成身穿盛装、姿态优雅的圣灵骑士团（Order of the Holy Spirit）的新成员，冷色调的银色衣服与富丽堂皇的房间和一侧大面积的红色窗帘形成强烈对比。尽管这幅肖像画有着法国式的外观，但其简洁的风格，以及对形式和色彩的控制力更接近西班牙传统。然而，腓力五世喜欢画风较为宏大的肖像画，因此，1722年，让·朗克（Jean Ranc，1674—1735年）取代胡安斯成为了宫廷肖像画家。

朗克是里戈的侄子，1697年进入里戈的画室学习，1722年抵达马德里时已经是一名卓有成就的肖像画家了。他以群像的方式呈现西班牙王室家庭成为西班牙艺术的一项创新。目前仅存一幅油彩草图（图282）可以印证朗克作品的最终面貌，但该画作因1734年阿尔卡萨宫失火而未能完成且破败不堪。国王、王后和他们的孩子们被置于一个通向法式画廊的房间里，场景结合了家庭和宫廷的陈列摆设。站在国王和王后之间的路易、费尔南多（Ferdinand，1713—1759年）、卡洛斯（Charles，1716—1788年）和腓力（Philip，1720—1765年）几位王子构成了西班牙波旁王朝的第一代。腓力五世计划为圣伊尔德丰索宫建造一个画廊，因而委托朗克绘制了一系列家庭肖像。1724年，国王退位，隐居圣伊尔德丰索宫，使得该系列作品具有极高的象征意义和情感价值。卡洛斯王子的肖像（图283）与他的继兄费尔南多王子的肖像是一组，均收藏在普拉多，描绘了年轻的王子置身于自然历史陈列室，这将是他在登基成为卡洛斯三世后非常感兴趣的领域。

1735年朗克去世，这意味着必须找到第三位大师。于是，路易·米歇尔·范洛于同年抵达马德里，他也是里戈从巴黎派来的，直到1752年返回巴黎前一直是腓力五世和费尔南多六世的宫廷画家。范洛的风格将法国巴洛克的浮夸引入西班牙官方肖像画。《腓力五世的家庭》(*Family of Philip V*)(图284）是所有家族肖像中最大的一幅，也是范洛极为杰出的成就之一。这幅宏伟的画作是新波旁王朝长久以来伟大家族肖像计划的巅峰之作，也是三年后去世的腓力五世统治的尾声。皇室成员聚集在一个精心设计的门廊背景前，个个衣着华美。建筑、花园、窗帘和音乐家的在场强调了奢华的宫廷氛围，尽管采用了非常正式的方式，艺术家还是成功地捕捉到了每个人与众不同的性格特点。年迈疲惫的国王与他充满朝气的第二任妻子皇后伊莎贝拉·法尔内塞形成鲜明对比。家庭聚会不仅表达出王朝的意义，也是对西班牙在复杂国际政策中获得成功的庆祝。站在国王旁边的是未来的费尔南德六世，费尔南德六世身后是他的葡萄牙妻子布拉甘扎的芭芭拉（Barbara of Braganza，1711—1758年）和她的继妹巴西公主玛丽安娜·维多利亚（Mariana Victoria，1718—1781年）。最右边的是后来成为西班牙国王卡洛斯三世的那不勒斯的卡洛斯七世，以及他的妻子萨克森的玛利亚·阿马利亚（Maria Amalia of Saxony，1724—1760年）。他们的女儿玛利亚·伊莎贝尔（María Isabel，1740—1742年）与后来成为帕尔马公爵的腓力王子的女儿、她的表妹伊莎贝拉（Isabella，1741—1763年）在前景

图281
米歇尔-安热·胡安斯
《阿斯图里亚斯王子路易一世像》(*Louis I, Prince of Asturias*)，1717年

中玩耍。腓力王子把手放在他的妻子法国的路易丝·伊丽莎白（Louise Elisabeth of France，1727—1759年）的椅子上。年轻的路易王子（Louis，1727—1785年）站在皇后身后，此外还有未来的法国王妃玛利亚·特蕾莎（Maria Teresa，1726—1746年）和未来的撒丁岛王后玛利亚·安东尼娅·费尔南达（Maria Antonia Fernanda，1729—1785年）。

为了从制度上规范艺术趣味的新方向，西班牙皇家美术学院得以成立，范洛在回到法国之前积极参与了马德里圣费尔南多皇家美术学院的创建工作。范洛的影响波及艺术的各个门类和绘画的不同类型，也为培训后继的西班牙艺术家指明了方向。然而，随着腓力五世的第二任妻子伊莎贝拉·法尔内塞的到来，意大利的影响在费尔南多六世和卡洛斯三世统治期间持续发酵，至18世纪后半叶，起初流行的法国样式日益衰落。法国巴洛克的奢华豪迈随着路易十四的谢世让位于一种更加注重感官形式和两性情感的风格。在接下来的摄政王奥尔良公爵菲利普二世（the Regent Philippe

图282
让·朗克
《腓力五世家庭肖像》（*The Family of Philip V*），约1723年

d'Orléans，1674—1723年）统治时期，宫廷迁至巴黎，圣热尔曼（Saint-Germain）和圣奥诺雷（Saint-Honoré）街区城市宫殿的优雅迷人取代了凡尔赛的雄伟壮观。花园、工作室、闺房被装饰得符合新的精致的享乐主义和反古典主义趣味。洛可可风格就是在这样的环境中发展起来的，继此前的史诗气概之后，以臆想的风流韵事（*galanterie*）表现易逝却愉悦的风格。洛可可在本质上是一种装饰风格，它将线脚、家具、瓷器的表面改造成弯曲的、不规则的形式。这种精神也蔓延到绘画领域，宫廷生活的精致格调被转换到画面上，激起了人们对自然和乡村生活的热爱。感官色彩成为新的关注点，对设计和构图的兴趣减少了。为了与新型的、更私密的房间类型相适应，画作在尺寸

图283
让·朗克
《儿童时期的卡洛斯三世》（*Charles III as a Child*），约1724年

图284

路易-米歇尔·范洛

《腓力五世的家庭》，1743年

图285
休伯特·罗伯特（Hubert Robert，1733—1808年）
《罗马圆形竞技场》（*The Colosseum in Rome*），1780—1790年

上变小，绘画通常是装饰性的，而不再是具有代表性的典范，失去了宏大的气势，而变得清新、感性、充满奇闻轶事。诸神的美德和英雄事迹被酒神的狂欢和神人之间的性爱或情色情节所取代。化装舞会、狂欢、雅宴（*fête galante*），以及公园和空地上的贵族娱乐活动，就像再现古代遗迹和新近流行开来的东方异国情调一样，成为流行题材。实际上，这种被称为“维都塔”（*veduta*）的城市和遗迹风景画在18世纪骤然增加。由于意大利的古典历史和丰富的古代遗址，这里产生了大量

的全景画家或维都塔画家，但也有许多周游全国的欧洲艺术家专门从事此种题材。休伯特·罗伯特就是其中之一，他在意大利的十一年间得以研究那里的考古遗迹，并结识了乔瓦尼·保罗·帕尼尼（Giovanni Paolo Panini，1691—1765年）和乔瓦尼·巴蒂斯塔·皮拉内西（Giovanni Battista Piranesi，1720—1778年）。然而，尽管罗伯特拥有意大利遗迹的第一手资料，他的方法仍然是幻想性的，他夸大了这些遗迹的纪念性，将其置于戏剧性的背景之下，因为他意识到建筑在宏大的衰败状态下能够引起强烈的共鸣。他的《罗马圆形竞技场》（图285）就是一个非常典型的例子。在巨大的拱形廊道间点缀着的人物为作品增加了情感因素。拱顶有一群女人，俯视着正要深入地下坑穴中的男子，而其他人则在石头上交谈，或者将石头放在一边以便再次使用——通过人物的存在为古老的环境注入活力。

图286
弗朗索瓦·布歇
《潘和绪任克斯》（*Pan and Syrinx*），
1760—1765年

图287
让-安托万·华托
《公园中的雅宴》(*Fête in a Park*),
1712—1713年

通过让-奥诺雷·弗拉戈纳尔（Jean-Honoré Fragonard，1732—1806年）、让-安托万·华托（Jean-Antoine Watteau，1684—1721年）和弗朗索瓦·布歇（François Boucher，1703—1770年）的作品，洛可可风格以一种远离学院主义的、创作自由的姿态在欧洲传播开来。布歇的作品在强调装饰性的同时具有一种近乎情色的性感，充分体现了洛可可美学。布歇的成功使他得以为路易十五（Louis XV，1710—1744年）和蓬巴杜夫人（Madame de Pompadour，1721—1764年）服务，并自1765年起担任法国皇家美术学院负责人。作为一名设计师、装饰家和画家，布歇在法国宫廷取得了辉煌的职业成就，直到新古典主义出现。《潘和绪任克斯》(图286）以对神话题材的情色化处理和娴熟、

图288
让-安托万·华托
《订婚和乡村舞蹈》，约1711年

松动的笔触，以及色彩的运用成为布歇风格的代表。18世纪的神不再是朱庇特和阿波罗，而是维纳斯和那些象征着自然、美丽和感官享受的神。在酒神巴库斯的儿子牧神潘的故事中，他追求美丽的仙女绪任克斯，但当她被她的姐妹和父亲河神拉冬（Ladon）变成芦苇时，他的欲望受挫。潘折下其中的一根芦苇，做成了古代牧羊人使用的排箫。

在西班牙，新波旁艺术的官方特性和意大利巴洛克持久的重要性在一定程度上限制了洛可可的影响。尽管如此，在胡安斯的肖像画和类似《酒神节》（*Bacchanal*）这样的风俗画，以及皇家住宅的装饰中都可以明显地看出来。普拉多收藏的让-安托万·华托的两幅画说明了伊莎贝拉·法尔内塞的现代趣味，这两幅画可能是她从她的外科医生兼艺术品经销商弗洛伦西奥·凯利（Florencio Kelly）那里获得的。华托于1712年进入皇家画院，1717年被冠之以“雅宴画家”之名。“雅宴画”是一个由艺术家发明的、用来涵盖新风俗题材的绘画类型。《公园中的雅宴》（图287）比《订婚和乡村舞蹈》（*Signing the Marriage Contract and a Country Dance*）（图288）稍晚，后者因艺术家对色彩和光线的运用而更加模糊和易逝。雅宴所在的公园有两个喷泉，一个献给海神尼普顿（Neptune，相当于希腊神话中的波塞冬），另一个献给农神克瑞斯（Ceres，相当于希腊神话中的德墨忒尔），喷泉几乎与周围的植物融为一体，沐浴在金色的薄雾中。人物被精心安排成组，或交谈或冥想。所描绘的转瞬即逝的瞬间本身并不重要，重要的是人物的姿态和精致色彩所呈现的美感与梦幻般的氛围。这些作品所散发的静谧氛围总是带有那么一丝忧郁，这是其模仿者所欠缺的。

图289
路易斯·埃希吉奥·梅伦德斯
《腓力五世像》，1718—1722年

法国波旁王朝在西班牙的统治者对外国艺术家的偏爱意味着那些仍然饱含上个世纪精神的当地画家被排除在官方委托之外。这导致了在18世纪上半叶很少有西班牙艺术家可以声名鹊起。米格尔·哈辛托·梅伦德斯（Miguel Jacinto Meléndez，1679—1734年）是为数不多的例外，他作为肖像画家供职于腓力五世的宫廷，他的侄子路易斯·埃希吉奥·梅伦德斯是18世纪西班牙艺术的杰出人物之一，尽管他主要从事次要的静物画创作。米格尔·哈辛托学习的是马德里的巴洛克传统，但他却成为第一位吸收由波旁国王带到西班牙宫廷的法国画家所采用的新型皇家肖像样式的西班牙艺术家。他的《腓力五世像》(*Philip V*)（图289）与王后伊莎贝拉·法尔内塞的肖像是一组，均收藏在普拉多博物馆。画作显示出波旁家族在奢华繁缛服饰方面所引导的新时尚，这与哈布斯堡家族截然不同。尽管梅伦德斯将法式肖像画的冷色调与理想化倾向和更密集的笔触结合在一起，但勾勒出国王轮廓的灰暗背景还是尽显西班牙巴洛克传统，这与法国艺术家在西班牙统治者肖像画中所采用的宏伟宫殿和花园景色形成鲜明对比。

普拉多博物馆另一个最具特色的收藏品类也形成于18世纪。从很早以前，人们就认为美丽的石头具有神奇的治愈和保护力量。矿山的偏远、采石的艰难，以及加工处理后的精致使人们对之趋之若鹜，成为少数特权人士提高威望、彰显身份的象征。王太子宝藏在早期的库存清单中被称为“王太子珠宝”(*Alhajas del Delfín*)，包括来自法国的路易（1661—1711年，路易十四的长子、西班牙波旁王朝的第一位君主腓力五世的父亲）的近一百五十件珍贵器物。当路易十四在1715年去世时，希望长孙可以继承正在凡尔赛宫他父亲房间中展出的最好的一批作品。根据记录，1724年这些作品存放在圣伊尔德丰索宫。1776年，具有启蒙观念的国王卡洛斯三世对这些藏品产生了科学的兴趣，将其捐赠给皇家自然历史陈列馆。在对法国的半岛战争（1808—1814年）期间，有的佚失了，有的被损坏了。1839年，宝藏得以回归皇家陈列馆，之后由伊莎贝拉二世（Isabel II，1830—1904年）移交给皇家绘画博物馆，即未来的普拉多博物馆，从而将其艺术价值置于矿物学兴趣之上。

构成宝藏的器物可分为两类：一类是无色水晶制品，另一类是玉石、玛瑙、玉髓、青金石、混色碧玉、石英和雪花石膏等所谓的“硬石”制品。宝石和半宝石种类丰富，前者有钻石、蓝宝石、绿宝石、红宝石，后者有绿松石、紫水晶、石榴石等，此外还有各种尺寸的珍珠。裱背由图坦（Toutain）这样的著名工作室制作，一般是装饰着大量珐琅的黄金制品。器物的图像学来源非常广泛，从奥维德的《变形记》到《旧约》全书，装饰内容亦非常丰富，涵盖了从古代到文艺复兴，包括中世纪和拜占庭。除了一些来自波斯、中国、土耳其和莫卧儿帝国，最重要的工作室包括米兰水晶雕刻大师米塞罗尼（the Miseroni）和萨拉奇（the Sarachi）家族，以及吉安巴蒂斯塔·梅特利诺（Giambattista Metellino）。几乎所有宝物都有独立的木匣，木匣表面包裹着精美的皮革或奢华的布料[其中大部分存放在马德里装饰艺术博物馆（Mueso de Artes Decorativas）]。

《黄金美人鱼玛瑙盐罐》(*Onyx Salt Cellar with a Gold Mermaid*)（图290）是宝藏中的一件杰作，主体是一个金制美人鱼，双尾点缀着蓝、绿、红色的装饰。人鱼身形纤细，头戴羽毛冠饰，身上装饰有许多宝石，手擎玛瑙托盘，可能是用来盛盐的。美人鱼的下面是一块玛瑙，由四只装饰华美的海豚支撑美人鱼的基座。这件作品与维也纳艺术史博物馆（Kunsthistorisches Museum）中著名的本韦努托·切利尼（Benvenuto Cellini，1500—1571年）的盐罐有关，可能出自16世纪上半叶一家熟悉意大利原型的法国工作室。

图290（第390—391页）

《黄金美人鱼玛瑙盐罐》，1501—1550年

第十二章 重返意大利

尽管欧洲的政治和经济中心在18世纪转移到了波旁法国，意大利仍然是美学论争的要地，为现代绘画提供了新的出路。此时的亚平宁半岛呈现出一个复杂的艺术拼图，因为不同的地方政权根据其独特的艺术传统而喜欢截然不同的风格，由此产生的多样性均可见诸普拉多：从法国对萨沃伊皮埃蒙特宫廷（Piedmontese court），特别是多梅尼科·杜普拉（Domenico Duprà，1689—1770年）作品的影响，到塞巴斯蒂亚诺·孔卡（Sebastiano Conca，1680—1764年）的罗马学院派，再到弗朗切斯科·索利梅纳的晚期那不勒斯巴洛克风格。除了这些本土的意大利画家，还有许多外国艺术家被"壮游之旅"所吸引。这是一次影响深远的远行，将欧洲各国的旅行者带到了意大利。蓬佩奥·巴托尼（Pompeo Batoni，1708—1787年）绘制的《刘易舍姆子爵乔治·莱格肖像》（*George Legge, Viscount Lewisham*）（图292）就是一个很好的证明。巴托尼的肖像画技艺精湛，以使用与旅游相关的元素为特征，在这件作品中表现为小福斯蒂娜（Faustina the younger，125—175年，罗马皇帝马库斯·奥勒留的皇后，在去东方的途中身故）半身像和意大利地图。艺术家采用了英国肖像画画法以迎合雇主趣味，这种技法源自安东尼·凡·戴克在英国期间创作的同类作品。

此外，随着在贵族、资产阶级和知识分子中出现新的私人收藏家，国际艺术市场中绘画输出的多样性也有所增加，见证了维都塔的兴起。维都塔又被称作景观画，是18世纪创作极为丰富的题材之一。意大利自身成为图画的主题，可以是废墟、城市，亦或是如画的景致。维都塔为艺术家

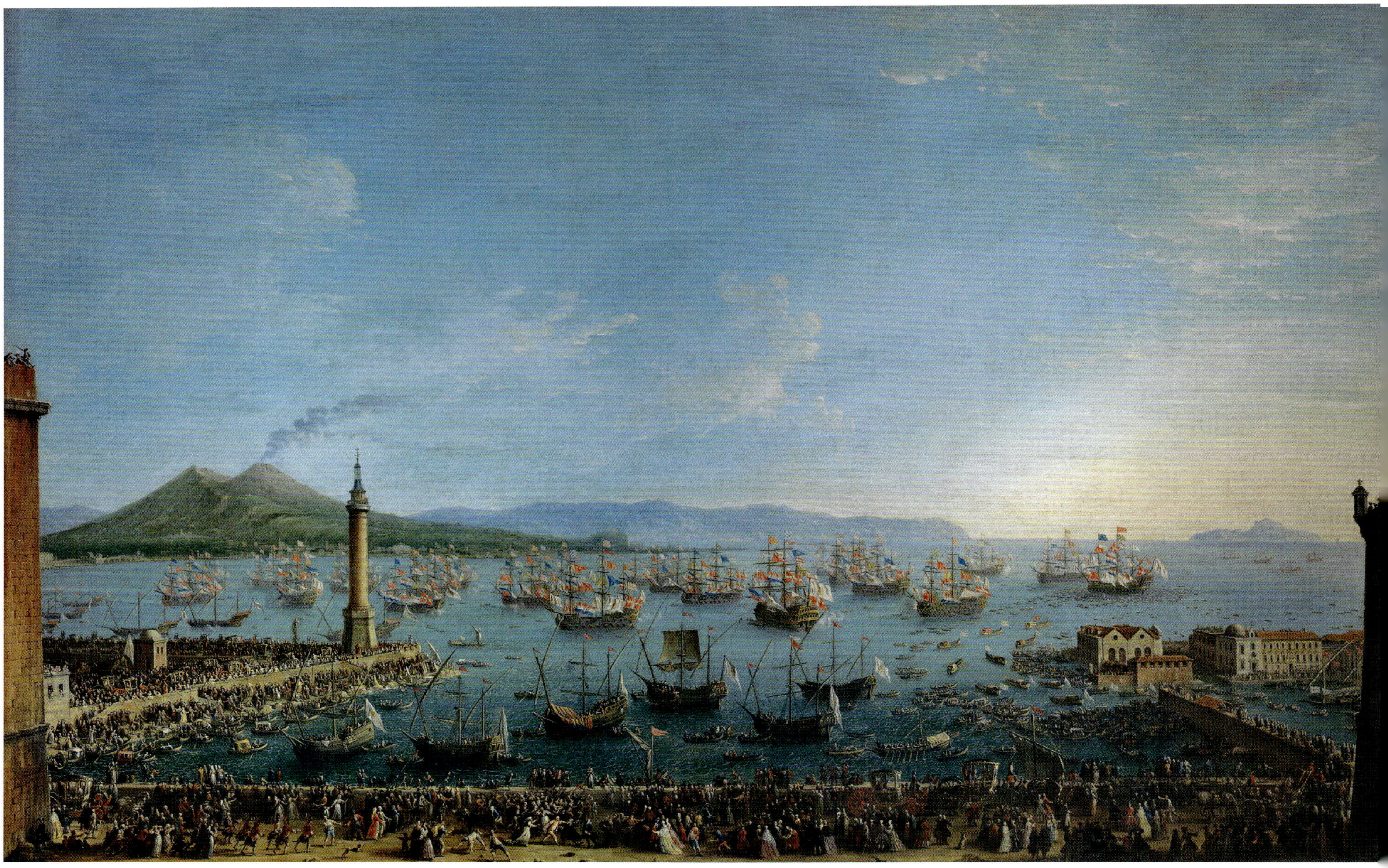

提供了多种选择，罗马的加斯帕·凡·维特尔（Gaspar van Witell，1653—1736年）或乔瓦尼·保罗·帕尼尼在作品中表达了对古代的宏伟憧憬；而在威尼斯这个18世纪职能最多、最前卫的城市则表现为技术上的绚丽辉煌，代表艺术家有卡纳莱托（Canaletto，1697—1768年）和弗朗切斯科·瓜迪（Francesco Guardi，1712—1793年）。安东尼奥·乔利（Antonio Joli，1700—1777年）是著名的维都塔画家之一，他在德国、伦敦和马德里担任过戏剧布景设计师，在波旁王朝的卡洛斯七世离开那不勒斯前不久抵达那里。1759年，费尔南多六世在西班牙无嗣而终，卡洛斯成为王位的直接继承人，于是他放弃了那不勒斯王位，回到西班牙加冕为卡洛斯三世。西班牙海军中队于9月4日抵达那不勒斯，10月6日皇室成员登船，这一刻被记录在《从港口看波旁王朝的卡洛斯起程前往西班牙》（*Departure of Charles of Bourbon for Spain, seen from the Harbour*）（图291）。乔利的绘画严格遵循地形，从新堡（Castel Nuovo）的顶部俯瞰那不勒斯港口，以维苏威火山为背景展现了全景式海景。艺术家表现出对细节的入微关注，作品对这一重大事件的呈现即是对那不勒斯社会生活的忠实记录。

对习惯上称之为洛可可风格的接受，与威尼斯人偏爱色彩的传统结合在一起，产生了前所未有

图291
安东尼奥·乔利
《从港口看波旁王朝的卡洛斯起程前往西班牙》，1759年

图292
蓬佩奥·巴托尼
《刘易舍姆子爵乔治·莱格肖像》，1778年

ITALIA

的视觉丰富性，这使得一些画家更加国际化。雅各布·阿米戈尼是一位具有国际视野的艺术家和成功的商人，他周游欧洲，1747年在歌手法里内利（Farinelli，1705—1782年）的推荐下开始为西班牙的费尔南多六世服务。在马德里，阿米戈尼被任命为宫廷画家，并成为刚创建的圣费尔南多皇家美术学院第一任院长。《在本杰明手提袋中发现杯子》(*Discovery of the Cup in Benjamin Bag*）和《约瑟夫在法老王宫》(*Joseph in the Pharaoh's Palace*）是用以装饰阿兰胡埃斯皇宫会客厅的一组作品。约瑟夫的故事用以隐喻正直可敬的君主所具备的美德。建筑环境呈现出威尼斯画派的影响，而粉红色、淡黄色和天蓝色的使用则反映出洛可可的美学趣味。这幅画略显草率，表明在1752年阿米戈尼去世时仍未完成。

西班牙尤其受益于皇室赞助。虽然新的波旁王朝将皇室肖像画的制作交给了法国画家，但像圣伊尔德丰索宫装饰这样的工程则主要委托给意大利艺术家进行。腓力五世的皇后伊莎贝拉·法尔内塞将安德烈亚·普罗卡奇尼（Andrea Procaccini，1671—1734年）、多梅尼科·萨尼（Domenico Sani，1690—1773年）和巴尔托洛梅奥·鲁斯卡（Bartolomeo Rusca，1680—1750年）等艺术家召集到西班牙以推行其独特的审美趣味。西班牙王室不仅获得了包括卡罗·马拉塔画作在内的重要收藏，还赞

助帕尼尼、孔卡以及弗朗切斯科·因佩里亚利（Francesco Imperiali，1679—1740年）、普拉西多·科斯坦齐（Placido Costanzi，1702—1759年）、弗朗切斯科·特雷维萨尼（Francesco Trevisani，1656—1746年）、弗朗切斯科·索利梅纳等人的艺术创作。那不勒斯国王卡洛斯七世，即未来的西班牙国王卡洛斯三世也为西班牙宫廷送来作品。此外，腓力五世的继任者费尔南多六世在法里内利的影响下偏爱浮夸的洛可可风，邀请阿米戈尼和科拉多·吉安昆托等享有国际声誉的艺术家来到西班牙。吉安昆托在那不勒斯接受训练，受那不勒斯巴洛克画家索利梅纳和已故艺术家卢卡·焦尔达诺的影响。吉安昆托后来移居罗马，与孔卡一起工作，在那里接触到了相对朴素的学院主义和新的洛可可美学。他希望绘制湿壁画以获得更辉煌的国际职业生涯，而不仅仅是一名从事架上绘画的画家。继阿米戈尼去世、路易-米歇尔·范洛离开后，鉴于新皇宫的装饰需要欧洲最好的艺术家为之而努力，吉安昆托于1753年被邀请到马德里，被任命为宫廷画家和圣费尔南多美术学院院长，为西班牙王室住宅创作湿壁画和油画。其寓言画《正义与和平》(*Justice and Peace*)（图293）的主色调采用了18世纪流行的粉色、绿色和淡黄色，将巴洛克遗风与洛可可的优雅、精致结合在一起。“正义”象征性地拥抱“和平”，一些小丘比特向人们展示着因他们的结合而产生的丰硕果实，另一些则正在熔毁武器装备。

在18世纪初威尼斯发展起来的新艺术手法结合了地方传统与洛可可风格，形成了欧洲最具吸引力的风格之一。阿米戈尼、卡纳莱托、瓜迪和提埃波罗等艺术家都采用了该风格。詹巴蒂斯塔·提埃波罗最初在格雷戈里奥·拉扎里尼（Gregorio Lazzarini，1655—1730年）工作室接受训练，此后他选择了光色对比强烈的明暗法和乔瓦尼·巴蒂斯塔·皮亚泽塔（Giovanni Battista Piazzetta，1683—1754年）的宏大构图。1717年，他加入画家行会，两年后与维都塔画家弗朗切斯科·瓜迪的妹妹塞西莉亚·瓜迪（Cecilia Guardi）喜结连理，婚后共养育了九个孩子，其中詹多梅尼科（Giandomenico，1727—1804年）和洛伦佐（Lorenzo，1736—1776年）也成为了画家。

老提埃波罗为当地贵族创作的第一批委托作品显示出他早期在皮亚泽塔影响下的昏暗风格，比如泽诺比奥宅邸（Ca'Zenobio，1718—1720年）中表现巴尔米拉女王泽诺比亚（Queen Zenobia of Palmyra，约240—274年）故事的装饰壁画。提埃波罗画风变亮的关键是接受了塞巴斯蒂亚诺·里奇（Sebastiano Ricci，1659—1734年）的影响，因为后者吸收了威尼斯画派，特别是委罗内塞的传统。随后在乌迪内（Udine，1726—1728年）的作品表明高亮度和浅色调已经成为提埃波罗绘画的特点。1731—1732年，提埃波罗在米兰和贝加莫工作，1736年甚至在斯德哥尔摩接到过装饰皇宫的委托，但他最终没有接受这个项目。提埃波罗还曾在威尼斯的拉比亚宫（the Palazzo Labia）工作，1750年，他与儿子们一同装饰了维尔茨堡宫（the Residenz in Würzburg），从宫殿内的湿壁画可以看出提埃波罗风格成熟期史诗般的辉煌。

卡洛斯三世邀请他赴马德里装饰新皇宫的国家议会厅。1762年，年迈的提埃波罗在儿子们的陪同下抵达马德里。1762—1766年间，他装饰了包括国王室（the Throne Room）在内的众多议会厅，同时被任命为宫廷画家。《亚伯拉罕和三天使》(*Abraham and the Three Angels*)（图294）是提埃波罗成熟风格的典范，描绘了拜访亚伯拉罕和撒拉的三位朝圣者说明自己是上帝的天使并宣布以撒即将诞生的时刻。画面采用两个不同的视角创造并结合了两个不同的现实：低处剩下的食物、朝圣者的手杖和跪着的长者暗示出神启之前发生的事情；云层从高处倾斜而下直至地面，天使们似乎正降落

图293
科拉多·吉安昆托
《正义与和平》，1753—1754年

尘世。通过使用双视角和错落有致的人物安排，提埃波罗成功地塑造了神启的瞬间。色彩服务于叙事，天使的色调柔和明亮，在构图低处深赫色的衬托下越发轻盈飘逸。

不计其数的委托接踵而至，其中包括为阿兰胡埃斯的圣帕斯夸尔修道院（San Pascual）绘制的七幅系列作品。《圣灵感孕》（*Immaculate Conception*）（图295）是组画中的一幅，表明提埃波罗在马德里的创作达到了其职业生涯和个人风格的巅峰。再一次，提埃波罗通过低视角与垂直构图的结合凸显出圣母形象的高贵。她身姿优雅，婀娜地扭转增加了画面的动感而又不显浮夸，色彩稠密

图294
詹巴蒂斯塔·提埃波罗
《亚伯拉罕和三天使》，约1770年

图295
詹巴蒂斯塔·提埃波罗
《圣灵感孕》，1767—1769年

如珍珠般细腻，使整幅画充满律动感。圣母的面容以自然主义的手法加以描绘，深沉而静穆，与活泼的天使形成强烈对比。在云层中，我们能够看到寓意圣母纯洁的各种象征物，比如百合、玫瑰、棕榈树、镜子、宝球、新月和蛇。1775年，整组作品被安东·拉斐尔·门斯及其西班牙追随者马利亚诺·萨尔瓦多·马埃利亚（Mariano Salvador Maella，1739—1819年）和弗朗西斯科·巴耶乌（Francisco Bayeu，1734—1795年）的作品所替代，表明提埃波罗充满动态、色彩绚丽的风格已经不适合新古典主义的大环境了。实际上，新古典主义在马德里的流行削弱了提埃波罗的地位。1770年，提埃波罗去世，他的两个画家儿子并没有都留在西班牙，洛伦佐留下了，詹多梅尼科则返回了威尼斯，间或承接来自西班牙皇室的委托。

最初，父亲詹巴蒂斯塔的声名使詹多梅尼科很难大放异彩，直到1770年返回威尼斯，他才在风格和主题方面呈现出别具一格的特色。《耶稣跌倒在去往各各他的路上》（*Christ falls on the Road to Calvary*）是为马德里圣费利佩纳利修道院（San Felipe Neri）内八个十字交叉处所作的系列绘画之一。作品以更戏剧化和更丰富的细节替代了老提埃波罗的英雄风格。白色木制十字架浸满了鲜血，与耶稣的身体形成色彩上的呼应。耶稣身后是帮他托十字架的昔兰尼的西门（Simon of Cyrene）和圣女，左侧是陪耶稣去各各他受难地的人群。

洛伦佐是提埃波罗的幼子，他发现用色粉这一媒介表现肖像更适合他的艺术手法。青年洛伦佐于1762年随父亲一同抵达马德里，驻留宫廷期间为西班牙亲王绘制肖像。在《波旁家族的玛利亚·路易莎公主》（*Infanta María Luisa of Bourbon*）（图296）中可以看出他作为色粉艺术家的精湛技艺。路易莎是卡洛斯三世和萨克森的玛利亚·阿马利亚的次女，她身披白鼬披肩，头戴醒目的毛皮插羽帽，强烈明快且有空气感的色彩进一步凸显出被画者服饰的华美。色粉画的脆弱性以及公主坚定的目光和愉悦的心情所传递出的生动即时感完全不同于宫廷肖像画的礼仪规范，表明这是一件为家庭制作的私人作品。

新古典主义美学准则在西班牙的兴起与安东·拉斐尔·门斯于1761—1769年在宫廷的供职有关。也正因为如此，普拉多收藏有门斯的油画、素描近四十幅，包括一些最具代表性的作品。其中的大部分构成了波旁王朝的肖像画廊，也有一些是他最著名的宗教画。门斯是欧洲重要的早期新古典主义画家。他是萨克森宫廷画家伊斯梅尔·门斯（Ismael Mengs，1688—1764年）的儿子，曾在德累斯顿和罗马接受艺术训练，在那里研究了古代和文艺复兴时期的大师们，特别是拉斐尔的作品。这种古典主义的基础将成为他思想和绘画中不变的特征。门斯在德累斯顿完成学业，成为萨克森的画家领袖，但他一生的大部分时间却是在罗马度过的。他是新古典主义理论家约翰·J.温克尔曼（Johann J. Winckelmann，1717—1768年）的朋友，温克尔曼主张回归古希腊模式。门斯自己写过一篇论艺术的文章来捍卫他关于理想美的概念，其观点与温克尔曼的非常接近，但主要围绕16世纪意大利画家展开。

门斯服务于那不勒斯和西班牙的波旁王朝，被任命为首席宫廷画家。在马德里，他将自己作为肖像画家的职业生涯扩展到宗教画、装饰画和湿壁画领域，其美学理论将对西班牙艺术产生决定性的影响。门斯对18世纪最后三十年里的那代画家的影响最为明显，比如巴耶乌、马埃利亚和戈雅。门斯还为托斯卡纳大公的宫廷绘制肖像画，接受来自罗马的各种委托。门斯在卡洛斯三世（1759—1788年为西班牙国王）以卡洛斯七世（1735—1759为那不勒斯国王）之名统治那不勒斯时与他结

图296
洛伦佐·提埃波罗
《波旁家族的玛利亚·路易莎公主》，1763年

识，接受委托为其绘制了一幅家庭肖像画。当卡洛斯七世的哥哥费尔南多六世无嗣而终时，卡洛斯七世继承西班牙王位成为卡洛斯三世，随后不久门斯来到宫廷为其服务，1766年成为首席宫廷画家，开启了波希米亚画家在西班牙宫廷艺术中至高无上的地位。他创作的第一件作品是《卡洛斯三世像》(*Charles III*)(图297) 及其王后《萨克森的玛利亚·阿马利亚像》，两件作品均收藏在普拉

图297
安东·拉斐尔·门斯
《卡洛斯三世像》，约1774年

图298
安东·拉斐尔·门斯
《阿斯图里亚公主帕尔马的玛利亚·路易莎》，
约1765年

多。门斯按照巴洛克宫廷肖像的传统来塑造卡洛斯三世的形象——符合宫殿规格的窗帘和建筑装饰、豪华的皇室披风、表明军衔的挂饰，以及优雅的坐姿。然而，尽管以宫廷为背景，这位君主却身着盔甲、手持军剑和指挥杖，一副战士的模样，甚至连王冠都没戴。就当时的国际政治形势而言，西班牙将很快放弃中立，卷入欧洲战争，这或许可以解释为什么将卡洛斯三世表现为准备冲锋陷阵的将军。

作为卡洛斯三世的宫廷画家，门斯负责绘制皇室成员肖像。《阿斯图里亚公主帕尔马的玛利亚·路易莎》(*María Luisa of Parma, Princess of Asturias*)(图298）将人物置于宫殿环境中，充分地展示了他的绘画技艺。路易莎（1751—1819年）是帕尔马公爵的女儿，刚刚与她的堂兄、后来的国王卡洛斯四世完婚。当时的路易莎年仅十四岁，被按照其社会地位加以描绘，身着奢华的法式礼服、佩戴着精美的珠宝首饰，有的凸显了她的皇室身份，比如裙子上挂着的十字勋章和珍珠手镯上的肖像——可能是她的丈夫。公主面带微笑，无忧无虑，对前途充满信心。这幅肖像画与她丈夫着狩猎服的肖像画是一组，均收藏在普拉多，因此人物都置身户外。公主画像的背景使人想起阿兰胡埃斯皇宫中的花园。

尽管人们通常高度肯定门斯作为肖像画家的价值，但他实际上精通所有绘画类型。《牧羊人的朝拜》(*Adoration of the Shepherds*)(图299）是他最著名的宗教画作之一。这幅画是在罗马为卡洛斯三世创作的，很可能是用以纪念卡洛斯三世的孙子卡洛斯·克莱门特王子（Infante Carlos Clemente，1788—1855年）的出生。构图受到现收藏于德累斯顿大师画廊的柯雷乔的名作《圣夜》(*Night*）的启发。和柯雷乔一样，门斯也将构图分为两个层面，将荣光中的天使置于尘世凡人之上，但更重要的是他借鉴了以圣婴作为发光体的手法，圣婴奇迹般地照亮了黑夜。人物具有强烈的纪念性，他们的布局即使没有建筑物也能产生空间错觉。天使和圣家族都呈现出一种宁静且理想化的美，同细腻精致的技艺一样，都是门斯艺术风格的特征。圣约瑟夫身后的人物正是画家本人，用手指向强化崇拜对象的光源。据此，画家不仅表达了对大师的钦佩之情，同时也将所见作为艺术传统加以接纳。

正是诞生于18世纪40年代的西班牙艺术家们，在吸收了法国和意大利的影响之后与巴洛克风格拉开了距离，最终创造出具有新时代气息的作品。人们将会铭记此时在马德里工作的三位风格迥异甚至大相径庭的绘画大师——吉安昆托、提埃波罗和门斯。一些西班牙画家采用了新的洛可可风格，虽然他们并不接受法国绘画中优雅的“谄媚”(*galanterie*)。最主要的倡导者是路易斯·帕雷特-阿尔卡萨尔，也有其他一些艺术家，比如安东尼奥·卡尼塞罗·曼西奥（Antonio Carnicero Mancio，1748—1814年)。除戈雅外，帕雷特或许是18世纪最具原创性和独特性的艺术家，他好奇心强、性格独立、兴趣广泛，是西班牙绘画中洛可可风格的最佳代表。在他的作品中最著名的是橱柜画，为了确保近距离仔细观看的效果，图案描绘得十分精细，色彩也非常明亮。帕雷特很小的时候便被圣费尔南多皇家美术学院录取，二十岁时得到卡洛斯三世的弟弟波旁王朝的路易亲王（Louis of Bourbon，1727— 1785年）的关注，在亲王的庇护和资助下在罗马学习了三年，为其提供了相当国际化的学习经历。他后来的风格受到意大利绘画和两位居住在马德里的法国艺术家的影响。经由国王的珠宝商奥古斯丁·杜夫洛斯（Augustin Duflos，1700—1786年），他掌握了金匠擅长的精细绘图法，而夏尔·弗朗索瓦·德拉·特拉韦尔斯（Charles François de la Traverse，1726—约1780年）则赋予他令人惊叹的技术和柔和的色彩，这些都是他作品的整体特点。然而，他与亲王的关系最终带来了灾难性的后果，1775年，帕雷特被卡洛斯三世流放。流亡期间曾在波多黎各度过三年，1778年定

图299
安东·拉斐尔·门斯
《牧羊人的朝拜》，1770年

图300
路易斯·帕雷特-阿尔卡萨尔
《画室中的艺术家自画像》，1775—1778年

图301
路易斯·帕雷特-阿尔卡萨尔
《卡洛斯三世的宫廷用餐》，约1775年

居毕尔巴鄂，为当地的教堂绘制宗教画，并画了一系列描绘北西班牙港口风光的作品以装饰卡洛斯三世的乡间别墅。国王去世后帕雷特于1789年返回马德里，被任命为皇家学术委员会副秘书长和建筑委员会秘书长。在《画室中的艺术家自画像》(*Self-portrait of the Artist in his Studio*)(图300）中，他采用了当时法国和意大利艺术家常用的忧郁艺术家的形象。在拥挤而有序的画面上，帕雷特通过书、笔、墨水、半身像等象征古典知识的符号暗示出他的知识倾向。画家向观者展示了他作画的工具，比如调色板，并将画完的作品作为背景。然而，帕雷特通过描绘正在思考而非作画的自己来证

明其艺术的智慧特征。在这件作品中，帕雷特在营造光效、捕捉布料的光感和蕾丝的轻柔质感方面取得了成功。

在《卡洛斯三世的宫廷用餐》(*Charles III dining before the Court*)(图301）中，帕雷特再现了卡洛斯三世宫廷的日常生活，风格非常契合洛可可有关如画风景的趣味。国王的用餐并不是私密的个人时光，而是一场受到严格礼仪束缚的社交活动，宫廷中的显贵如果能够得到邀请将被视为是一种荣耀。虽然场景发生在马德里皇宫的一个房间里，但画家通过使屋子变得更高、更大来凸显人物与巨大环境之间的戏剧性反差。帕雷特还改变了室内装饰，从中可以看到墙上的神话题材组画和天花板上的湿壁画，只不过不同于文献上记载的样子，而更像是老提埃波罗为国王室绘制的作品。整体而言，这是一件画法精湛、色泽耀眼、时尚优雅的作品。

《皇室夫妇》(*Royal Couples*)(图302) 是在18世纪洛可可浪潮冲击下产生的一件优秀作品，由卡洛斯三世的弟弟、帕雷特的保护人波旁王朝的路易亲王委托。作品结合了装饰性与纪实性的特征，再现了1770年6月6日在阿兰胡埃斯宫广场上举行的马术节，其中的一位表演者正是阿斯图里亚王子，即后来的国王卡洛斯四世。在微妙光线的照耀下，整个画面散发着活力，显示出帕雷特在处理各种不同群体时的叙事技巧。

帕雷特的风格和样式对其他艺术家产生了非常强大的影响，从卡尼塞罗·曼西奥创作的《阿兰胡埃斯广场上热气球的升空》(*Ascent of a Montgolfier Balloon at Aranjuez*)(图303) 中可见一斑。就像《皇室夫妇》一样，这里描绘的也是一件真实发生的宫廷事件：1784年2月4日，法国人查尔斯·布歇（Charles Bouché）的热气球在卡洛斯三世国王、王后及整个宫廷的见证下于阿兰胡埃斯广场上升起。艺术家生动地记录下这场同时轰动了贵族和平民的社会活动，详细描绘了不同人群的各种着装和表情。

还有一些画家与官方和1752年费尔南多六世在马德里创建的圣费尔南多皇家美术学院联系更为密切，包托巴耶乌、马埃利亚、因萨（Inza）和埃斯特韦（Esteve）。他们的风格从吉安昆托及其

图302
路易斯·帕雷特-阿尔卡萨尔
《皇室夫妇》，1770年

图303
安东尼奥·卡尼塞罗·曼西奥
《阿兰胡埃斯广场上热气球的升空》，约1784年

图304（第410页）
弗朗西斯科·巴耶乌
《圣母升天》，约1760年

图305（第411页）
马里亚诺·萨尔瓦多·马埃利亚
《圣灵感孕》，约1781年

学生贡萨莱斯·委拉斯贵支（González Velázquez，1723—1794年）的晚期巴洛克演变为门斯的新古典主义。

弗朗西斯科·巴耶乌出身于绘画世家，1773年成为戈雅的姐夫。他是一名优秀的湿壁画画家，曾与门斯一同服务于宫廷最重要的装饰工程。后来门斯成为他的保护人，当1777年门斯离开马德里前往罗马时，巴耶乌接替门斯继续完成这些委托。巴耶乌的《圣母升天》(*Assumption of the Virgin*)（图304）是为萨拉戈萨圣恩格拉西娅（Santa Engracia）修道院教堂穹顶的一部分绘制的效果图，由费尔南多七世为皇家博物馆购得。作品显示出吉安昆托和他的学生贡萨莱斯·贝拉斯克斯在某些方面的持久影响，比如通过厚涂的暗色调与白色笔触的强烈对比来突出结构与轮廓。马利亚诺·萨尔瓦多·马埃利亚的经历与巴耶乌相似，也受到门斯的保护，这使得他能够参与皇室委托的主要装饰工程。其中最重要的或许是由卡洛斯三世牵头的马德里圣方济各大教堂装饰工程，这里汇聚了当时最重要的宫廷画家。《圣灵感孕》(*Immaculate Conception*)（图305）是为该教堂圣安东尼奥礼拜堂祭坛画制作的草图。马埃利亚依旧使用了西班牙圣母圣像的模式，但完美地调和了巴洛克风格中惯用的动势和门斯作品中的肃穆感。实际上，由于草图相对比较随性，所以门斯的影响在成品中更为

显著。安东尼奥·贡萨莱斯·委拉斯贵支通过费尔南多皇家美术学院筹备委员会的奖学金来到罗马吉安昆托工作室学习，并在费尔南多六世召集意大利画家来马德里之前将吉安昆托的风格引入西班牙。吉安昆托抵达西班牙后成为皇家美术学院院长，支持提名贡萨莱斯为宫廷画家，同时邀请贡萨莱斯在各种艺术项目上展开合作。然而，当1770年吉安昆托返回那不勒斯后，其巴洛克的影响被门斯的影响所取代，这一点从贡萨莱斯后来的自画像中可以得到印证。画家采用了新古典主义风格，坦率、谦逊、不带理想主义色彩，当他向外注视着观者时透露出他的职业特征。华金·因萨（Joaquín Inza，约1736—1811年）主要致力于肖像画创作，最初追随法国艺术家让·朗克和路易-米歇尔·范洛，后来转向门斯的新古典主义。除了马德里的世袭贵族曼努埃尔·戈多伊（Manuel Godoy）和卡洛斯三世，因萨还为启蒙知识分子画像，比如用卡斯蒂利亚语撰写文学寓言的诗人、剧作家托马斯·德·伊利亚特（Tomás de Iriarte，1750—1791年）。画中的诗人左手拿着自己的著作，微笑地注视着观者。这幅肖像因1792年曼努埃尔·萨尔瓦多·卡尔莫纳（Manuel Salvador Carmona，1734—1820年）将其制成版画而广为流行。最后是经常与戈雅合作的阿古斯丁·埃斯特韦（Agustín Esteve，1753—1820年）。埃斯特韦同时也是继戈雅之后、18世纪最后三十年里备受宫廷欢迎的肖像画家。其作品的构图和大面积使用冷色调明显受到门斯的影响，但其风格也逐渐呈现出戈雅肖像画的特征。《未来的拉西梅拉伯爵的女婿马里亚诺·圣胡安-皮内多像》（*Mariano San Juan y Pinedo, Future Count Consort of La Cimera*）（图306）描绘的是一位大约十岁的男孩，他后来与第一代拉西梅拉伯爵（Count of La Cimera）赫罗尼莫·门迪努埃塔-穆尔基斯（Jerónimo Mendinueta y Murquiz，1757—1817年）的女儿玛利亚·萨洛梅·门迪努埃塔（María Salomé Mendinueta）结婚。孩子脸上稚嫩的真诚确实与戈雅的作品有几分相似。

图306
阿古斯丁·埃斯特韦
《未来的拉西梅拉伯爵的女婿马里亚诺·圣胡安-皮内多像》，约1813年

第十三章 戈雅与现代性之路

如果说有一位艺术家在18世纪到19世纪的转型中横空出世、卓尔不群，那无疑是指弗朗西斯科·德·戈雅。当普拉多博物馆在1819年开馆时，画家还活着，他的三幅作品已经在该画廊中展出：博物馆的创建者费尔南多七世的父母卡洛斯四世及其妻子帕尔马的玛利亚·路易莎皇后（María Luisa of Parma, 1751—1819年）的骑马像，以及《马背上的牧羊人》(*Goader on Horseback*)。《卡洛斯四世骑马像》(*Charles IV on Horseback*）和《玛利亚·路易莎皇后骑马像》(*Queen María Luisa on Horseback*)(图308和图309）受到了委拉斯贵支为丽池宫的王国大厅所做画作的影响（图230和图231)，戈雅在1778年曾为这些画制作过蚀刻版画。在第一幅肖像画中，戈雅让他描绘的对象置身于一片风景之中，与委拉斯贵支在描绘腓力三世和腓力四世时让马跃起不同，戈雅笔下的君主骑在马上更像和平时期的一位总督而不像军队的统帅。他穿着卫队兵团的盛装，佩戴着西班牙的最高荣誉——金羊毛勋章、卡洛斯三世勋章和四大骑士勋章。这一天风和日丽，他紧握马缰，控制着他那雄伟的坐骑，这是一个好政府的明确隐喻。皇后穿着上校的庆典制服。在她身后是瓜达拉玛山脉，远处是拉格兰离宫（La Granja)。

自普拉多始创以来，馆方就一直在搜寻这位来自富恩德托多斯（Fuendetodos）的大师的作品，无论是来自皇室收藏还是其他地方。戈雅是目前普拉多极具代表性的艺术家之一，馆藏真迹有近一百五十幅油画和五百幅素描，还有几个系列的版画作品——关于他的作品，无论是数量还是质量，

这都是最丰富的收藏。和委拉斯贵支一样，不去普拉多就不可能理解戈雅，这也是为什么自19世纪以来，众多折服于其艺术魅力的艺术家被吸引到马德里来。无论是在艺术领域内，还是在其他领域，能够像戈雅那样为未来留下这样一笔伟大遗产的创作者都是屈指可数的。他的艺术不仅吸引着艺术家和艺术爱好者，历史学家、社会学家和心理学家也热衷于分析他的作品。此外，他的艺术作品在文学和电影领域也备受关注。戈雅几乎被大多数19世纪和20世纪的前卫艺术家视为当代艺术家，他开拓新领域的能力使他的影响力在21世纪仍旧在延续。戈雅是一个卓越的见证者，他生活的年代跨越两个世纪和两个时代，他经历了西班牙古代统治的终结，也见证了现代世界和启蒙思想的诞生和法国大革命带来的影响。他的艺术预见了许多美学和伦理学问题，这些问题至今仍旧与人类有着基本的关联。和许多18世纪的西班牙艺术家一样，曾就学于科拉多·吉安昆托的戈雅，受到过意大利晚期巴洛克和复杂的法国洛可可风格的影响，也曾辗转于新古典主义学院派和浪漫主义，最终创造出了一种以人及其沉浮荣枯为中心的、完全个人化的艺术。戈雅的作品预示着20世纪艺术的未来发展，尤其是像表现主义和超现实主义等前卫运动，这体现在他对现实的自由反映、对梦想世界的包容，以及在1799年著名系列版画《奇想集》(*Los Caprichos*）出版之后，许多作品所具有的那种强烈的、表现性的变形扭曲。

戈雅在宫廷中的第一件作品是为装饰皇家住所而绘制的挂毯底图。在获得这一工作之前，他曾在1763年和1766年试图获得圣费尔南多皇家美术学院的资助，但均未成功。戈雅是一位镀金工匠的

儿子，他先是在萨拉戈萨和何塞·卢赞（José Luzán，1710—1785年）一起受训成为画家，后来又和弗朗西斯科·巴耶乌一起受训。在两次申请失败后，戈雅于1770年自费前往意大利，于1771年返回萨拉戈萨。然后，他开始获得越来越重要的委托，例如皮拉尔圣母教堂（El Pilar）小唱诗堂的拱顶装饰和卡图加修道院（Chartehouse of Aula Dei）的壁画委托。四年后，戈雅于1773年娶了巴耶乌的姐姐约瑟法（Josefa）为妻，巴耶乌在说服他去马德里的问题上很可能发挥了重要作用。到了马德里，戈雅的任务是为皇家圣芭芭拉织毯厂（Real Fábrica de Santa Bárbara）的一系列壁毯画底图，这个项目是由卡洛斯三世的首席宫廷画家安东·拉斐尔·门斯发起的。

挂毯底图属于装饰绘画的范畴，尽管它作为备用“橱柜画”的功能在当时很受推崇。戈雅所画的多个系列底图使他在宫廷中站稳了脚跟，逐渐声名远播。他显然利用了这个机会，因为在1780年7月，他将自己的《基督受难》(图 312)(*Christ Crucified*)展示给圣费尔南多皇家美术学院之后，其才能被一致认可从而成为学院成员，并被邀请参与萨拉戈萨皮拉尔圣母教堂穹顶的壁画绘制工作。戈雅制作挂毯底图的时间大概有二十年，在此期间，他为埃尔帕尔多皇宫和埃尔埃斯科里亚尔修道院绘制了七个系列。在这些作品中，戈雅描绘了西班牙挂毯的典型题材，1770年后，在门斯和启蒙思想的影响下，他放弃了佛兰德斯模式，转而从普通人的生活中汲取灵感。他的第一套以狩猎为主题的底图仍旧在采用巴耶乌的模式，但很快他就开始按照自己的想法创作作品。在这部作品中，他展示了对古典艺术和同时代艺术家作品的认识，尤其是他在构图上的天赋以及对于现实的敏锐观察能力。和他的画家同道们一样，他也用这些底图来描绘街头的芸芸众生：马德里的姑娘和小伙、酒肆和摊贩、他们的游戏和流行的节庆，以及那些穷街陋巷的喧嚣和熙来攘往的生活。然而，在这些逸闻趣事和街市场景的背后，却隐藏着一种关于人类及其行为的清醒的视角，这正是他后来作品的核心所在。

1776年，戈雅为阿斯图里亚斯王子在埃尔帕尔多宫的餐厅制作挂毯底图，其中有一个关于四季的系列，他通过对乡村生活的隐喻，为传统的寓言题材提供了一种新的视角。这幅底图所表现的是《打谷场》(*Threshing Ground*)，或称《夏天》(*Summer*)(图307)，是这个系列中最大也最有野心的一件。戈雅用一个乡村场景表现了这个季节，画面上打谷子的人都在休息，于是寓言和日常生活结合在一起。不同的人群和马匹以金字塔的形式和谐地组合在一起，画面上的农民有的在工作，有的在睡觉，有的在玩耍，有的则在喂养他们的孩子。尽管有一个倒霉的傻瓜喝醉了，这个细节显得有点儿残酷，但整个画面弥漫着金色的光芒，洋溢着自然的活力。

在1778年和1779年，戈雅为阿斯图里亚斯王子和王妃在埃尔帕尔多宫的卧室画了七幅挂毯底图，《卖陶器的摊贩》(*Pottery Vendor*)(图310)是其中最著名的一幅。在一众人物中，最突出的是前景正在检视陶器的女子，而神秘的贵族妇女则从马车里望着观者。戈雅通过差异化不同的人群，让运动的马车和和静态前景产生对比，使市井日常跃然纸上。整个场景沐浴在明亮透明的光线中，而且非常注重细节的描绘，尤其是那些陶器的表面和光滑的织物。

他的另外一幅广为人知的杰作是《圣伊西德罗草地》(*San Isidro Meadow*)(图311)，这原本是为埃尔帕尔多宫的公主卧室准备的系列装饰底图中的一幅，后来因为1788年12月卡洛斯三世的去世而中断。它展现了5月15日圣伊西多尔节的盛况，圣伊西多尔是马德里的守护神。节日期间，所有的社会阶层都会参加在曼萨纳雷斯（Manzanares）河畔举行的庆祝活动。这幅画笔触明快肯定，只

图307
弗朗西斯科·德·戈雅
《打谷场》或称《夏天》，1786年

图308
弗朗西斯科·德·戈雅
《卡洛斯四世骑马像》，1800年

图309
弗朗西斯科·德·戈雅
《玛利亚·路易莎皇后骑马像》，1799年

是有几处细小的复笔改动。背景是沐浴在明亮轻柔薄雾中的马德里，皇宫和圣方济各大教堂的穹顶等建筑物清晰可见。

也许是因为戈雅在挂毯底图、肖像画和版画领域的名声，人们对他的宗教绘画并不那么关注，但神圣的主题是他早期描绘的题材之一，他也经常会回到这些主题，尽管1790年后这类题材出现的频率已经显著降低。从戈雅的职业生涯来看，他早期所描绘的是大众所热衷的传统宗教形象，后来演变成了一种基于启蒙思想、更为隐秘和情感化的表达方式。他早期的一些绘画作品，在审美上仍旧与洛可可相连，这不仅包括一些小型的宗教作品，还包括一些更精心的创作，比如1771—1772年在皮拉尔圣母教堂的小唱诗堂拱顶上所画的《敬慕主名》(*Adoration of the Name of God*)，以及1772—1774年在卡图加修道院所作的《圣母生平的若干场景》(*Scenes from the Life of the Virgin*)，这些都在萨拉戈萨。1780年至1781年，声誉日隆的戈雅接受委托在同一个城市为皮拉尔圣母教堂装饰穹顶。也是在那个时候，他的宗教绘画《基督受难》获得了圣费尔南多皇家美术学院对他的认可，这张画现在收藏在普拉多。戈雅在1780年申请加入学院的时候提交了这幅作品作为他学艺精熟的证明。大家根据绘画的水平，一致推选戈雅为学院的新成员。这张画被送到马德里圣方济各大教堂的女隐修院，这是一家由卡洛斯三世支持的机构。在教堂的财产被解除限定继承权之后，这幅画进入了特立尼达博物馆，最终于1872年归于普拉多博物馆。作为戈雅最重要的宗教作品之一，它以西班牙的巴洛克绘画传统，在黑暗的背景前展示了基督的形象，不过这种重新阐述也符合门斯和巴耶乌在各自关于这个主题的诠释中所确立的有关理想美和古典和谐的准则。

1798年，戈雅为马德里的佛罗里达圣安东尼王家教堂穹顶描绘了圣安东尼的奇迹。在这件作

图310
弗朗西斯科·德·戈雅
《卖陶器的摊贩》，1778—1779年

图311
弗朗西斯科·德·戈雅
《圣伊西德罗草地》，1788年

IESVS NAZARENVS
REX IVDÆORVM

品中，他设计了一个极具原创性、风景优美且富于表现力的整体，让神迹在日常环境中得以显现。戈雅在独立战争后重返宗教题材，他画了许多大型作品，比如1817年为塞维利亚大教堂（Seville Cathedral）绘制的《圣胡斯塔和圣鲁菲娜》(*Saint Justa and Saint Rufina*)，以及1819年那幅颇具戏剧性的《圣约瑟夫·卡拉桑兹的最后一次圣餐礼》(*Last Communion of Saint Joseph Calasanz*)。2003年，《沙漠中的施洗约翰》(*Saint John the Baptist in the Desert*)（图313）和戈雅的另外两幅宗教绘画《托比亚斯和大天使》(*Tobias and the Angel*）以及《圣家族》(*Holy Family*）一起成为普拉多的收藏。这三幅画以前都没有发表过，但以往的文献中皆有所提及。《沙漠中的施洗约翰》这幅画的存在可以从1812年戈雅及其妻子的物品清单中得知，它在清单中是和描绘圣彼得的图画一起出现的，后者现已佚失。戈雅让这个孩子置身于岩石凸起的下方，这是描绘隐士肖像常见的做法。他的芦苇十字架上有一个卷轴，上面写着“Ecce Agnus Dei”（看哪，神的羔羊），表明他是基督的先行

图312
弗朗西斯科·德·戈雅
《基督受难》，1780年

图313
弗朗西斯科·德·戈雅
《沙漠中的施洗约翰》，1810—1812年

图314
弗朗西斯科·德·戈雅
《加斯帕·梅尔乔·德·霍维利亚诺斯》，
1798年

图315
弗朗西斯科·德·戈雅
《奥苏纳公爵和公爵夫人以及他们的孩子》
（*The Duke and Duchess of Osuna and their Children*），1787—1788年

图316
弗朗西斯科·德·戈雅
《钦琼伯爵夫人》，1800年

图317
弗朗西斯科·德·戈雅
《圣克鲁斯侯爵夫人》，1805年

者。然而，戈雅背离了西班牙描绘儿童的传统，从意大利模特身上寻找灵感。他笔下的圣约翰是一个强壮的年轻人，有一副充满活力的身躯，他热切地向天堂举目，省思将来的基督受难。

1789年，即卡洛斯四世即位后的一年，戈雅被任命为宫廷画家。在宫廷活跃了十五年之后，他终于获得了一个有声望的职位。当时，他也是那个时代极受追捧的肖像画家之一。戈雅在整个18世纪80年代都在为上层贵族服务，他们中的有些人也成了戈雅的重要保护者，包括奥苏纳（Osuna）和阿尔巴的公爵和公爵夫人，画家在普拉多的一些作品都与他们有关。奥苏纳公爵和公爵夫人是戈雅最早也是最固定的赞助人之一。从1786年开始，他们委托戈雅为其富丽堂皇的埃尔卡普里科（El Capricho）别墅绘制了不少家庭肖像和装饰画。戈雅把佩德罗·特莱兹·吉隆（Pedro Téllez Girón, 1755—1807年）公爵和他的妻子约瑟法·阿隆索·皮门特尔（Josefa Alonso Pimentel, 1752—1835年）以及他们的四个孩子画在一起（图315）：弗朗西斯科·德·博贾（Francisco de Borja, 1785—1820年），继承了公爵的领地；佩德罗·德·阿尔卡恩塔拉（Pedro de Alcántara，1786—1851年），未来的安格洛纳王子（Prince of Anglona），他在三年自由时期（Liberal Triennium）担任过普拉多博物馆的馆长；还有约瑟法·曼努埃拉（Josefa Manuela，1783—1817年）和胡阿奎那（Joaquina，1784—1851年），几年后戈雅还曾为这两位画过画。这种家族肖像在西班牙并不常见，戈雅可能是通过进口的版画受到了英国样式的启发。当然，精心设计的金字塔构图仍旧源自门斯。从通过光影塑造空间这一点，可以看出委拉斯贵支的影响。然而，刻画孩子时所表现出的细腻情感却是戈雅自己的，微妙的调色也是如此。

戈雅还与启蒙运动的政治家和知识分子有着密切的联系，如加斯帕·梅尔乔·德·霍维利亚诺斯（Gaspar Melchor de Jovellanos, 1744—1811年）（图 314）和胡安·阿古斯丁·塞恩·贝姆迪兹（Juan Agustín Ceán Bermúdez, 1749—1829年）。通过他们，戈雅接触到了新的知识、道德和政治思想，而这些在他的作品中均有所反映，尤其是在他的一系列素描和蚀刻版画作品中。霍维利亚诺斯是一位政治学家和作家，在西班牙启蒙运动中具有举足轻重的地位，他对戈雅18世纪80年代初在宫廷中的早期作品非常欣赏。在霍维利亚诺斯担任恩典和司法部部长期间，戈雅在他的办公室为他画像。霍维利亚诺斯坐在一张华贵的桌子旁，桌子由雕花和镀金的木头制成，前面还有花环和牛头骨组成的古典装饰。桌上有许多官方文件和文献。这位政治家穿着一件内衬猞猁毛的礼服外套，上面没有任何官方纹饰。他姿态优雅，用一种传统上象征忧郁的姿势，将头靠在左手上，以一种平静而智慧的目光注视着观众。戈雅也许是想表明政府责任负担之重，但他也可能是在暗示坐着的人最为人所诟病的性格特征，以至于他的诗友圈被称之为“患忧郁症的霍维诺”。桌子上是智慧女神密涅瓦的雕像，她持的盾牌上有阿斯图里亚诺皇家学院（Real Instituto Asturiano）的纹章，这是一个由霍维利亚诺斯于1794年在希洪（Gijón）成立的机构，旨在通过科学和技术研究促进阿斯图里亚斯地区的经济发展。这幅肖像在技巧上借鉴了委拉斯贵支，描绘材质和雕像的笔触尤为生动，传达出了一种即时和逼真的感觉，这些在他为圣克鲁斯侯爵夫人（Marchioness of Santa Cruz）（图317）和钦琼伯爵夫人（Countess of Chinchón）（图316）画的两幅绝佳的肖像画中也能体会到。玛丽·特里萨·德·波波内·瓦拉布里加（María Teresa de Borbóny y Vallabriga, 1779—1828年）是卡洛斯三世的兄弟波旁的路易和玛丽·特里萨·德·瓦拉布里加（María Teresa de Vallabriga, 1758—1820年）的女儿。根据国王和王后的意愿，她嫁给了佩斯王子（Prince of the Peace）曼努埃尔·戈多伊，他在卡洛斯四世登基时成为第一任国务大臣。玛丽还是个小女孩的时候，戈雅就在多个场合描绘过她，在后来的这幅画作中，她穿上了当时法国流行的高腰礼服，这样就把她怀孕这件事给点出来了。她头上装饰的玉米穗让人联想起农神克瑞斯，也象征着生育。她戴的戒指上有一张微型画像，可能是她丈夫的肖像。她那明亮的身躯在深色背景下以一种刻意的几何构图显得格外显眼。伯爵夫人的坐姿可谓温良恭顺，她怯生生地微笑着，甚至有点无助。毫无疑问，她对面坐着的那个人就是她的丈夫。戈雅娴熟地描绘了这件带有小花的白色薄纱的透明效果，并运用了一种精确而流畅的笔触，使粉色的底色得以展现出来，从而将她娇弱的外表和温顺的性格体现出来。

奥苏纳公爵和公爵夫人的女儿胡阿奎那·特莱兹·吉隆·阿隆索·皮门特尔（Joaquina Téllez Girón y Alonso Pimentel），因为在1801年与何塞·加布里埃尔·德·席尔瓦·瓦尔德斯坦（José Gabriel de Silva y Waldstein）结婚而成为圣克鲁斯侯爵夫人，普拉多博物馆有一幅戈雅为她和父母以及兄弟姐妹描绘的群像（图315）。后来，和她的姐姐阿布兰特什公爵夫人（Duchese of Abrantes）一样，画家也曾把她描绘成一个缪斯女神的形象（如图317所示）。她戴着用葡萄叶和成串的葡萄做的王冠，手持一把七弦琴一样的乐器，这让人想起了掌管舞蹈和歌唱的缪斯女神忒耳普西科瑞（Terpsichore）。这个形象特征表明了她对艺术的喜爱，以及她对诗人和艺术家的支持、保护和友谊，同时也表达了当时的人对她的美貌和教养的仰慕。戈雅在这幅肖像画中运用了一种接近新古典主义的语言，但他在画背景时用紫色和淡紫色来描绘天鹅绒的长沙发和帷幕，则是出于他自己对与空间和氛围的理解。

当然，戈雅所画的最有名的肖像是卡洛斯四世家族和两个著名的“玛哈”。1800年6月和7月，在着手确定《卡洛斯四世一家》(*Family of Charles IV*，图319）最终的构图之前，戈雅在阿兰胡埃斯宫对所有将出现在画中的人物进行了生活研究。他画了十幅草稿，普拉多藏有其中的五幅。草稿中的人物形象与最终画面上的大小是一样的，画面的底色是红橙色的，这在有些草稿中可以清楚地看到（图318)。

图318
弗朗西斯科·德·戈雅
《唐·弗朗西斯科·德·保拉王子》(*Infante Don Francisco de Paula*)，1800年

图319
弗朗西斯科·德·戈雅
《卡洛斯四世一家》，1800年

这幅伟大的家庭肖像是一件王室的委托定制，画中的王室成员身处一个简朴的大厅里，背景中两幅画的尺寸暗示了大厅的宏伟。画面的中心，王后站在一幅神话题材的图画前方，其中描绘的是西班牙皇室的创始人赫拉克勒斯和吕底亚女王翁法勒（Lydian Queen Omphael）。玛利亚·路易莎一手揽着她的女儿玛利亚·伊莎贝拉公主（Infanta María Isabel，1789—1848年），一手牵着她最小的孩子弗朗西斯科·德·保拉王子（Francisco de Paula，1794—1848年）的手，后者在她和国王之间形成了一种爱的纽带。被设定在前景右边的是卡洛斯四世，左边则是他的儿子和继承人费尔南多亲王，跟在他身后的是弟弟卡洛斯·玛利亚·伊西德罗亲王（Infante Carlos María Isidro，1788—1855年）。画面的右边是帕尔马公爵路易和公爵夫人玛利亚·路易莎公主，她抱着他们的孩子，也就是国王和王后的外孙卡洛斯·路易（Carlos Luis，1799—1883年）。国王身后是他的弟弟安东尼奥·帕斯夸尔亲王（Antonio Pascual，1755—1817年）和他的妻子玛利亚·阿马利亚公主（Infanta María Amalia，1779—1798年，当时已经去世了）。在画面的左后方，是国王的姐姐玛利亚·约瑟法公主（Infanta María Josefa，1744—1801年）。特别有趣的是费尔南多亲王旁边侧过脸去的女性形象，她正在看背景中的图画。几乎可以肯定，戈雅是在用这个想象来指代王位继承人的未婚妻，因为这位未婚妻还没有从欧洲的公主中挑选出来。

最后，画家也把自己画在了中景处，他从阴影中望向观者。这样的安排让人想起委拉斯贵支在《宫娥》(图253）中的自画像，两者无论是从视觉还是从重要性上来看都有着明显的关联。虽然戈雅这幅画曾一度被他的传记作家解读为对王室的批判，但事实上，这是一幅经过深思熟虑的作品，

图320
弗朗西斯科·德·戈雅
《裸体的玛哈》，1880年前

旨在强调波旁家族的权力在西班牙王朝的重要性，其法国分支在大革命期间已经在断头台下消失了，而当时西班牙和拿破仑正处在一种紧张和敌对的关系中。光线从左边一扇不可见的窗户照射进来，丰富的色彩使整个画面熠熠生辉，这种奢华而又庄严的效果是很适合皇家肖像的。

几乎可以肯定的是，戈多伊自1795年以来一直是戈雅的忠实赞助人，在宗教审判所禁止裸体艺术的时候，《裸体的玛哈》(*Naked Maja*)(图320）是艺术家唯一一幅女性裸体像。这幅画第一次见诸记录是在1800年，当时被放在佩斯亲王的宫殿里。1808年，这件作品和《着衣的玛哈》(*Clothed Maja*)(图321）一起出现在他被没收的物品清单中。这幅画和另外两幅裸体油画被悬挂在他宫殿的一个密室里，其中一幅被认为是提香的作品，另一幅是委拉斯贵支的《镜前的维纳斯》(现藏伦敦国家美术馆)，这两幅作品都是阿尔巴公爵夫人送给戈多伊的。很少有女性裸体能像这幅画那样激发出如此众多文学作品的产生，这在很大程度上要归功于围绕模特身份的浪漫传说。画中人曾一度被认为就是阿尔巴公爵夫人本人。也有人提出，画中人应该是戈多伊的情人佩皮塔·图多（Pepita Tudó，1779—1869年)。这幅画之所以如此现代是因为它缺乏讽喻的目的，因为画家用直接的现实主义手法描绘了画中的女子，而且她毫不畏惧地凝视着观者。《着衣的玛哈》可能比《裸体的玛哈》画得要晚一些，这件作品第一次出现也是在戈多伊1808年的物品清单中。白色的服装紧贴着身体，暗示着女性的丰姿，而注视着观众的目光则表现出一种诱惑的欢愉。

图321
弗朗西斯科·德·戈雅
《着衣的玛哈》，1800—1808年

和裙子一样，带有装饰性流苏的小夹克和粉红色的腰带都是用自由活泼的笔触完成的。1808年，在导致卡洛斯四世退位的阿兰胡埃斯之乱（Revolt of Aranjuez）以后，戈多伊蒙羞下狱，两幅“玛

图322
弗朗西斯科·德·戈雅
《1808年5月2日的马德里》，1814年

图323
弗朗西斯科·德·戈雅
《1808年5月3日的马德里》，1814年

哈”也被没收。1815年，宗教审判所传唤戈雅，让他交代这些画是为谁而作以及他的作画动机是什么，但艺术家是怎么回答的却没有记录。被没收之后，两幅“玛哈”被放置在圣费尔南多皇家美术学院，当然只有穿着衣服的那幅可以展出。它们于1901年入藏普拉多博物馆。

在戈雅的一生中，有两次危机留下了深刻的印记。其一是他个人的，戈雅在1792年至1793年身患重病，这使他几乎完全失聪。这很可能加剧了艺术家的批判本性和他对独立的渴望，他早就表现出了这种渴望的迹象。第二次是集体性的危机，也就是多年之后的西班牙独立战争（1808—1814年）。和他那些开明的朋友一样，曾服务于约瑟夫·波拿巴政府的戈雅，最初也接受了拿破仑的入侵，认为这是法国大革命和自由、理性的新风推动孤立、专制的西班牙进步的一种手段。然而，战争必然会带来可怕的幻灭以及固有的残酷和痛苦的代价，这些在名为“西班牙血腥战争的致命后果”（Fatal Consequences of the Bloody War in Spain）的系列版画中有着直接的反映，这组版画后来更为常见的标题是《战争的灾难》（*Disasters of War*）。此外，这一点在为纪念1808年5月2日和3日发生的事件而绘制的两幅大型油画中也有体现。这两幅画分别是《1808年5月2日的马德里》（*Second of May 1808 in Madrid*）（图322）和《1808年5月3日的马德里》（*Third of May 1808 in Madrid*）（图323），它们是为迎接费尔南多七世的到来于1814年春夏两季创作的。几乎可以肯定的是，委托方是摄政时期的最高军政府，资助戈雅完成画作。两幅画在1838年普拉多的一个储藏室有登记。首先被展出的是《5月2日》，泰奥菲尔·戈蒂那（Théophile Gautier）曾在1845年提到过。但是，《5月3日》直到1865年才与公众见面。在第一幅画中，戈雅展现了马德里人民反抗法国占领军起义的开始，那是在1808年5月2日的早晨，爱国者袭击了马穆鲁克人（并入拿破仑帝国卫队的埃及士兵）和皇后的龙骑兵，他们正在护送着最年幼的王子弗朗西斯科·德·保拉离开皇宫。这件作品充满了力量、愤怒和绝望，艺术家通过精心设计的构图和色彩表达了这一点，它完美地捕捉到了战斗的恐怖和双方释放出来的暴力。5月2日当晚，在画中所示民众起义那天的深夜，法国军队在马德里的不同地方枪杀了许多反叛分子，如普拉多大道（Paseo del Prado）、几座城门和普林西比皮奥山（Mount Príncipe Pío），第二幅画传统上被认为发生在这个地点。这场镇压结束了马德里的叛乱，马德里最终支持了法国政府。戈雅展示了一个可怕的行刑场景，包括马奈和毕加索在内的许多艺术家都曾“引用”这个场景。早上的袭击者现在成了受害者，要么躺在前景中死去，要么祈求宽恕：他们即将被枪杀，脸上流露出恐惧、屈从和绝望。还有一些人穿过背景中防御工事的大门，被成群结队地带出城市。在这个悲惨而又荒凉的地方，明亮的灯笼发出的光线穿过潮湿的夜空，让死亡的可怕细节无所遁形。这一幕发生在马德里的一座城门外，可能是拉维加（La Vega）城门，后面矗立着圣玛利亚皇家教堂（Santa Maria la Real）和圣尼古拉教堂（San Nicolas）的塔楼。

在驱逐了法国人、费尔南多七世（1813—1833年在位）复辟之后，戈雅在有关宫廷文职人员的清洗中幸免于难，并继续作为宫廷画家工作了一段时间。不过，在1816年，他被年轻的维森特·洛佩兹（Vicente López，1772—1850年）取代之后，他感到住在马德里越来越不自在：他的朋友们被监禁起来，罪名是同情法国人或拥护自由主义。于是，他从朋友圈退了出来，并把精力主要放到了两个蚀刻版画的创作中：《斗牛》（*La Tauromaquia*）和《胡言乱语》（*Los Disparates*）。

1819年，戈雅买下了聋人之家（La Quinta del Sordo），这是一座有农田的乡间别墅，在马德里郊区，可以俯瞰曼萨纳雷斯河远处的河岸。艺术家在搬到那里不久就生了一场大病，他用壁画装饰了一

图324
弗朗西斯科·德·戈雅
《溺水狗》（*Drowning Dog*），1820—1823年

图325
弗朗西斯科·德·戈雅
《圣伊西德罗朝圣》(*The San Isidro Pilgrimage*)，1820—1823年

楼和二楼两个主要房间的墙面。正如X射线研究所揭示的那样，这些墙壁可能最初被描绘成色彩鲜艳的风景画，其构图也比我们今天所知的更加柔和。除此之外，他还画了那些现在被称为“黑色绘画”的作品，这些神秘的作品可以被看作是《胡言乱语》系列版画的延续和概要，这些版画也是在同一时期完成的，其主题似乎也同样是在描绘邪恶、恐怖、无知和死亡。1823年，画家打算离开这里前往波尔多，他把这座庄园留给了自己的孙子马里亚诺（Mariano），在几次易主之后，这座庄园于1873年被弗雷德里克·埃米尔·德兰格男爵（Frédéric Emile d’Erlanger，1873—1911年）买下，他委托当时在普拉多博物馆工作的修复师萨尔瓦多·马丁内兹·库贝尔斯（Salvador Martínez Cubells，1845—1914年）将这些画作转移到了画布上。男爵在1878年的巴黎国际博览会上展出了这些画作，但并没有引起人们的注意，于是他在1881年将这些画作捐赠给西班牙政府，西班牙政府又把它们分派到了普拉多博物馆。这十四件作品的原始布局不得而知，这使得它们难以解释，但查理·约阿特（Charles Yriarte）1867年

关于戈雅的专著以及安东尼奥·布鲁加达（Antonio Brugada，1804—1863年）在聋人之家的物品清单中都曾描述了它们。这些画作的日期尚不确定，但可以肯定是在艺术家去世之后、布鲁加达1831年来到西班牙之前完成的。这些画作在转移到画布和修复过程中进行过一些修改，它们是否完成于戈雅1824年前往法国之时也不能确定。很难说这些画是不是遵循了一个图像模式，但所有的作品都有一种令人痛苦不安的特征。它们都有着夸张的姿势和神态，笔触非常自由且涂抹充满力量，有时候甚至溅洒出画面，光和色的对比也极为强烈。

戈雅在画这些作品的时候是完全自由的，一点儿学院派的气息都没有，他赋予了这些画作以一种深刻的情感和奇异的美，自19世纪末首次在普拉多展出以来，既为之着迷又困惑不解的游客一直络绎不绝。此外，这些作品对戈雅的继承者们所施加的魅力自那时起就有增无减，像表现主义、超现实主义这样的前卫运动都把它们作为现代艺术的起点。

图326
弗朗西斯科·德·戈雅
《喝汤的两个老人》（*Two Old Men eating*），
1820—1823年

T·542

图327
弗朗西斯科·德·戈雅
《波尔多II集或H集》(*Bordeaux II Album or Album H*)，第61页，《响板幽灵》(*Ghost with Castanets*)，1825—1828年

《溺水狗》(图324) 是聋人之家楼上那组壁画中的一幅，或许并没有画完，它在所有的黑色绘画中可能是最神秘的一件。这些绘画自身的意义本就与外界无关，因而画家的意图也就无法确定了。狗的头出现在一个斜坡后面，或者它已经陷入沼泽。这个动物用人一样的目光向上仰望，这种效果会令观众深感不安，而在它头顶上方占据了大部分画面的巨大空白空间更是加剧了这种不安。焦虑感、主题的疏离、环境的简化以及对纯粹视觉要素的强调，都经常成为当代艺术家的灵感来源，画中的极简主义和几乎是完全意义上的结构缺失使有些人视之为抽象绘画的先例。

戈雅在波尔多度过了他生命的最后几年，他是1824年去到那里的。当时君主专制的复辟已经取代了自由主义者的宪政改革（Constitutional Triennium）。他在波尔多的朋友圈主要由流亡的法国同情者和自由主义者组成，如莱安德罗·费尔南德斯·德·莫拉廷（Leandro Fernández de Moratín，1760—1828年）、曼努埃尔·席尔韦拉（Manuel Silvela，1781—1832年）和年轻画家安东尼奥·德·布鲁加达（Antonio de Brugada，1804—1863年）。商人兼银行家胡安·包蒂斯塔·德·穆吉罗（Juan Bautista de Muguiro）（图328）也是一名西班牙流亡者，他非常喜欢戈雅的作品，委托他为其画像，并购得了《波尔多的挤奶女工》（*Milkmaid of Bordeaux*）。画家让穆吉罗坐在桌旁，就像他

图328
弗朗西斯科·德·戈雅
《胡安·包蒂斯塔·穆吉罗》，1827年

图329

弗朗西斯科·德·戈雅
《奇想集》，第43页，《理性入睡产生梦魇》（*The Sleep of Reason Produces Monsters*），19世纪

图330

弗朗西斯科·德·戈雅
《胡言乱语》，《人民的其他法律》（*Other Laws for the People*）
1815—1819年

图331

弗朗西斯科·德·戈雅
《胡言乱语》，第13页，《飞行之路》（*A Way of Flying*），
1815—1816年

Goya inv. et sc.

L'Art.

OTRAS LEYES POR EL PUEBLO.

(Autres lois pour le peuple)

Fçois Liénard Imp. Paris.

Aun aprendo
54

多年前描绘霍维利亚诺斯那样（图314）。然而，这幅作品与画家以往的贵族肖像画相去甚远，这不仅是由于装束的改变以及画家所使用的微妙的灰黑色色调，更是因为画中人的态度，他在宣示资产阶级的胜利。画家采用了一种纯净综合的风格，笔触稀疏却很有力度，暗示出物质的形式。这件作品是1827年5月在波尔多画的，当时戈雅已经81岁了，这可能也是艺术家已知的最后一幅作品。

若想研究戈雅作为一个素描画家（draughtsman）所取得的成就，普拉多可以自豪地宣称自己在这方面拥有全世界最好的资源，这些作品在他的艺术中可能也是与其生活和思想联系最紧密的一部分。这类收藏中最大的一宗来自艺术家1796年起在桑卢卡尔-德巴拉梅达（Sanlúcar de Barrameda）停留期间开始使用的几个集子。

其中第一个集子被称为《桑卢卡集》(*Sanlúcar Album*）或《A集》(*Album A*)，记录了他与阿尔巴公爵夫人及其女性同伴共度的安详时光，戈雅用生动鲜活的笔触捕捉到了她们那些亲密、性感的姿势。虽然这本集子的感性延伸到《马德里集》(*Madrid Album*）或《B集》(*Album B*，大约制作于1796—1797年他从逗留桑卢卡尔到回到马德里期间）的第一页，但这个集子转向了一些更具批判性的主题，预示着《奇想集》系列很快就要出现了。《C集》和《F集》是在半岛战争和被称为宪政改革（1808—1823年）的三年自由主义掌权间隙画的，反映了戈雅在西班牙历史上这一动荡时期的担忧和恐惧，"暴力"成了其中的主题。《G集》和《H集》(图327）是从他的波尔多时期（1824—1828年）开始的，在表现力上显示出了相当大的自由度，主要内容集中于"街头"主题，对荒谬和怪诞进行了强有力的刻画。这些素描大多是由当时普拉多博物馆馆长的姐夫罗马恩·加雷塔（Román Garreta）和画家费德里科·德·马德拉索（Federico de Madrazo，1815—1894年）购得的，1866年出售给了特立尼达博物馆，并从那里转到了普拉多。

1993年购得的《意大利笔记本》(*Italian Notebook*）也值得一提。笔记本的内容始于1771年左右的意大利，其中包括被认为是戈雅所作的早期素描，以及与他的生活和艺术品位有关的一些注释。此外，还有二百八十四幅为他的四组版画——《奇想集》(图329)、《战争的灾难》、《斗牛》和《胡言乱语》(图330和图331）——准备的素描稿，它们的表现手法都很自由，并不因蚀刻和发表的要求而受限。这些作品来自画家和历史学家瓦伦蒂·卡德雷拉（Valentín Carderera，1796—1880年）的收藏，他是从戈雅的直系后代那里购得的，其继承人马里亚诺·卡德雷拉（Mariano Carderera）于1886年把它们卖给了普拉多。

普拉多如此多质量极高的素描收藏促使著名的戈雅研究学者和收藏家托马斯·哈里斯（Tomás Harris，1908—1964年）在20世纪60年代向博物馆捐赠了大量版画。此后，普拉多一直致力于丰富戈雅版画的收藏。1990年，普拉多购买了十三件艺术家的校样和四件《奇想集》的校样。1991年，普拉西多·阿兰戈又捐赠了相同系列的首印版。1992年，利用维拉斯库萨（Villaescusa）遗赠的资金，博物馆购买了一套大约在1854年印制的、由十八幅版画组成的《胡言乱语》。在2000年购得《战争的灾难》首印版之后不久，普拉多博物馆又于2002年购得了《斗牛》的首印版。

图332
弗朗西斯科·德·戈雅
《G集》，第54页，《我仍在学习》(*I am Still Learning*)，1826年

第十四章 传统与现代性

可以说，弗朗西斯科·德·戈雅包罗万象的毕生之作开启了艺术通往现代性的道路，最终成为19世纪诸多艺术潮流的先驱，并激励着20世纪的众多艺术家。普拉多博物馆自1819年开馆以来，一直陈列着19世纪的作品，那时专门为在世或刚离世的“当代艺术家”开辟了一个小展室。这些现代绘画藏品的增长方式不具备系统性，主要是通过遗赠或捐赠的途径，因为国家购买的当代艺术作品都被送往国家绘画与雕塑博物馆——它更广为人知的名称是特立尼达博物馆。该机构吸纳了全国美展（1856年之后西班牙对巴黎沙龙展的仿效）的获奖作品。1872年，以这种方式积累起来的藏品被移交给了普拉多，特立尼达博物馆被关闭。从此以后，历届全国美展的获奖作品直接进入普拉多，与之相伴的还有政府收购的其他当代艺术品，直到1894年创建独立的当代艺术博物馆（Museo de Arte Contemporáneo）。然而，1971年，19世纪的绘画藏品再次成为普拉多的财富。目前，它拥有最精美、最完整的19世纪西班牙艺术收藏。

相反，普拉多的19世纪欧洲艺术藏品相对较少。其部分原因在于博物馆本身的历史，从一开始，它就把收购当代艺术作品设想为表现西班牙艺术创新的一种方式。尽管如此，普拉多仍然拥有大量19世纪欧洲绘画的杰出代表作，其中一些与同时期的西班牙绘画有密切关联，另一些具备极高的艺术品质和重要意义。19世纪时，西班牙对法国绘画不太感兴趣，私人藏家普遍比机构更活跃。因此，难怪在这段时期的藏品中，收藏家拉蒙·德·埃拉苏（Ramón de Errazu，1840—1902

年）1905年的遗赠尤其重要。这批作品出自著名的法国画家如保罗·博德里（Paul Baudry，1828—1886年）（图333）、让-路易斯-欧内斯特·梅索尼埃（Jean-Louis-Ernest Meissonier，1815—1891年）（图334），以及马丁·里科（Martín Rico，1833—1908年）、马里亚诺·福尔图尼（Mariano Foruny，1838—1874年）和雷蒙多·德·马德拉索（Raimundo de Madrazo，1841—1920年）等西班牙艺术家。这些作品揭示了19世纪法国艺术与同时期西班牙绘画之间的关系。另一份来自西班牙驻尼斯领事欧内斯特·杨安邦（Ernest Gambart，1814—1902年）的私人捐赠，是普拉多收到的画家劳伦斯·阿尔玛·塔德玛（Lawrence Alma Tadema，1836—1912年）极精美的作品之一——《庞贝景象》（*Pompeian Scene*）或《午休》（*The Siesta*）（图335）。阿尔玛·塔德玛生长于荷兰，是英国维多利亚时代著名的画家之一。他早期作品的中世纪主题接近拉斐尔前派的风格，后来在伦敦进行考古研究，又转而描绘古埃及场景。1863年的意大利旅行之后，阿尔玛·塔德玛专注于古希腊和古罗马题材，他为之着迷，也因此蜚声国际。

普拉多的19世纪雕塑收藏始于1826年，当时的宫廷首席雕塑家何塞·阿尔瓦雷斯·库贝罗（José Alvarez Cubero，1768—1827年）为博物馆挑选了一批新古典主义作品。后来又补充了一些定制作品、学院奖获得者递交的作品，以及费尔南多七世选中的雕塑——何塞·希内斯（José Ginés，1768—1823年）、安东尼奥·索拉（Antonio Solá，1780—1861年）、拉蒙·巴尔瓦（Ramón Barba，1767—1831年）和阿尔瓦雷斯·库贝罗本人的作品，包括玛利亚·伊莎贝拉·德·布拉甘萨的遗像和《保卫萨拉戈萨》（*Defence of Zaragoza*）。1826年，有几件当代雕塑与古典雕塑共同陈列于博物馆，1834年的馆藏目录中记载了藏品中的大部分新古典主义作品。重要的是，这家机构在1843年的目录中被称为“绘画与雕塑皇家博物馆”。现在陈列《宫娥》的展厅在1853年时是专为玛利亚·伊莎贝

图333
保罗·博德里
《珍珠与海浪》（*The Pearl and the Wave*），
1862年

图334
让-路易斯-欧内斯特·梅索尼埃
《曼萨内多女侯爵二世约瑟法·曼萨内多·英滕塔斯·德·米扬斯》（*Josefa Manzanedo e Intentas de Mitjans, II Marchioness of Manzanedo*），1872年

图335
劳伦斯·阿尔玛·塔德玛
《庞贝景象》或《午休》，1868年

拉·德·布拉甘萨布置的，大量雕塑在此展出。为变换角度欣赏雕塑而设立的栏杆一直保存到现代艺术博物馆成立。

接下来的几年，各种以永久性材料铸成的雕塑作品进入博物馆，大多来自罗马奖学金获得者——包括何塞·皮格尔（José Piquer，1806—1871年）、萨比诺·德·梅迪纳（Sabino de Medina，1812—1888年）及何塞·帕格鲁奇（José Pagniucci，1821—1868年）等。其他则是获得国家美术展览奖的作品，例如《传统》（*Tradition*）、奥古斯丁·克罗尔（Agustín Querol，1860—1909年）的大型浮雕《圣方济各治愈麻风病人》（*Saint Francis healing the Lepers*），还有里卡多·贝尔韦尔（Ricardo Bellver，1845—1924年）的《堕落天使》（*Fallen Angel*，现位于丽池公园内）。

其他则是参加了全国美展但未能获奖的作品，其中最引人注目的是《横卧的基督》（图336），作者是阿加皮托·瓦尔米贾纳，他和他的兄弟贝南西奥（Venancio，1826—1919年）都是19世纪下半

图336
阿加皮托·瓦尔米贾纳（Agapito Vallmitjana，1833—1905年）
《横卧的基督》（*Recumbent Christ*），1872年

叶西班牙折衷艺术的主要倡导者。这件雕塑因内敛宁静、技艺精湛而被视为杰作。阿加皮托的《横卧的基督》与西班牙传统的基督受难图像有关，比如16世纪末格雷戈里奥·费尔南德斯（Gregorio Fernández，1576—1636年）的作品，同时也汲取了古典主义的精华。所有这些影响都以浪漫的情感被诠释出来，表现了一个“救世主”的形象——悲剧的化身、孤独的英雄——而不是“胜利的基督”。这件作品曾出现于1873年的维也纳展览和1876年的全国美展，引起了充满矛盾的反应：有些人称赞它的美与写实，另一些人则批评其过于感性。瓦尔米贾纳的模特似乎是他的画家朋友爱德华多·罗萨莱斯（Eduardo Rosales，1836—1873年），他后来身患重病，卒于1873年。

秉承意大利传统的藏品不断增加，它们大多来自西班牙的重要收藏家，比如萨拉曼卡侯爵和奥苏纳公爵夫人。按照当时的官方政策，在世的雕塑家与当代画家享有同等的地位。然而，由于博物馆空间不足，1897年，大部分作品都转入后来成立的现代艺术博物馆［1898年在图书馆和博物馆

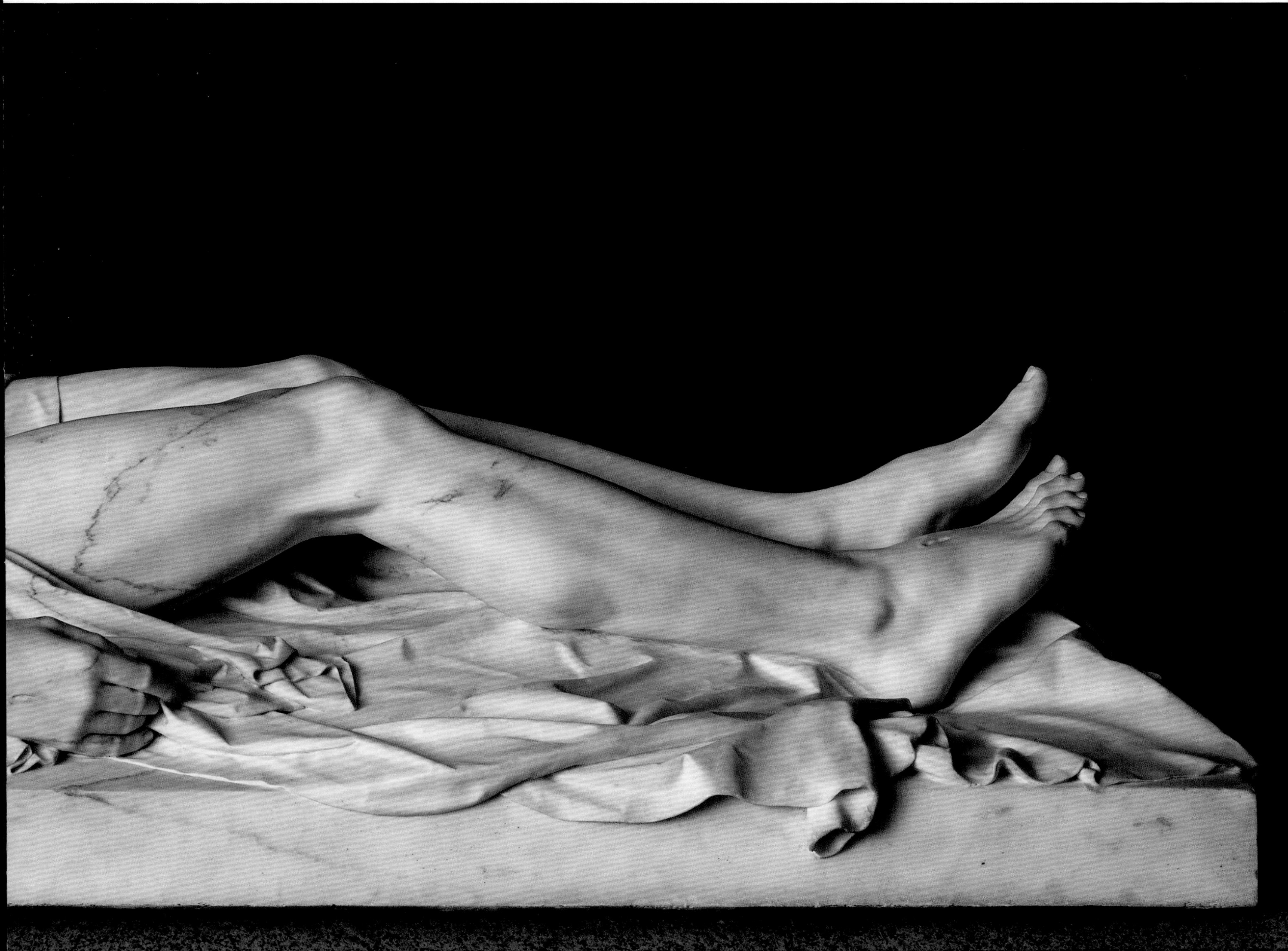

（Palacio de Bibliotecas Museos）宫殿正式开馆]。唯一的例外是阿尔瓦雷斯·库贝罗的《玛利亚·伊莎贝拉·德·布拉甘萨》（*María Isabel de Braganza*）（图337），这件雕塑被保留在比亚努埃瓦大楼内。1816年，玛利亚·伊莎贝拉嫁给了费尔南多七世，成为他的第二任妻子。她与普拉多关系密切，博物馆的建立曾得到她的鼎力支持。这件雕塑的创作始于皇宫，在她去世之后才完工，也是阿尔瓦雷斯·库贝罗被任命为宫廷首席雕塑师之后，在罗马完成的最后一批作品。它综合借鉴了安东尼奥·卡

图337
何塞·阿尔瓦雷斯·库贝罗
《玛利亚·伊莎贝拉·德·布拉甘萨》，1826—1827年

图338
维森特·洛佩兹·波塔尼亚（Vicente López Portaña，1772—1850年）
《费利克斯·马克西莫·洛佩兹，皇家礼拜堂的首席风琴手》（*Félix Máximo López, First Organist of the Royal Chapel*），1820年

诺瓦（Antonio Canova，1757—1822年）和巴特尔·托瓦尔森（Bertel Thorvaldsen，1770—1844年）的风格，并参照了画家雅克-路易斯·大卫（Jacques-Louis David，1748—1825年）的肖像画以及罗马雕塑中宏伟的女性坐像。皇后身着“希腊式”服装，符合高雅严谨的帝国时尚。她穿着高腰裙和凉鞋，梳着发髻，露出脖子。这件雕塑以高超的表现技巧成为体现新古典主义理想的完美榜样，它静穆的理想美、栩栩如生的形象受到了古代艺术传统的启发。

19世纪前期的绘画延续了18世纪的学院主义。这种风格被维森特·洛佩兹所继承，他师承马利亚诺·萨尔瓦多·马埃利诺，遵循安东·拉斐尔·门斯的新古典主义规范。作为宫廷首席画师和圣费尔南多皇家美术学院的院长，洛佩兹设立了官方艺术的指导方针。1815年他被费尔南多七世任命为宫廷首席画师之后，成为马德里贵族圈极受欢迎的画家之一，为他们画了大量肖像，展现出高超的技巧和高度的敏感性。一个出色的例子是半身像《费利克斯·马克西莫·洛佩兹，皇家礼拜堂的首席风琴手》(图338)。画中模特身穿宫廷制服，靠在大键琴上，手持乐谱——那是他最著名的歌剧《胡言乱语或疯子的作品》(*El disparate o la obra de los locos*)。

同时，另外一群画家，比洛佩兹略微年轻一点，获得卡洛斯四世的资助前往巴黎学习，在法国新古典主义画家雅克-路易斯·大卫的工作坊接受训练。于是，他们将大卫的新古典主义引入西班牙。

图339
何塞·德·马德拉索
《卢西塔尼亚首领维里阿修斯之死》(*The Death of Viriatus, Chief of the Lusitanians*)，1807年

图340
费德里科·德·马德拉索（Federico de Madraz，1815—1894年）
《比尔切斯伯爵夫人阿玛莉亚·德·利亚诺·多特莱斯》(*Amalia de Llano y Dotres, Countess of Vilches*)，1853年

F. DE MADRAZO. 1853.

其中，何塞·德·马德拉索不仅是一位出色的画家，也成为19世纪西班牙艺术发展的中流砥柱。马德拉索接任了洛佩兹首席宫廷画师和圣费尔南多皇家美术学院院长的职位，并在1837年至1857年间担任普拉多博物馆的馆长。他开创了一个贯穿19世纪、支配西班牙艺术和艺术政策的王朝。马德拉索的《卢西塔尼亚首领维里阿修斯之死》(图339）完美地借鉴了大卫的风格，紧随其后。这是一幅野心勃勃的宏伟巨制，描绘了古代西班牙的一个历史事件。该场景表现出对维里阿修斯的哀悼，这位反抗罗马人统治的卢西塔尼亚首领在睡梦中被罗马人收买的叛徒谋杀。画面中心人物组合受到英国画家约翰·斐拉克曼（John Flaxman，1755—1826年）所绘《伊利亚特》(*Iliad*）片段的启发，斐

图341
安东尼奥·玛利亚·埃斯奎维尔
《当代诗人：索利亚在画室中朗读》，1846年

拉克曼的线性风格在整个画面上都很明显。构图以士兵为中心，他们在哀悼首领之死或呼喊着要复仇。画家用冷静严峻的线条描摹出雕塑般的人物形象，似乎定格在行动当中。

浪漫主义稍后也影响到西班牙，但其革命性的态度与在欧洲其他地区相比略逊一筹。部分原因在于费尔南多七世的统治将旧体制延长至19世纪，但也是由于缺少强有力的中产阶级——这是浪漫主义艺术的主体。与大卫的新古典主义一样，浪漫主义也是由一群在巴黎和罗马学习的画家于1830年带回西班牙的。其中的领军人物之一是费德里科·德·马德拉索。这位艺术家继承了他的父亲何塞在西班牙画坛的领袖地位，成为圣费尔南多皇家美术学院的院长、首席宫廷画师和普拉多博物馆的馆长。费德里科曾经在巴黎受教于让-奥古斯特-多米尼克·安格尔（Jean-Auguste-Dominique Ingres，1780—1867年），是与学院主义体系不冲突的、西班牙温和浪漫主义的主要代表人物。虽然他也画宗教和历史题材，但其首要成就是在肖像画领域，最佳的例子是《比尔切斯伯爵夫人阿玛莉亚·德·利亚诺·多特莱斯》(图340)。这幅画由模特的儿子捐给了普拉多博物馆。在这件作品中，艺术家以安格尔的作品为榜样，并结合了自己对委拉斯贵支的技法研究。阿玛莉亚·德·利亚诺（1822—1874年）因婚姻而成为比尔切斯伯爵夫人。她是一位热心的业余作家，也是画家一家的朋友。也许正是因为这种关系和感情，令马德拉索传达出这位年轻女士的优雅，并赋予她微妙的性感，而这种气质在画家其他更严肃的肖像作品中是看不到的。简洁的构图与自然的表情显然是受法国绘画的影响。光线集中在模特身上，突出了织物的纹理，闪烁的珠宝和微妙的肤色，所有这一切都以轻薄的颜料结合精确的笔触完美地呈现出来。

除此纯正的血统之外，浪漫主义在西班牙也采纳了其他形式。塞维利亚成为一个重要的中心，安东尼奥·玛利亚·埃斯奎维尔（Antonio María Esquivel，1806—1857年）是这里的代表画家，也是一位博学之士。他进行艺术类写作，并通过进入宫廷而打破了狭隘的地域边界。埃斯奎维尔的典范之作《当代诗人：索利亚在画室中朗读》(*Contemporary Poets: A Reading by Zorrilla in the Painter's Studio*)(图341）表现出浪漫主义绘画与文学的关联。这件令人印象深刻的作品被奉为西班牙浪漫主义艺术的圣像，既因其卓越的绘画品质，也因为它描绘了当时的主要作家们在画家自己的画室中聚会的虚构场景。埃斯奎维尔，作家兼画家，以系列群像画描绘当时最重要的名人们，他们处于各种不同的背景中。普拉多收藏了其中的这一幅和另一件名为《文图拉·德·拉·维加为皇家剧院的演员们朗读剧本》(*Ventura de la Vega Reading a Play to the Actors of the Teatro del Príncipe*）的作品。精细技巧的运用带来了优美的画面效果，画家将四十二个人物恰到好处地分配在房间的各个位置。他将自己置于构图的中心，暂停手头的工作去倾听索利亚的朗读。有两位诗人并没有亲临现场：一位是一年前去世的埃斯普龙塞达（Espronceda），他出现在画架上的油画中（原作在普拉多）；另一位是当时已出任那不勒斯大使的里瓦斯公爵（Duke of Rivas），他出现于挂在墙上的画中。

西班牙浪漫主义遵循的另一条道路是风俗喜剧（*costumbrismo*），即当地风俗的写照，这受益于欧洲艺术家和作家对西班牙浪漫形象的偏好。一方面，这促使一批充分发掘西班牙独特魅力的作品出现；另一方面，也产生了大量在技法与题材上继承戈雅衣钵的图像，而对乡村愚昧与狂热的描绘又弥补了其创作上的空白。在这方面，成功吸收了戈雅传统的画家包括莱昂纳多·阿伦扎（Leonardo Alenza，1807—1845年）和尤金尼奥·卢卡斯·委拉斯贵支（Eugenio Lucas Velázquez，1817—1870年）。普拉多博物馆于2006年获得的《拔牙的人》(*Tooth-puller*)(图342）和《酒神的胜利》

（*Triumph of Bacchus*）（图343），就是阿伦扎的代表作，也是西班牙浪漫主义私密画的代表作，它们见证了普拉多藏品开始对19世纪西班牙画家产生的影响。画面构图、对简陋室内的描绘以及对怪诞人物的兴趣，可以追溯到特尼尔斯的作品，阿伦扎可能在普拉多见过。然而，当时佛兰德斯和荷兰风俗画风靡整个欧洲，这两幅画也证明了所谓的“西班牙画派”对西班牙浪漫主义艺术家的重要性。穆立罗的影响体现在某些特定的图像中，例如《拔牙的人》中黑暗角落里那个捉虱子的孩子。面部的表情处理、卑贱的追求、凌乱的房间——以物质反映道德的混乱——皆追随戈雅。光线从外部投射进来，照亮室内令人不安的阴暗场景，这种表现手法也源自戈雅。委拉斯贵支也对最卑微的模特感兴趣，他的影响在阿伦扎的画中同样可见。然而在《酒神的胜利》一画中，这位浪漫主义画家抛弃了委拉斯贵支的克制，夸张地表现了滑稽人物的怪诞醉态。

最富有地方色彩的画家是瓦莱利亚诺·多明格斯·贝克尔（Valeriano Domínguez Bécquer，1833—1870年），浪漫主义作家古斯塔沃·阿道夫·贝克尔（Gustavo Adolfo Bécquer, 1836—1870年）的兄长，他最出名的代表作以极为冷静的手法展现了卡斯提尔古国的人物与风俗。《舞蹈》（*Dance*）（图344）描绘了索里亚省的民间传说。这件作品是伊莎贝拉二世女王授意的项目，将对民间传说和

图342
莱昂纳多·阿伦扎
《拔牙的人》，1844年

图343
莱昂纳多·阿伦扎
《酒神的胜利》，1844年

图344
瓦莱利亚诺·多明格斯·贝克尔
《舞蹈》，1866年

风景如画的旅行的浪漫情趣与人类学研究相结合。1865年，女王给多明格斯·贝克尔补助了一笔津贴，用于绘制西班牙各省特色民间服饰与风俗的系列组画。该项目因1868年革命而中断，画作被送往普拉多博物馆。这幅画展现了索里亚省的一个小村庄比利亚谢沃斯（Villaciervos）的风光：农民与樵夫、青年与老人，正伴着鼓声起舞。尽管人物处于运动中，却具备一种静态感，仿佛时间停止了；他们构成了一条水平线，赋予这通俗艺术的场景一种古典而永恒的气质。

普拉多也有苏格兰画家大卫·罗伯茨（David Roberts，1796—1864年）的一些作品，他曾于1832年和1833年间周游西班牙，也拜访过摩洛哥和丹吉尔。在他返回伦敦（他自1822年后定居于此）之际，出版了《1832年和1833年西班牙风景写生》(*Picturesque Sketches in Spain during the Years 1832 and 1833*）一书，包括他在旅程中创作的一套木版画和石版画。这本画册因异域风情而颇受欧洲民众欢迎，销量可观，罗伯茨也由此被奉为兼具装饰性与戏剧性的浪漫主义风景画家，为创建西班牙独特的风景图像形式提供了助力，例如《阿尔卡拉·德·瓜代拉城堡》(*Castle of Alcalá de Guadaíra*)（图346）和《黄金塔》(*Torre del Oro*)（图345）。罗伯茨也对赫纳罗·佩雷斯·比利亚米尔（Genaro Pérez Villaamil，1807—1854年）等西班牙画家产生了决定性的影响，他们曾在塞维利亚相遇。

图345
大卫·罗伯茨
《黄金塔》，1833年

几个世纪以来，历史画一直被视为最崇高的题材。在普拉多有许多这样的例子，从丽池宫王国大厅的战争场景到戈雅的独立战争绘画。19世纪，随着浪漫主义的到来和民族主义观念的传播，这种类型的绘画变得更加重要——尽管这一过程在西班牙因继承权引发卡里斯特战争（Carlist War）及随之而来的经济危机而有所延迟。西班牙历史画的全盛期在1860年至1890年间到来，远远滞后于邻邦法国。这种延迟解释了为什么这些浪漫主义题材的作品，在风景、人物与背景的逼真性，以及对细节的重视等方面的探索，却常常更接近于现实主义。始于1856年的全国美展对19世纪历史画的发展功不可没，因为历史画往往会斩获大奖。这就鼓励艺术家们积极投身于这类复杂而昂贵的创作，如果没有奖项的刺激，恐怕没人会去做。历史画也能够获得制度上的支持，因为这种题材被视为宣扬国家过往荣耀，并从中汲取道德教训的手段——这也常用于当代政治。全国美展的获奖作品由国家持有，所以如今在普拉多可以找到最杰出的历史画。尤其突出的是19世纪极伟大的画家之一爱德华多·罗萨莱斯的作品，他以充满活力的现实主义（可追溯至委拉斯贵支）使西班牙绘画重获新生。特别引人关注的还有画家安东尼奥·穆尼奥斯·迪格雷（Antonio Muñoz Degrain，1840—1924年）、弗朗西斯科·帕拉迪亚（Francisco Pradilla，1848—1921年）和安东尼奥·吉斯伯特（Antonio Gisbert，1834—1902年），后两位曾任普拉多博物馆馆长。

在玛利亚·克里斯蒂娜皇后（Queen Maria Chrisina，1858—1929年）于1885年至1902年摄政期间，普拉克西德斯·马特奥·萨加斯塔（Práxedes Mateo Sagasta，1825—1903年）自由主义政府委托吉斯伯特绘制了《托里霍斯及同伴在马拉加海滩上的死刑》(*Execution of Torrijos and his Companions on the Beach at Málaga*)(图347)，以此作为对专制主义的控诉。何塞·马利亚·托里霍

图346
大卫·罗伯茨
《阿尔卡拉·德·瓜代拉城堡》，1833年

图347
安东尼奥·吉斯伯特
《托里霍斯及同伴在马拉加海滩上的死刑》,
1887—1888年

A. Gisbert
T 837

图348
弗朗西斯科·帕拉迪亚
《疯子乔安娜皇后》(*Queen Joanna the Mad*)，1877年

斯（José María Torrijos, 1791—1831年）是三年自由时期的军事大臣，在1823年专制君主费尔南多七世复辟之后，前往英格兰避难。1831年，在流放中被骗回西班牙。他与同伴们乘船在马拉加登陆时被俘，在这座城市的海滩上被枪杀。

这幅画以冷静写实的手法描绘这一事件，爱国者们有序排列成一条渐退的对角线，再加上精确的造型，效果得到进一步增强。在临刑前最紧张的时刻，托里霍斯拉着身边同伴的手。他们的面部表情反映了情感的波动，却没有过分强调恐怖的场景，暴力集中于已经被射杀者的尸体上。前景采用短缩透视，并且被画布的边缘切割，这是一种极为现代的处理方式，强化了画面的戏剧张力。

《疯子乔安娜皇后》(图348）也被视为弗朗西斯科·帕拉迪亚的杰作，为年仅二十九岁的他赢得了国际声誉。帕拉迪亚一直痴迷于“皇后的疯狂”这一主题，她的这种特质在19世纪时引起了特别关注。画家并没有叙述一个重要的历史事件，而是描绘了情感上的戏剧性瞬间。然而，这种浪漫主义的历史叙事方式与彻底的现实主义手法相结合。当她的丈夫公正王腓力（Philip the Fair,

1478—1506年）去世后，作为信奉天主教的君主之女，疯子乔安娜（1479—1555年）陪伴他的灵车从布尔戈斯（Burgos）前往格拉纳达——他将在此安葬。乔安娜有孕在身（她的女儿就是奥地利的凯瑟琳公主），位于构图中心，退入背景的灵车和烽烟构成十字形。帕拉迪亚以精确和克制，展现了皇后的痴呆，以及侍女脸上流露的疲倦与怜悯。所有的细节，从服装到泥泞道路上的车辙，刻画逼真，具有很强的装饰效果。帕拉迪亚是一位描绘户外景观的大师，他魔法般地呈现出变幻莫测的天气，整个画面弥漫着不安的气氛。

图349
安东尼奥·穆尼奥斯·迪格雷
《特鲁埃尔的情人》，1884年

图350
爱德华多·罗萨莱斯
《卢克丽霞之死》（*The Death of Lucretia*），1871年

相反，安东尼奥·穆尼奥斯·迪格雷的《特鲁埃尔的情人》（*Lovers of Teruel*）（图349）则是室内场景。作品描绘了发生在13世纪特鲁埃尔城的传奇，讲述了唐娜·伊内斯·德·塞古拉（Doña Inés de Segura）与一位没落贵族迭戈·胡安·马尔蒂内斯·德·马尔西拉（Diego Juan Martínez de Marsilla）之间的悲惨爱情故事。这个传说成为诸多传奇和文学作品的灵感源泉，例如1837年首演的胡安·欧亨尼奥·哈特曾布什（Juan Eugenio Hartzenbusch）的诗体戏剧《特鲁埃尔的情人》（*Los amantes de*

图351
爱德华多·罗萨莱斯
《天主教徒伊莎贝拉女王口述遗嘱》(*Queen Isabella the Catholic dictating Her Will*),
1864年

Teruel)。它也是19世纪几幅历史画的题材，这件作品是其中最重要的。此画获得1884年全国美展大奖，也极受民众欢迎。虽然穆尼奥斯·迪格雷首先是一位风景画家，但他在历史画领域获此殊荣，归功于他赋予场景的戏剧性及强烈的画面效果，尤其是其对光线的处理富于表现力。他选择了故事中的感人瞬间。被父亲逼迫嫁给唐·罗德里戈·德·阿萨拉（Don Rodrigo de Azara）的唐娜·伊内斯，最终死在所爱的迭戈的尸体前——他为了寻求财富并赢得塞古拉的认可，在外漂泊五年之后，刚刚带着骑士的荣誉回到这座城市。

然而，19世纪西班牙最出色的历史画或许是爱德华多·罗萨莱斯的《天主教徒伊莎贝拉女王口述遗嘱》(图351)。当它在1864年全国美展上展出时，为艺术家赢得了官方的认可。这幅画的艺术化场景处理，采用了源自委拉斯贵支的现实主义空间表现，对后来的西班牙绘画影响深远。它讲述了这个国家历史上的一场重大事件：伊莎贝拉女王在遗嘱中任命她的丈夫为继承人，以确保所有西班牙王国领地的统一。罗萨莱斯令人信服地营造出女王在拉莫塔城堡中的阴暗寝室，巧妙地安排了整个事件的见证人，包括一些可辨识的人物，如天主教徒费尔南德、他们的女儿疯子乔安娜、红衣主教西斯内罗斯（Cardinal Cisneros）。他们的面部流露出各种不同的情感，与这位君主的平和冷静形成对比。女王被白色的长袍和被褥包裹着，成为场景的焦点，整个画面呈现出柔和流畅的冷色调，笔触宽大而疏松。继这幅画的成功之后，罗萨莱斯用他的《卢克丽霞之死》(图350）再次引起了西班牙历史画领域的轰动。跟上幅画一样，艺术家表现了一位贞洁女性临死的瞬间，她的死亡引发了严重的历史后果。罗马贵族妇女卢克丽霞被王子强暴之后自杀，此事件加速了君主专制的终结，罗马共和国在公元前510年宣告成立。画家简要地描绘了私密的婚房场景，表现了卢克丽霞的尸体被她的父亲卢克莱修（Lucretius）和丈夫科拉提努斯（Collatinus）托举着的时刻，而布鲁图斯（Brutus）和瓦列利乌斯（Valerius）对此场景的反应截然不同。前者高举匕首呼喊着要复仇，而后者挡住了自己的脸，不胜悲痛。虽然此画赢得了1871年国家美术展览的金奖，却因其松散宽阔的笔触这样令人不适的现代技法惹来不少争议。

除了在历史画中扮演着重要角色，绘画的现实主义也传播到了其他领域，如风景画——这可能是一个次要的专业，然而在19世纪下半叶其重要性却日渐增长。西班牙风景画的奠基人之一是比利时画家卡洛斯·德·海斯（Carlos de Haes，1826—1898年），不仅仅因为他本人的作品，还因为他在圣费尔南多皇家美术学院作为风景画教授培养了几代画家。海斯画了很多写生，试图再造一个没有人工痕迹的自然世界，他朝着这个方向，远离了浪漫主义风景。他利用这些写生素材回到工作室创作更大幅、更精良的作品，例如《欧罗巴峰的曼科博山口》(*Mancorbo Pass in the Picos de Europa*)(图352)，这幅画在1876年全国美展上获奖之后被普拉多收藏。画面以独特的视角强化了欧罗巴山峰的宏伟壮丽，反映出艺术家对表现险峻风景的喜好。背景是列瓦纳（Liébana）的坎塔布连（Cantabrian）山区风光，这是海斯在1874年与贝鲁埃特结伴旅行途中发现的。

博物馆还收藏了海斯的大量写生（由他的学生们捐赠），以及另一位重要的西班牙现代风景画创始人马丁·里科的作品。他的风格从浪漫主义衍化为现实主义——尤其是在1870年之后，深受福尔图尼和贝鲁埃特的影响。他从1857年开始描绘内华达山脉的风景，对这一地区十分熟悉。他回到安达卢西亚之后，创作了许多风景写生，其风格在福尔图尼的影响下变得更加明亮灿烂，颇有清新之气。笔触更为强烈有力，但里科保留了自己风格中宁静平衡的特征，如《格拉纳达阿尔罕布拉宫的

图352
卡洛斯·德·海斯
《欧罗巴峰的曼科博山口》，1876年

T-1375

大马士塔》(*Torre de las Damas in the Alhambra, Granada*)(图353)。由于画中的高塔与摩尔人宫殿的外墙相连，艺术家得以呈现建筑与自然的融合。高塔与两棵白杨的垂直线支配着整个构图，使作品带有些许装饰风格，而在细节刻画方面显然是现实主义的。

奥雷利亚诺·德·贝鲁埃特（Aureliano de Beruete，1845—1912年）是海斯的学生，他创作的卡斯蒂利亚风景成为西班牙的范例。《从圣伊西德罗草地眺望马德里的风景》(*View of Madrid from the Pradera de San Isidro*)(图354）的画面中，他选择的视角十分接近戈雅1788年的作品《圣伊西德罗草地》(图311)。草地是非常受欢迎的地方，人们在此庆祝这座城市的主保圣人节；它也为观众提供了难忘的城市景观，远眺曼萨纳雷斯河，主体建筑尽收眼底，包括普林西比山兵营、皇宫和圣方济各大教堂。画家直接写生，恰到好处地捕捉了此时此地的光线——尽管他综合但精准的技法被人诟病过于粗糙。然而，他的笔触不同于熟知的印象主义画家，更接近委拉斯贵支不规则的长笔触——贝鲁埃特曾于1898年发表了关于他的专题论文。

普拉多也拥有马里亚诺·福尔图尼的一些杰作。作为19世纪具有最广泛国际声誉的西班牙画家，尽管他英年早逝，仍对同辈画家产生了至关重要的影响。福尔图尼的早期作品灵感源自法国画家欧仁·德拉克洛瓦（Eugène Delacroix，1798—1863年）浪漫的东方主义题材；他第二阶段的创作是在让-路易斯-欧内斯特·梅索尼埃的带领下转向精细雅致的现实主义。在此基础上，他又融入了写生研究和对西班牙黄金时代画家作品的兴趣。1870年，当他的国际声誉达到顶峰之时，福尔图尼搬

图353
马丁·里科
《格拉纳达阿尔罕布拉宫的大马士塔》，
1871年

图354
奥雷利亚诺·德·贝鲁埃特
《从圣伊西德罗草地眺望马德里的风景》，
1909年

图355
马里亚诺·福尔图尼
《在日本屋里的画家的孩子们》(*The Painter's Children in the Japanese Room*)，1874年

到了格拉纳达，他在那儿创作了一系列极度自由的作品，其中包括他给一位赤膊老人画的各种写生：《阳光下的裸体老人》(*Nude Old Man in the Sun*)。其中最优秀的一幅于1904年被普拉多收藏，它是拉蒙·德·埃拉苏遗赠的一部分。这件引人注目的写生作品展现了西班牙黄金时代绘画（尤其是胡塞佩·德·里贝拉）的影响，以及福尔图尼对当代现实主义的兴趣。笔触拉长、松散，画面各处完成度各异，身体部分犹如速写，而头部刻画更为仔细。画家抓住了满足与沉浸的身体感觉，老人充分感受着阳光在皮肤上带来的温暖，高度写实地表现光线在人物面部与躯干上的徜徉。随着时间的推移，福尔图尼的艺术变得愈加放松和自然，直至在晚期创作中达到一种自由，如《在日本屋里的画家的孩子们》(图355)。这件大胆创新的现代画作（艺术家去世之时尚未完成）表现了福尔图尼的两个孩子，玛利亚·路易莎（María Luisa）和马里亚诺（Mariano）。马里亚诺后来定居于威尼斯，成为一名画家和设计师，他把这幅画捐赠给了普拉多博物馆。孩子们出现在阿雷纳别墅日本屋的长沙发上，别墅位于那不勒斯附近的波蒂奇（Portici），福尔图尼于1874年在那里过夏天。这是一幅家庭肖像，没有任何商业限制，呈现了画家最个性化的风格，是送给他的岳父、画家费德里科·德·马德拉索的礼物。装饰性的图案、精致的织物与色彩处理，使水平的画面彰显出日本审美的影响——这种审美趣味在19世纪下半叶的巴黎艺术圈十分流行。精妙的色彩、自由的笔触，以及迅速、奔放的技法，带来一种新鲜的装饰感，又没有脱离真实的印象。

图356
华金·索罗拉
《画家奥雷利亚诺·德·贝鲁埃特》(*The Painter Aureliano de Beruete*)，1902年

图357
雷蒙多·德·马德拉索
《拉蒙·德·埃拉苏》(*Ramón de Errazu*)，1879年

á su amigo
R. Madrazo
Paris 1879
366

图358

华金·索罗拉

《沙滩上的男孩》(*Boys on the Beach*), 1909年

福尔图尼极大地影响到他的内弟雷蒙多·德·马德拉索——他跟随其父费德里科学习绘画，是一位现实主义画家。在雷蒙多的绘画中，有一些与他父亲的作品类似，有一些受到法兰西第二帝国肖像作品和他的姐夫福尔图尼的肖像画影响。19世纪晚期，雷蒙多成为巴黎社交界极受追捧的肖像画家之一。拉蒙·德·埃拉苏是画家的朋友，也是一位生活在巴黎的商人，他建立了19世纪西班牙艺术的重要收藏，包括这件作品，最终捐赠给了普拉多博物馆。雷蒙多刚刚在1878年巴黎国际博览会上获得金奖，他的成功也受益于埃拉苏借给他的几件藏品。当时埃拉苏委托他画一幅肖像（图357）。委拉斯贵支的影响，通过他父亲的谆谆教诲，深入雷蒙多的心中，在这幅画中可以明显看出来：人物所处的模糊空间、整个作品的优雅单色。背景所用笔触较长，模特用笔较小，人物修长而风格化，进一步强化了画面的垂直构图。

最终，普拉多博物馆也保存了进入20世纪以后遵循自然主义道路的不同画家的作品。其中包括西班牙世纪末极伟大的人物之一，瓦伦西亚画家华金·索罗拉。索罗拉融合了他在巴黎所接触的当代欧洲自然主义知识、对委拉斯贵支的崇拜、对自然的研究和光影效果——这将成为他艺术中的主角。索罗拉更擅长表现沙滩场景和探索光线，他常常抱怨创作肖像的负担。然而，这些肖像成为他职业生涯的基础，其中不少作品都属于当时欧洲的肖像杰作。他从西班牙黄金时期的绘画遗产中汲取营养，吸收了委拉斯贵支写实空间的精髓，再加上自己大胆的图像语言。贝鲁埃特是最早欣赏索罗拉艺术天赋的人，曾资助他度过早年在马德里的困难时期。索罗拉给他画了一幅贵族姿势的肖像，人物坐在半暗的背景中，隐约可见他自己的一幅风景画（图356）。模特的面部在高雅的灰色、棕色和平滑的黑色映衬下凸显出来，坦诚的目光可视为一种致敬，表达他对绘画的理解。

《沙滩上的男孩》(图358）是索罗拉成熟时期最重要的一件作品，那段时间他以海洋和沙滩为主要题材。尽管油画尺幅巨大，场景直接源自埃尔·卡巴纳的瓦伦西亚海滩的写生，表现了水面上的正午阳光、沙滩和三个男孩的身体。画面真正的主人公是水的反光与阴影，艺术家用宽阔的黄色、棕色和紫红色笔触及白色点缀，表现出一种真实、直接的感觉。人物被近距离置于前景中，甚至阻挡了画面的视线。索罗拉创造了一种基于对角线的构图，用渐进的色彩和高光的对比（在背景中人物的身上更为明亮）使观众的目光从海滩被牵引至大海。这件作品由画家本人于1919年捐给现代艺术馆，后来被转移到普拉多博物馆。

艺术家索引

作品细节

p. 2
DIEGO VELÁZQUEZ
Las Meninas [fig. 253]

p. 4
EL GRECO
The Nobleman with his Hand on his Chest [fig. 140]

pp. 10–11
ROGIER VAN DER WEYDEN
The Descent from the Cross [fig. 32]

pp. 20–21
JOACHIM PATINIR
Charon crossing the River Styx [fig. 53]

p. 22
ROMAN WORKSHOP
Diadoumenos [fig. 12]

pp. 36–37
ROMAN WORKSHOP
Faun with Young Goat [fig. 10]

p. 38
Mural painting in the chapel of Vera Cruz, Maderuelo

pp. 54–55
COLART DE LAON
The Agony in the Garden with the Donor, Louis I of Orleans [fig. 19]

p. 56
ANTONELLO DA MESSINA
The Dead Christ supported by an Angel [fig. 48]

pp. 84–85
ROBERT CAMPIN
Saint Barbara [fig. 30]

p. 86
HIERONYMUS BOSCH
Central panel of *The Garden of Earthly Delights* [fig. 61]

pp. 118–19
PIETER BRUEGEL THE ELDER
The Triumph of Death [fig. 69]

p. 120
ALBRECHT DÜRER
Adam [fig. 83]

pp. 150–51
FERNANDO YÁÑEZ DE LA ALMEDINA
Saint Catherine [fig. 80]

p. 152
TITIAN
The Andrians [fig. 102]

pp. 208–9
EL GRECO
The Annunciation [fig. 141]

p. 210
JUSEPE DE RIBERA
Democritus [fig. 152]

pp. 246–47
JUAN BAUTISTA MAÍNO
The Adoration of the Magi [fig. 149]

p. 248
TOMÁS HIEPES
Two Fruit Bowls on a Table [fig. 178]

pp. 278–79
JUAN DE ARELLANO
Flowers in a Glass Vase [fig. 182]

p. 280
PETER PAUL RUBENS
The Adoration of the Magi [fig. 200]

p. 376
JEAN RANC
Charles III as a Child [fig. 283]

p. 392
ANTONIO JOLI
Departure of Charles of Bourbon for Spain, seen from the Harbour [fig. 291]

pp. 414–15
ANTON RAPHAEL MENGS
María Luisa of Parma, Princess of Asturias [fig. 298]

p. 416
FRANCISCO DE GOYA
Self-portrait

pp. 450–51
FRANCISCO DE GOYA
The San Isidro Meadow [fig. 311]

p. 452
FEDERICO DE MADRAZO
Amalia de Llano y Dotres, Countess of Vilches [fig. 340]

pp. 488–89
MARIANO FORTUNY
The Painter's Children in the Japanese Room [fig. 355]

Front Endpaper
JUAN DE VILLANUEVA
Elevations, floor plans and cross-section of the Real Museo de Pinturas, 1796

Back Endpaper
FERNANDO BRAMBILLA
View of the Real Museo de Pinturas from the Paseo del Prado, 1833. Patrimonio Nacional

图书在版编目(CIP)数据

普拉多博物馆的杰作：世界级艺术圣地的历史与典藏/ 西班牙普拉多博物馆编著；周博，沈莹，代亭译. -- 武汉：华中科技大学出版社，2022.8

ISBN 978-7-5680-8174-0

Ⅰ.①普… Ⅱ. ①西… ②周… ③沈… ④代… Ⅲ. ①博物馆—介绍—马德里 ②艺术品—介绍—世界 Ⅳ. ①G269.551②J111

中国版本图书馆CIP数据核字(2022)第104787号

The Prado Masterpieces
Museo Nacional del Prado

Production and Texts
Museo Nacional del Prado Difusión. José Riello

Design
Studio Fernando Gutiérrez

Colour Reproduction
Lucam

Photographs
Museo Nacional del Prado Photographic Archive

湖北省版权局著作权合同登记 图字：17-2021-132 号

普拉多博物馆的杰作：世界级艺术圣地的历史与典藏
Pu La Duo Bowuguan de Jiezuo : Shijieji Yishu Shengdi de Lishi yu Diancang

普拉多博物馆（MUSEO NACIONAL DEL PRADO DIFUSION） 编著
周博 沈莹 代亭 译

出版发行：华中科技大学出版社（中国·武汉）
华中科技大学出版社有限责任公司艺术分公司
电话：(027) 81321913
(010) 67326910-6023
出 版 人：阮海洪

责任编辑：莽 昱
封面设计：唐 棣
责任监印：赵 月 郑红红

制　　作：邱 宏
印　　刷：广东省博罗县园洲勤达印务有限公司
开　　本：889mm × 1194mm 1/8
印　　张：61.75
字　　数：329千字
版　　次：2022年8月第1版第1次印刷
定　　价：598.00元